1%의 차이가
부자를 만든다

5년 후 나의 모습을 상상하라

1%의 차이가
부자를
만든다

데이브 신 지음

매일경제신문사

머뭇거리지 말고 바다에 뛰어들라

미국에서 서핑을 배우기로 하고 큰 파도를 보고 섰을 때, 우리는 두려움으로 가득 차 있었다. 그때 서핑 코치가 이렇게 말했다.

"바다에 뛰어들어라. 그러면 파도가 '헤엄치는 법'을 가르쳐줄 것이다. 바다에 몸을 맡겨라. 그러면 바닷물이 '물 먹지 않는 법'을 가르쳐줄 것이다."

바다에서 '헤엄치는 법'을 알려주는 것은 코치가 아니라 '파도'이며, 물을 먹지 않게 하는 것은 아이러니하게도 '바닷물'이다. 역설적으로 큰 파도와 바닷물이 서핑을 빨리 배울 수 있게 한다는 교훈이다.

내가 살던 샌프란시스코에서 멀지 않은 남부의 산타크루스(Santa Cruz)는 서핑 애호가들이 큰 파도를 기다리는 곳으로 유명하다. 코치가 말하기를 "서핑을 배우려고 왔다가 높은 파도를 보고 포기하는 사람이 많다"고 했다. 파도가 파도를 다스리는 법을 가르쳐주고, 물이 물 먹지 않는 법을 가르쳐준다는 진리를 거기서 깨달았다. 마치 '불에는 불로 맞선다'는 것과 같은 이치다. 파도에 휩쓸려 내동댕이쳐져봐야 파도 타는 법을 왜 배워야 하는지 알게 되고, 물을 먹어보면 왜 수영을 빨리 배워야 하는지 알 수 있다. 물 먹기가 싫어서라도 빨리 배우기를 열망하기 때문이다. 처음부터 잘하는 사람이 없는데도 어떤 사람은 '처음부터 잘했던 사람처럼' 뛰어들고, 또 어떤 사람은 '처음부터 잘하는 사람은 정해져 있다'며 뛰어들지 못한다.

그러나 처음에는 파도가 한번 휩쓸고 지나가면 사람은 물속으로, 보드는 물 위로 둥둥 뜨는 상황이 예외 없이 공식처럼 정해져 있다. 그러면 언제까지 시도해야 성공할 수 있는가? 파도가 두렵지 않을 때까지, 물을 더 이상 먹지 않을 때까지 멈추지 않고 시도하면 된다. 그러면 여러분이 목표로 정한 곳에 빨리, 그리고 안전하게, 파도가 데려다줄 것이다. 성공한 부자가 되는 방법도 이와 똑같다. 자신이 감당할 수 있는 일을 제대로 할 때까지 멈추지 않고 도전하면 된다.

성공한 상위 1%의 탁월한 사람들과 나머지 99%의 평범한 사람들의 차이는 무엇일까? 누구는 탁월한 결과를 내고, 또 누구는 평범한 결과를 내는 그 차이를 알아야 부자가 될 수 있다. 사람들은 열심히 살면 부자가 된다고 생각한다. 그러면 이미 모두가 공평하게 부자가 되었을 것이다. 열심히 일하는 것으로는 성공하지 못한다는 것은 이미 증명되었다.

부지런한 것이 성공의 핵심이기는 하지만 전부는 아니다. 가난한 사람은 일을 제대로 해서 성과를 내려고 하지 않고, 일의 양을 늘리려고만 한다. 우리는 직장을 다니든, 사업을 하고 자영업을 하든, 누구나 열심히 노력한다. 다시 말하면 바쁘게 열심히 살고, 노력하는 것은 특별하거나 어렵지 않아서 누구나 그렇게 할 수 있다는 뜻이다. 그러나 부자는 열심히 일만 하는 게 아니라, 할 수 있는 일을 '제대로 해내는 사람'이다. 그들은 보통 사람들이 '할 수 없는 일'을 하는 게 아니라, '하지 않는 일'을 한다.

"재정적인 여유가 없다"라고 말하지 말고, "어떻게 하면 재정적 여유를 가질 수 있을까?"라고 물어라. "나는 할 수 없다"고 말하지 말고, "어떻게 하면 내가 해낼 수 있을까?"라고 물어라. "그것은 내가 할 수 있는 일이 아니다"라고 말하지 말고, "그것을 하려면 무엇이 필요할까?"라고 물어라. "내가 그것을 왜 해야 하는가?"라고 묻지 말고, "내가 왜 그것을 하지 않으면 안 되는가?"라고 물어라.

결국, 생각의 전환이 평범한 인생을 탁월한 인생으로 바꿀 수 있다는 말이다. 공부에만 천재가 있는 것이 아니다. 음악이나 운동도 천재가 있듯이 재테크와 사업도 전문가적 수준을 요구하는 천재가 있다. 먼저 상상의 천재가 되고, 사업과 재테크에서는 진정한 프로가 되어라. 수많은 아이디어를 갖고 나만의 경쟁력과 차별화로 승부하는 프로로 거듭나라.

이 책을 읽으면 부자가 될 수 있을까? 이 책을 읽는다고 해서 부자가 될 수는 없을 것이다. 책을 읽는다고 부자가 된다면 모두가 부자가 되었을 것이다. 사람들은 부자가 되기를 열망하지만, 해야 할 많은 과정을 생략하고 빨리 부자가 되고 싶어 한다. 빨리 부자가 되는 법을 알고 있었다면, 내가 먼저 억만장자가 되었을 것이다. 이 책은 부자가 되고 싶지만, 어디서 어떻게 시작하는 것이 좋을지 모르는 이들에게 작은 도움을 줄 수 있는 지침서다. 그리고 부자의 꿈을 꾸지만 현실의 벽이 너무 높아 극복하기 힘든 사람들에게 이 책이 한가닥 용기를 줄 수 있기를 바란다.

자신의 인생을 살지 못하고, 남의 인생에 끼워져 평생을 사는 사람이 의외로 많다. 자기를 경영할 능력이 부족하면 남의 의견에 따라 진로를 결정해야 하고, 남들이 만들어놓은 프레임에서 벗어나지 못하고 그 책임은 자신이 온전히 져야만 한다. 나는 가진 것이 없는 사람들이 부자의 스토리를 만들어가고, 약자가 강자로 성장하고, 내세울 것이 없는 사람들이 당당해질 수 있는 드라마틱한 과정을 상상하며 이 글을 쓴다.

성공한 어떤 글로벌 회사도, 성공한 모든 부자도 처음부터 누구도 성공할 것이라고 말했던 사람은 없었다. 단지 오늘은 작지만 중요한 일을 하면서 꿈을 키웠을 뿐이다. 그리고 그들은 자신만의 스토리를 드라마틱하게 써내려갔다. 그러니 멈추지만 않는다면 천천히 가는 것은 문제가 되지 않는다. 세상의 '어려운 일'은 모두 '쉬운 일'에서 비롯되고, 세상의 '큰일'은 반드시 '작은 일'에서 시작되었다.

스스로 책임이 있는 사람은 주인이고, 나의 인생을 항해하는 선장은 바로 나다. 너무 조급하게 서두르지 말고, 가장 힘든 길을 가려면 한 번에 한 발씩 내디디면 된다. 인생을 뒤돌아보면 처음부터 너무 잘되는 것도 결코 좋은 것만은 아니다. 그리고 포기하지 않고 꾸준함으로 인내했다면, 절반은 부자가 되는 데 아무 문제가 없었을 것이다. 그만큼 긴 시간을 견디고 버틸 한결같은 인내가 중요한 이유이다. 누구나 성공하고 부자가 되는 세상이 아니기에 역설적으로 공평한 것이다. 같은 환경에서도 어떤 사람은 성공의 길로 들어서고, 어떤 사람은 실패의 길로 들어서는 이유는 무엇일까?

평범한 사람이 가난한 이유는 실패의 과정을 제대로 겪지 않았기 때문이다. 아니, 실패하지 않으려고만 하다 보니 제대로 실패해 본 적이 없었던 것이다. 실패하지 않는 것을 다행으로 여기면 오히려 실패하는 것이 낫다. 어설프게 실패하면 억울하기만 하고, 정확하게 무엇 때문에 실패했는지조차 오락가락한다. 그들은 안전한 길만 추구하고, 그 어떤 실수도 하지 않으려고 하지만, 실제로는 그 길이 가장 위험한 길이라는 것을 모르고 있다.

여러분의 인생에서 완벽한 실패도 없듯이 완벽한 성공도 없다. 성공으로 대체할 수 없는 것들이 있기 때문이다. 건강, 사랑, 기쁨, 감사, 행복 등 말이다. 단지 가난할 때보다 부자가 되면 할 수 있는 것이 많아지고, 선택지를 넓혀갈 수 있기 때문에 부자가 되려고 하는 것이다. 부자가 되겠다는 열망으로 자신의 분야에서 최고가 된 사람이 결과적으로 부자가 됐을 뿐이다.

데이브 신

부자 되기 I

부자 되기 II

부자 되기 Ⅲ

부자 되기 Ⅳ

부자 되기 V

부자 되기 VI

부자 되기 Ⅶ

부자 되기
I

교수님이 왜
강남에 살라고 했을까?

대학교 3학년 때 민법 물권법(物權法) 강의 시간에 느닷없이 교수님이 말씀하셨다.

"너희들은 졸업하면 강남에 살아라."

앞에 있던 친구가 대답했다.

"강남에 살 돈이 없는데요."

교수님은 또 말씀하셨다.

"그럼, 지하 방에 살아라."

친구는 또 말했다.

"지하 방에 살 돈도 없는데요."

교수님은 포기하지 않고 말씀하셨다.

"다 안 되면 옥탑방에라도 살아라. 강남에 사는 게 중요하다."

그 당시 교수님의 뜻을 어렴풋이 알기는 했지만, 절실하게 다가오지는 않았다. 어디에서 어떻게 사는 것이 중요하다는 생각을 별로 해보지 않았기 때문이다. 그 시기는 강남 부동산이 천정부지로 오르고 있던 때인 만큼, 자고 나면 빌딩이 하나가 생길 정도로 개발 붐이 일었다.

학교를 졸업하고 많은 시간이 흐른 후에야 교수님의 혜안이 부자 되는 법을 가르쳐주셨다는 것을 알게 되었다. 교수님의 말대로 어찌어찌 비비면서 강남에 살았던 친구들은 모두가 강남 사람이 되었을 뿐만 아니라, 강남의 프리미엄을 누리고 있다. 친구들을 비교해보면 강남에 사는 친구와 서울 외곽이나 경기도에 사는 친구들의 단순한 주택 가격 차이만 봐도 강남이 평균 3~4배가 높다.

나는 처음부터 강남에 살려고 했던 것은 아니었다. 단지 직장이 가까운 강남에서 전세로 시작해서 결혼하고, 작은 재개발 아파트를 전세를 끼고 대출로 매수하게 되었다. 주변이 개발 붐을 타고 환경이 좋아지면서 투자 아닌 투자가 된 셈이었다. 나는 교수님의 말을 듣고 강남에 산 것도 아니고, 재테크에 관심이 있어 집값 상승을 기대하고 집을 마련한 것도 아니었다. 단 하나의 이유는 직장에 가기 편리한 곳으로 집을 정했을 뿐이다. 주위를 보면 돈을 억지로 벌겠다고 해서 돈을 벌 수 있는 것도 아니고, 돈이 따라오게 하는 운도 필요하고, 학습 또한 필요하다. 나는 실제로 젊을 때는 재테크에 전혀 관심이 없었다.

왜 부자가 되고 싶은가?
부자가 된다는 것은 나에게 어떤 의미가 있는가?
부자가 되면 무엇을 하고 싶은가?

젊을 때는 이런 질문을 생각해보지도 않았고, 나에게 던져본 적도 없다. 이 질문이 왜 필요한가를 깨닫게 된 때가 주위의 친구들을 만나면서, 부자의 열망을 가진 사람이 부자가 된다는 사실을 알게 된 때부터이다. 부자의 꿈을 꾸지 않았던 사람이 부자가 되는 경우는 거의 없기 때문이다. 부자의 꿈을 꿔도 부자가 되기 어려운 현실에, 부자의 꿈을 꾸지 않으면 부자가 될 확률은 제로이다.

그 당시에는 현재 직장생활도 버거운데 거기까지 신경을 쓸 여유가 없었을 뿐만 아니라, 재테크를 하지 않아도 살아가는 데 문제가 없을 것 같은 막연한 믿음이 있었다.

그런데 직장 다닐 때부터 재테크에 관심이 많았던 친구들은 지금 나의 재산의 두세 배는 족히 된다. 이 친구들을 만나면 귀에 딱지가 앉도록 부동산, 주식, 채권 등 재테크 이야기만 해서 싫증이 난 적도 있었다. 그러나 결국 부자에 대한 열망이 그들을 부자로 만들었다. 연봉이 많아지면, 늘어난 것만큼 재테크도 증가해서 자산이 쑥쑥 늘어날 것 같지만, 그렇지 않은 경우가 대부분이다. 부자에 대한 간절한 소망이 없으면, 수입이 늘어난 만큼 나가는 돈이 많아지는 데도 쉽게 길들여진다. 늘어난 지출을 줄이는 것을 궁색하게 산다고 생각한다. 덩치가 커진 코끼리는 작은 웅덩이에 만족하지 못한다. 아예 온몸을 비집고 들어와 자리를 잡는 것과 같다. 수입이 지출을 감당할 수 없을 정도가 되면 파산하게 된다. 지출은 늘리기 쉽지만, 수입을 늘리기는 생각보다 어렵다는 것을 여러분도 알 것이다.

부자처럼 보이고 싶은 유혹이 있을 때 절제하지 못하는 사람이 많다. 실제로 부자가 되었을 때 돈을 써도 늦지 않다. 부자처럼 행동하는 것은 부자와는 아무 상관이 없다. 그리고 돈이 좀 있으면 무언가를 하지 못해

안달이 나거나, 주위 사람들도 가만두지 않는다. 투자를 권유하는 유혹에서 벗어나기가 쉽지 않다는 말이다. 따라서 내 호주머니에 있는 돈이 남의 호주머니에 들어갈 확률이 크다. 내 통장에 들어온다고 다 내 돈으로 생각하면 안 된다. 인간은 호주머니가 두둑하든 비어 있든 가만히 있지 못하는 존재다.

대학 시절 교수님이 강남에 살라고 하셨던 것은 '부동산에 투자하라'는 뜻이 아니라, 부자들의 일상을 보고, 듣고, 배우라는 것이었다. 그들이 부자가 될 수밖에 없는 이유가 분명 있으며, 그 무엇이 그들을 상위 1%로 만들었는지 유심히 관찰하라는 것이었다. 책에서 배우거나 들어서 배우는 것도 도움이 되겠지만, 실제로 생활 속에서 체득하는 학습이 가장 효과적이다. 꾸준하게 관찰하고 적용해보면 나의 것이 된다.

교수님은 아마 그들이 '무슨 일'을 하면서 '어디'에 '무엇'을 '어떻게' 해서 돈을 굴리는가를 학습하고, 돈을 어떻게 관리하고, 사용하는가를 보면서 재테크 공부를 하라는 뜻이었을 것이다. 강남에 한번 살았던 사람은 다른 지역으로 떠나는 것을 싫어하고, 강남에 살기를 원하는 대기 수요 또한 많다는 데는 여러 이유가 있을 것이다. 수십 년이 지나 강남의 슈퍼리치를 상대로 강의하면서 교수님의 혜안을 비록 늦게 깨달았지만, 배운 것을 또 다른 사람에게 전하고 있다고 생각하면 격세지감을 느낀다.

습관이
부자를 만든다

그때나 지금이나 부자의 공통점 중 하나는 '습관'이 다르다는 것이다. 부자와 가난한 사람의 가장 큰 차이라고 할 수 있다. 성공한 사람에게는 남들과는 다른 타고난 재능이나 혜안이 있었던 것일까? 아니다. 흔히 사람들은 돈 버는 재능은 따로 있다고 생각하지만, 실제로 부자는 누구나 부자가 될 수 있다고 생각한다. 왜냐하면 자신도 해냈기 때문이다. 재능이 부자를 만들어주는 것이 아니라 '부자의 마인드'가 부자를 만든다는 사실을 알게 된다.

최근 연구에서도 선천적인 재능과는 별개로 날마다 꾸준하게 '반복하는 습관'이 큰 성과를 낸다는 조사 결과가 있다. 최고가 된 사람들의 공통된 성공 배경에는 단 하나의 '단순한 습관'이 있었다. 그 습관은 타고난 재능에서 시작된 것이 아니라 '지속'하는 작은 습관에서 비롯되었고, 그렇다면 누구나 부자가 될 수 있다는 말이다.

성공하지 못한 사람을 보면 지속적으로 꾸준하게 하는 일이 거의 없다. 금방 싫증을 내고 포기하고, 다른 것을 찾는다. 알고 보면 '반복'하는 것만큼 쉬운 것은 없다. 실패자들은 반복하지 못하는 이유가 너무 많아서 들어줄 수 없을 정도다. 실패자 모두는 성공하기 전에 포기한 사람들이다. 한 번이라도 성공한 경험이 있는 사람은 안 되는 이유보다 되는 이유를 찾는다. 그래서 실패의 횟수가 늘어나면 성공의 확률을 높이는 이기는 습관이 행동화되어 있다.

부자들은 늘 배움의 열정이 있고, 다르게 생각하고 행동하는 습관이 있다. 그들의 학습 태도와 질문에서 알 수 있다. 남들은 사소한 것이라고 생각하지만, 그 사소한 생각과 습관이 엄청난 차이를 만들어낸다는 것을 부자들은 잘 알고, 또 실천한다. 그러나 가난한 사람은 너무 쉽고 평범해서 "누구나 알 수 있고, 할 수 있는 일이 뭐가 그렇게 중요해?" 하면서 물러나 있다.

예를 들면 '일찍 일어나야 하루를 길게 쓸 수 있다', '포기하지 말아야 한다', '오늘 일을 내일로 미루지 말라' 등은 어릴 때부터 너무 많이 들어서 식상할 정도로 매력이 없다. 성공한 사람들의 부자 이야기도 뻔하고, 도식적인 범위에서 크게 벗어나지 않기 때문에 따분하고 지루한 이야기로 들릴 수 있다. 시간이 되면 때마다 먹어야 하고, 잠을 자는 것을 반복해야만 생명을 유지할 수 있는 것처럼, 기본적인 삶을 유지하는 것은 간단한 패턴이다.

우리는 생명 유지를 넘어 건강하려면 플러스 알파가 붙는 정도다. 운동과 식단 그리고 컨디션 조절을 위해 마음의 안정과 쉼이 필요하다. 평범하게 사는 것이 생명을 유지하는 것이라면, 부자로 사는 것은 건강하게 사는 것을 말한다. 인간의 모든 생활양식은 오랜 시간이 연결된 작은 습관에서 시작된다. 작은 습관에서 비롯되지만, 균형 잡힌 생활이 깨어지면 나의 꿈과 성취할 목표도 함께 날아가는 계획에 그친다는 사실을 두려워하라. 만약에 오늘 일을 내일로 미루는 습관이 있다면 반드시 수정하고 실천할 목표를 세워라. 만약 습관이 바뀌지 않은 채 부자가 되었다고 하더라도 유지하기가 어려울 뿐만 아니라 원래 가난한 과거로 돌아갈 확률이 높다. 나쁜 습관을 가진 사람은 로또 1등에 당첨되어도 금세 가난해지고, 좋은 습관을 가진 사업가는 파산해도 금방 다시 일어선다. 직장에서 길들어진 습관도 5년이 넘으면 천성으로 자리 잡는다. 그래서 습관은 제2의 천성이라고 한다.

나는 오랜 직장생활에서 길들여진 것 중 한 가지가 새벽 시간에 일어나는 것이었다. 직장 초년에는 새벽에 일어나는 것이 너무 힘들어 사직을 생각할 정도였다. 입사 동료들도 한두 명씩 퇴사하기 시작했다. 이번 달 월급만 받고 그만두어야겠다고 결심하고 나니, 막상 월급을 받자마자 그만두기가 얌체 같아서 며칠 더 다니다 보니, 다음 달 휴가가 있었다. 그럼 휴가 갔다 와서 그만두자고 생각하고, 그렇게 조금씩 연기되고, 또 다음 달 보너스를 받고 그만두자고 했던 것이 어느덧 4년이 되어버렸다.

그런데 신기한 것은 4년 차부터는 새벽 시간에 적응되기 시작해서 다닐 만해졌다. 3년 차까지는 오전 5시 30분에 일어나 7시까지 출근하고, 오후 10시에 퇴근하는 게 극복되지 않았다. 4년 차부터 점차 적응되어가면서 5년 정도 되니 완전히 적응해서 습관화되었다. 시간은 불가능할 것 같았던 난관을 변화시키는 힘이 대단하다는 것을 느꼈다.

새로운 습관에 길들여지기란 힘들지만, 어려운 과정을 거쳐 정착되면 남들이 어렵게 하는 것을 쉽게 할 수 있는 능력이 생긴다. 남들이 하루에 할 일을 오전에 끝낼 수 있는 능력이 생기면서 자신감이 붙기 시작한다. 그러면 나머지 시간은 또 다른 일을 할 수 있다. 습관화가 안 되면 일에 능률이 오르지 않을 뿐만 아니라 쉽게 지치고 포기하게 된다. 따라서 습관은 성공의 핵심요소다. 요즘 세대에는 꾸준하게 지속하는 경쟁자가 많지 않아 성공할 확률이 더 높다.

몸은 "이제 그만 하라!"고 매일 아우성을 치겠지만, 멘탈이 육체보다 먼저 무너지지 않으면 된다. 몸의 안락함을 거부하고 멘탈로 이겨내야 한다. 매일 반복적인 습관이 배어 내 의지를 더 이상 동원하지 않아도 그 일을 해내고 익숙해질 때까지 버티고 견뎌라.

강남 부자들이 성공하고 부자가 된 데는 오랜 시간이 가져다준 '습관의 선물'이 있다는 것을 알게 되었다. 나는 강남에 살고, 일류기업에 있으면서 작은 습관의 힘이 결국 인생을 바꾸는 힘이라는 것을 깨달았다. 내가 무엇을 바꾸겠다고 해서 내 의지대로 즉각적으로 바꾼 것은 거의 없다. 작은 습관이 주는 유익을 생각하고 행동을 일반화하면 뇌도 당연한 것으로 받아들여 조그마한 변화가 습관을 만들어간다.

어떤 사람이 무엇을 어떻게 리드하느냐에 따라 삶의 질이 결정되고 인생의 그릇이 정해진다. 피터 드러커(Peter Ferdinand Drucker)는 "좋은 습관을 가진 사람이 기업을 일으킨다"라고 했듯이, 성공과 부자의 루틴을 가진 사람이 결국 기업을 일으키고 삶의 질을 향상시킨다.

돈이 사람을 바꿔놓는 것이 아니라, 사람이 돈의 질을 결정하는 습관이 결국 부자를 부자답게 만든다. 더욱이 지식기반 사회로 급격하게 변하는 이 시대의 화두가 인적자원이 되어야 하는 것은 당연한 사실이다. 명확한 목표에 초점을 맞출 수 있는가, 성공할 수 있는가는 결국 우리 일상에서의 작은 습관에서 비롯된다. 그것은 성공과 실패를 나누는 엄격한 기준이다. 목표를 달성한 모든 사람이 성공한 사람들은 아니다. 목표에 도달하지 못한 사람들이라고 해서 모두 실패자가 아닌 것처럼 말이다.

성공과 실패를 맞이하는 유연한 사고와 역동적인 삶에 대한 자세는 상대적이며, 절대적이지 않다. 일정 기간 동안은 실패하는 중에도 성공을 장려하고 열망하는 습관이 왜 부자가 되어야 하는지를 생각하게 한다. 명분을 키우고 원하는 것을 따라가면, 실패의 과정에서도 작은 성공의 씨앗을 엿보게 된다. 그렇다고 해서 수동적으로 일을 만들어 기계적으로 따라가야 한다는 뜻은 전혀 아니다. 넓은 의미에서 성공은 실패도 포함된 태도를 강화하고, 습관의 힘을 장려하는 것이다.

태도와 습관에 포함되는 행동에는 여러 가지가 있는데, 그것은 삶 자체에서 나타난다. 사람들은 습관에 따라 자신이 해야 할 일에 우선순위를 정하거나 또는 정하지 않는다. 오늘 반드시 처리해야 할 우선순위를 마지막까지 차선에 밀려 처리하지 못하고 미루다가 내일로 넘어가는 이들이 많다. 같은 시간을 일하더라도 지혜롭게 문제를 대하는 태도, 우선순위의 습관을 배워야 하는 이유가 여기에 있다.

성공하기 전에 포기하지 마라

힘들고 어렵다고 포기하면 누구나 할 수 있는 것은 만만한 것밖에 없다. 세상에서 가장 어리석은 시도는 '누구나 할 수 있는 일'에 도전하는 것이다. 상식에 도전하는 사람이 가장 어리석은 사람이다. 거기서 무언가를 더 추구하고, 혁신을 기대하는 바보는 없을 것이다. 쉬운 일은 내가 하지 않아도 할 사람이 차고 넘친다. 쉬운 일 끝에는 마치 쥐고 있던 모래가 손에서 빠져나가듯이 결국 남는 것이 아무것도 없다. 남들이 다 할 수 있는 일을 하면 부자는커녕 먹고 살기도 벅차다.

생각을 부유하게 하고, 좋은 습관을 만드는 일은 많이 배우고, 화려한 스펙과 능력을 갖춘 것과는 아무 상관이 없다. 상상하고 좋은 습관을 만드는 데 지식이나 스펙은 필요하지 않다. 다만 멈추지 않는 시도와 인내가 필요할 뿐이다.

따라서 누구나 인내하며 적응 능력을 기르고, 잘하는 일을 더 잘할 수 있도록 몰입하면 목표에 빨리 도달할 수 있다. 멈추지 말고 포기만 하지 말라. 그러면 누구나 부자가 될 수 있다. 한 번도 시도하지 않은 사람이 가장 많이 포기한 사람이다. 인생이라는 역사에서 그 어떤 경험도 나쁜 경험은 없지만, 포기의 커리어가 쌓이는 것은 최악이다. 성공자와 실패자는 간단하게 둘로 나뉜다. 성공하기 전에 포기하지 않았던 사람과 성공하기 전에 포기한 사람이다. 한 번이라도 성공해본 사람은 성공하기 전에 포기하지 않는 법을 알고 있다. 그것은 의외로 간단하다. 바로 멈추지만 않으면 된다. 작은 습관들을 연결하면 하루가 되고, 하루가 한 달을 견인하고, 한 달이 일 년을 버티고 견디게 한다. 결국, 일 년이 쌓여 인생을 연결한다.

나는 출근하지 않는 휴일에도 습관이 되어 그 시간이 되면 눈이 저절로 떠진다. 아침에는 하루의 일정을 점검하는 것으로 새로운 날을 열어가고, 오늘 오후에 내일 일정을 디테일하게 조정하고 계획한다. 몇십 년을 변함없이 하다 보면, 어쩌다 놓쳐도 몸이 먼저 반응하고 허전함을 느낀다. 미팅이 있으면 가능한 내 계획에 차질이 없는 범위 내에서 약속을 정하는 것을 원칙으로 한다.

가장 중요한 것 중의 하나는 '오늘의 계획을 디테일하게 만드는 것'이다. 오늘의 세부적인 계획과 일정표는 어제 만들어야 한다. 다시 3일의 일정표를 만들고, 또 일주일의 일정표를 만들어 일단 시도해보자.

일주일 과정을 냉정하게 평가하고, 자신감이 붙으면 보름의 계획에 대한 일정표를 만들어 도전하자. 그러면 나도 모르게 탄력이 생기고, 어떤 일이든지 두렵지 않아서 할 수 있다는 용기가 생긴다. 자신감도 포기하지 않겠다는 용기에서 나온다. 보름을 두 번만 하면 한 달을 내 생각대로 꽉 채워갈 수 있다.

작고 소소한 것 같지만 지속적으로 수행할 수 있다는 자신감을 바탕으로 ‘다른 모든 일들을 의미 없게 만들어버릴 잘하는 일’에 몰입하면 된다. 자연히 방향과 목표가 설정되면, 작은 일부터 하나하나가 톱니바퀴처럼 돌아간다. 그리고 작지만 의미 있게 시작하면 된다.

목표를 위해서는 모르는 일도 잘하기 위해 배우고, 경험해야 할 것이 많아진다. 예를 들면 부자가 되기 위해서는 세금, 회계, 자산운용, 경제 지식 등을 알아야 진정한 부자가 될 수 있다. 모르는 분야를 공부하면서 현장에 적용하는 기쁨을 가져야만 지속적으로 ‘반복’할 수 있다. 배움의 기쁨을 놓치지 않으려면 자꾸 시도하고, 결과에 대한 확신을 넓혀가다 보면 나의 지식으로 자리잡게 된다. 내가 성장하고 있다는 증거다. 처음부터 다 알고 시작하는 사람은 없다. 공부하는 습관을 비롯한 일상의 작은 끈기들이 축적되어 엄청난 차이를 만들어낸다. 마치 한 방울의 빗방울이 모여 바위를 뚫고, 큰 강을 이루듯이 그냥 지나칠 수 있는 말투 하나, 사소한 관심과 열정이 모이면 인생을 완전히 바꾸게 된다.

가난한 사람들을 관찰해보면, 불필요한 일에 많은 시간을 낭비하는 공통된 습관이 있다. 지금 일이 없으면 일을 만들어서라도 시간을 허비하고 만다. 해야 할 일만큼 중요한 것은 하지 말아야 할 일을 지금 당장 집어치우는 것이다. 가난하고, 게으르고, 실패한 사람들은 해야 할 일을 하지 않고, 하지 말아야 할 일에 시간을 허비한 사람들이다. 그들이 받아야 할 기회를 부자들에게 양보한 착한(?) 사람들이다. 좋은 기회가 와도 “여러 가능성을 열어놓고 신중하게 생각하고 있다”고 하며 결정을 미룬다.

아는 것만으로는 충분하지 않다. 반드시 적용해야 결과가 따른다. 하겠다는 의지만으로는 충분하지 않다. 반드시 행동해야 완성된다. 세상을 움직일 수 있는 아이디어가 있다고 해도 실제로 해야 할 일을 하지 않으면 바뀌는 것은 아무것도 없다.

해야 할 일을 하지 않는 것은 '죽은 자'의 계획이다. 죽은 자는 '생각을 하지 않는다', '계획을 세우고 시도하지 않는다', '꿈을 꾸지 않는다'는 공통점이 있다.

생각하고, 계획을 세우고, 꿈을 위해 시도하는 것은 좋아서 한다기보다 하지 않으면 안 되기 때문에 할 일을 하는 것이다. 부자라고 즐겁고 흥분되는 쾌락의 유혹이 없겠는가? 배움이 좋아서 공부하고, 직장생활이 즐겁고 좋아서 다니는 사람이 얼마나 되겠는가? 하루 쉬고 싶은 유혹이 있지만, 길들여지면 안 되기 때문에 순간의 즐거움을 기꺼이 포기하는 것이다. 지금 하지 말아야 할 일을 구체적으로 노트에 적어서 빨간 줄로 하나하나 제거하지 않으면, 생각만으로 부자가 되겠다는 것이다. 그것은 마치 부자는 승용차를 타고 달리는데, 나는 자전거를 타고 목적지로 향하는 것과 같다.

문제 뒤에 숨고 빠져나가려는 출구를 없애버려야만 쉽게 포기하지 않는다. 실패한 사람들은 일을 시작하기도 전에 이미 빠져나갈 명분을 만드는 출구전략을 가지고 시작한다. 조금만 어려움이 오면 일을 추진하기 어려운 오만가지 이유를 만들어 포기하는 명분을 찾는다. 성공하기 위해서 도전하는 것이 아니라, 실패하기 위한 명분을 만들려고 도전하는 듯한 인상을 준다. 사람들은 '억울한 실패자(?)'로 남으려고 한다. 물론 결과는 달라지는 게 없다. 우리는 억울한 사람들의 하소연을 들을 만큼 한가하지 않다. 성공한 사람들의 성공담을 듣기도 벅찬 시간이다.

아침에 거울 앞에 섰을 때 "나는 충분히 할 수 있는 '능력'이 있고, 해낼 수 있는 '의지'가 있고, 돌파할 수 있는 '열정'이 있다"고 매일 선포해보라. 한 달간만 반복적으로 해보면, 자신에 대한 긍정의 메시지가 여러분을 깨우고, 앞으로 나아가게 할 것이다. 그리고 책상 앞에 나의 이름을 크게 써서 붙여놓고 하루에 10번씩 큰 소리로 불러보라. 이 방법은 내가 신입사원일 때 힘들어 주저앉고 싶을 때 이름값도 못한다는 질책과 반성에서 시작해 나의 정체성을 깨닫게 하고, 이름이 널리 불리게 될 존귀한 사람이 되도록 최선을 다하자는 의미에서 시작했다. 깊은 수렁에서 스스로를 건져낼 수 있는 힘이 모두 없어지기 전에 나를 구원해야만 미래가 보인다. 이름이 나의 인격이 되고, 불릴 때마다 자신이 누구인지를 생각한다면 헛되게 살지는 않을 것이다. 여러분이 실패를 많이 했든 실패를 경험하지 않았든 상관없다. 다만 성공하기 전에 포기할 명분을 만들지만 않으면 여러분은 충분히 감당할 수 있는 능력과 에너지가 있다.

내일이면 후회할 일을 당장 집어치워라

사람은 매일 반복적으로 행동하는 루틴이 무엇이냐에 따라 성공과 실패가 결정된다. 따라서 어떤 것에 길들여져 있는 일관된 행동, 즉 습관이 인생을 결정한다는 말이다. 돌아서면 후회할 일을 아무렇지도 않게 하면서 시간을 흘려보내고 있다면, 가슴이 저며오는 통증을 느껴야 한다. 오늘도 어제와 같은 의미 없는 하루를 보낸다면, 지루하고 따분한 시간에 싫증을 느끼고 거기서 뛰쳐나와야 정상이다. 세상 어떤 사람도 시간이 남아돌아서 주체하지 못하는 사람은 없다. 심지어 돌아오지 못할 먼길을 떠난 사람까지 새 삶을 꿈꿀 시간이 필요하다. 그럼에도 불구하고 젊을 때는 시간의 소중함을 모르고 의미 없이 흘려보내는 것을 아무렇지도 않게 생각한다.

먼저, 여러분들은 하루를 어떻게 보내고 있는지 노트에 시간별로 일기처럼 적어보자. 매일 반복하는 나쁜 습관을 색출해서 주홍글씨를 새기자. 이것이 여러분의 인생을 망가뜨리는 주범이다. 여러분은 어제와 다른 오늘을 어떻게 맞이하고, 어떻게 보내고 있는가?

◆ 오늘 아침에 늦게 일어났다면 왜 늦게 일어났는지?

이유를 분명하고 정확하게 적어보라. 늦게 일어나면 무언가 공허하고 허전하지 않은가? 나의 경우는 일단 기분이 우울하고, 유쾌하지 않다. 마치 마라톤에서 이미 다른 사람들은 출발했는데 나는 지금 일어나 허둥지둥 따라가는 모양새다. 나에게 선물로 주어진 시간을 의미 있게 사용하지 못하고 속절없이 흘려보내면 화가 많이 난다.

◆ 지난밤에 늦게 잠자리에 들었다면, 늦게 일어나도 좋을 만큼 얼마나 가치 있는 일을 했는지?

잠을 포기할 만큼 짜릿한 전율을 느낄 정도로 몰입하는 이유를 상세히 적어보라. 한정된 시간은 돈과 같아서 쓰다 보면 늘 부족해 초과하기 마련이다. 여러분이 작성한 계획표대로 움직이는 데 가장 방해가 되는 것도 '초과 시간'의 관리이다.

두 종류의 사람이 있다. 먼저, 카지노에서 가진 돈을 다 잃어야만 도박을 중단하는 사람이 있는가 하면, 또 한 사람은 일정한 금액만 베팅하겠다는 계획하에 정한 금액을 잃으면 도박을 중단하고 철수한다. 전자는 시간의 계획이 있는 것 아니라, 돈에 따라 시간이 조절되고 종속되는 인생이다. 돈이 주인이 되어 일정을 변경시키고 부리기 시작한다. 사람이 돈을 위해 어떤 일도 해야 하는 돈의 노예로 전락한다. 후자는 의도된 돈 관리와 시간에서 벗어나지 않겠다는 계획을 이행한다는 점에서 전자와 다르다. 생각하면서 일을 하는 사람과 일하고 나서 생각하는 사람의 차이이다.

나는 IBM에서 성과급을 받거나 특별 보너스를 받으면 실리콘밸리에서 그렇게 멀지 않은 라스베이거스에 있는 플라밍고카지노호텔을 회사 동료들과 종종 이용하곤 했다. 나는 직원들에게 100달러씩 나누어 주고, 가진 돈을 모두 잃으면 미련 없이 자리에서 일어나겠다는 약속을 받는다. 성공하지 못하는 사람의 특징 중 가장 많은 것이 '시간 관리에 실패한다'는 것이다. 실패를 경험하고 싶다면 시간 관리에 실패하면 된다. 가난한 사람들의 공통점을 들여다보면, 시간을 중요한 일에 집중하는 데 사용하지 못하고 허투루 사용했기 때문이라는 조사 결과도 있다. 시간과 돈을 자기 통제 안에 두지 못하고, 시간과 돈이 오히려 자기를 통제하고, 끌고 다니는 경우가 실패의 전형적인 모습이다.

◆ 지금까지 많은 시간을 소비하는 이 일이 나에게 어떤 영향을 미치고 있는가? 이 일보다 창조적이고 생산적인 일은 없는가?

솔직하게 자문해보면 나의 동선과 문제가 보이기 시작할 것이다. 먼저 문제해결에 집중해서 평범한 일상으로 돌리고, 다음은 목표를 정해서 한 걸음 한 걸음 옮기면 우선순위가 정해지고, 내가 감당할 수 있는 일이 정해진다. 다른 모든 시간을 의미 없게 만드는, 몰입할 수 있는 일을 찾는 게 제1의 목표가 되어야 한다. 목표가 크고 거창할수록 한 걸음부터 시작해야 한다. 아무리 높은 산도 한 걸음부터 시작해서 정상에 도달하는 것과 같다. 아무리 산을 잘 타는 사람도 한 번에 두 걸음을 가는 사람은 없다. 한 번에 한 걸음씩 갈 뿐이다.

◆ 매일매일 마주하는 오늘을 후회 없이 보내고 있는가?

오늘은 인생의 축소판이다. 오늘을 잘 사는 것이 성공적인 인생의 첫 단추이다. 어제도, 오늘도, 내일도 내가 살아 있는 동안에는 똑같은 시간으로 존재하지만, 대하는 태도는 각각 달라야 한다.

하루의 시간을 효율적으로 길게, 가치 있게 사용하는 방법이 무엇인지를 알아야만 자신의 컨디션을 최상으로 끌어올릴 수 있다. 부자는 하루의 시간이 언제나 부족하다. 시간이 부족해서 해야 할 많은 일을 놓치고 있다고 조바심을 낼 정도다. 따라서 그들은 시간을 가장 길게 쓰면서도 효율성이 높은 방법을 탐구한 결과 새벽 시간을 확보하는 것에서 시작한다. 혹시 핸드폰을 만지작거리며 하루를 맞이하는 것이 습관화되어 있다면, 부자가 되기는커녕 평범하게 살기도 벅차다는 것을 알아야 한다. 부자는 이른 아침에 벅찬 기대와 설렘으로 하루의 가장 중요한 일을 구상하며 시작한다. 나는 그 시간에 무엇을 하고 있는가를 생각해보라. 누가 생산적이고 창조적인 일을 하고 있는가를 말이다. 컴퓨터를 켜기 전에 하루의 일정을 체크하고, 일정에 차질이 없도록 점검하라.

◆ 오늘 선택된 일을 뚫고 나가는 집중력이 있는가?

집중력은 선택된 일이 완전히 끝날 때까지 전념하는 능력이다. 산만해지지 않도록 주위의 환경을 정비하는 일부터 시작해야 한다. 대개 가장 어렵고, 하기 싫은 일이 가장 중요한 일일 경우가 많다. 가장 어렵고 하기 싫은 일을 피할 수 없다면 부딪혀서 해결해야 한다. 반드시 해야 하고, 비즈니스에서 가장 핵심적인 과제지만, 길고 험난한 난관을 뚫고 통과하기가 쉽지는 않다. 그러나 누군가는 이미 간 길이다. 여러분들에게 가장 가치 있고, 중요한 일로 시작해서 그 일을 완료할 때까지 그 일에만 집중하라. 어떤 일이 우선순위가 되는지, 이 일을 어떻게 접근할 것인지를 정한 뒤에 가장 중요하면서도 할 수 있는 일부터 시작하라.

처음에는 포기하고 싶을 정도로 엄청난 인내를 요구할 것이다. 처음부터 쉬운 일만 선택하면 갈수록 버티는 것이 어렵게 느껴진다. 부자들은 어렵지만 할 수 있는 일을 하나씩 찾고, 해냈던 사람이다. 시간이 흐를수록 내가 할 수 있는 일이 그렇게 많지 않다는 것을 알게 될 것이다. 그래서 많은 사람들은 누구나 할 수 있는 일에 인생의 에너지를 쏟고, 평범한 사람이 되고 만다. 내가 진짜 하고 싶은 것 외의 다른 일은 누가 해도 다 할 수 있는 일이 된다. 지금이라도 인생의 수레바퀴 방향을 바꾸어 내가 진정 가고 싶은 곳으로 방향을 돌리고 싶지 않은가? 5년 후에 후회하지 않을 일에 말이다.

멈추어야 할 것과 멈추지 말아야 할 것

부자라고 특별한 재능이 있거나 대단한 일을 했던 사람이 아니다. 누구나 포기하지만 않는다면 할 수 있는 일을 부자가 먼저 하고 있다는 것이 다를 뿐이기에, 여러분도 부자가 될 수 있다. 남이 하기 싫어하는 것을 기꺼이 하고, 꿈을 현실로 만드는 지속적인 인내가 부자로 만들었을 뿐이다. 남들이 하지 않는 일을 하고, 남들이 생각하지 않는 것을 생각하고, 남들이 보지 못하는 것을 보고, 남들이 가지 않는 길에서 흔들리지 않는 멘탈이 부자가 되는 공통점이다.

자신만이 할 수 있는 일을 정확하게 찾는다면, 실패하더라도 수정하고 보완하면 누구나 성공을 완성할 수 있다. 이 문제는 오직 나만이 내 생각에 동의하고, 선택해서 결정할 수 있다. 거울을 보는 것같이 솔직한 자신과 마주하면 또 다른 것이 보인다.

부자가 되기를 갈망하면서도 부자와는 상관없는 일에 시간을 쏟아붓는다면, 자신의 위선을 엄히 꾸짖어라. 부자가 아닌 사람에게 시간을 들이며 돈을 많이 버는 방법을 배우고 물어볼 필요가 없다. 알고 있었다면 그들도 이미 부자가 되었을 것이다. 모든 위대함은 상상을 멈추지 않는 데서 시작된다는 것을 아는가? 낡은 생각을 통째로 바꾸지 않으면 기회가 생겨도 해결할 능력이 없는 무능한 사람으로 남게 될 것이다.

직장 초년생일 때 내가 하는 생각과 행동들이 너무 마음에 안 들어 6개월 정도 친구들을 전혀 만나지 않았다. 친구를 만나면 위선적인 이야기를 하지 않을 수 없었기 때문이다. 당시 나는 "잘 지내고 있다"고 말하는 것조차 용납되지 않았다. 남들은 잘 다니고 있는 직장인데, 나는 왜 그리 생각이 많고, 적응하지 못하는지 스스로 이해가 안 되었다. 무엇보다도 비전 없는 나 자신과 마주할 때, 머리를 쥐어박고 뜯었다. 그리고 밥을 굶으면서 절박함을 느끼고자 했다. 고향에 계신 부모님이 "밥 잘 먹고 다니냐?"고 전화하실 때도 "그렇다"고 자신 있게 대답하지 못하고 엉엉 울었던 기억이 선명하다.

계획했던 일이 자신의 게으름과 안일함으로 지연된다면, 크게 분노할 줄 알아야 한다. 오늘의 결정을 내일 어떻게 생각하고 판단할 것인가? 즉, 어제의 결정을 오늘 후회하지 않으면 된 것이다. 어제 하던 일 중 당장 멈추어야 할 것이 있고, 계속 반복해야 할 일도 있다. 남들이 다 하는 것 같지만, 남들은 다하지 않는 것에 주목하라. 대체할 수 없는 시간을 확보하라. 당시 내가 힘들어했던 것은 꿈을 위해 상상하던 것을 멈추었기 때문이라는 것을 알았다. 여러분의 일상에서 멈추어야 할 것은 다음과 같이 정리할 수 있다.

첫째, 스마트폰의 게임을 하거나 예능 프로그램을 보면서 시간을 보낼 때, 그것이 내게 주는 유익이 무엇인가 생각하라. 남는 시간을 보내기 위해서인가? 예능인들의 삶은 결코 나의 삶이 될 수 없다. 대리만족은 당장 집어치우자. 내가 행복하지도 않은 그 어떤 것도 나의 만족으로 대신 끼워넣으면 안 된다. '나는 나로서만 존재한다'는 사실을 잊으면 정체성(正體性)을 잃게 된다.

둘째, 인터넷 서핑(Internet Surfing)으로 시간을 보내면 뭔가 허전하지 않은가? 한국인은 일생의 3분의 1 이상의 시간을 인터넷을 사용하는 데 보내는 것으로 조사됐고, 아시아에서는 1위를 차지했다. 노드VPN이 전 세계 인터넷 사용자를 대상으로 설문 조사한 결과 한국은 평생 동안 약 34년 이상을 온라인 활동에 할애한다고 한다. 그런데 여러분이 인터넷 서핑을 하는 그 시간에 누군가는 창조적인 일로 앞서간다는 것을 아는가? 젊으면 젊을수록 해야 할 것과 할 수 있는 것들이 인터넷 세상 밖에 너무나 많다.

셋째, SNS에 매달리지 말라. 문자를 매번 보내고 답장 기다리지 말고 자신이 하는 일에 집중하라. 스마트폰이 자신의 일에 최대의 방해가 되는 원수로 만들지 마라. 그것이 좋은 도구로 사용되고 있는지, 나쁜 도구로 사용되고 있는지는 여러분이 잘 알 것이다. 집중에 가장 방해되는 것이 스마트폰이라는 설문조사도 있다. 집중하지 않고 성공하거나 부자가 된 사람은 아무도 없다. 우리는 하루에 수십 번씩 스마트폰을 확인하고, 메시지가 올 때마다 일일이 확인하고 답장하다 보면 일에 집중할 수 없다. 메시지를 보내고 내내 답장이 오기를 기다리는 망부석(望夫石)이 되지 마라. 여러분이 메시지를 빨리 안 보고, 답장을 즉시 안 하면 큰일이 날 것 같지만, 그런 일은 거의 일어나지 않는다. 스마트폰에 신경 쓰거나 끌려다니지 마라. 그리고 곁에 없어도 불안해하지 마라. 한 번 지나가면 다시는 되돌릴 수 없는 시간에 대해 불안감을 가져라. 스마트폰이 곁에 없으면 큰일 날 것 같지만, 전혀 두려워할 필요가 없다. 오히려 나의 꿈이 없음을 두려워하고 걱정하라.

넷째, 친구들과 무의미한 잡담으로 시간을 흘려보내지 마라. 나의 이야기가 아닌 남의 이야기에 열을 올리지 마라. 자기 일에 몰입하는 친구는 잡담으로 시간을 보낼 만큼 한가하지 않다. 자신의 인생을 남의 이야기로 끼워서 넣고, 채우고 싶은 사람만큼 어리석은 이는 없다.

다섯째, TV 앞에서 장시간 넋을 놓고 앉아 있지 마라. 의외로 TV에 중독된 사람이 많다. 정작 자기는 중독인지 모른다. 일상이 되면 중독이다. 공부는 한두 시간 앉아 있기 힘들면서 TV는 몇 시간이고 집중하는 사람이 많다. 아주 사소해 보이지만, 내가 해야 할 일이 있는 중요한 시간을 송두리째 날려버린다면 성공과는 전혀 상관이 없는 사람이 된다. 자기 관리의 기본은 불필요한 시간을 줄이고, 의미 있는 시간을 늘려가는 것이다. 내가 아는 부자들은 철저히 자기 시간을 확보하고, 그 시간에 책을 읽는다. 젊음의 시간을 낭비하면 나중에는 억만금을 주어도 살 수 없을 뿐만 아니라, 성공과도 멀어진다는 사실을 젊을 때 반드시 알아야 한다. 가난한 사람은 이렇게 후회한다.

'그때 잘할 수 있었는데'

'그때 하려고 했는데'

'그때 했어야 했는데'

돈도 있을 때 아낄 수 있듯이 시간도 있을 때 아끼고 잘 사용해야 한다. 앞서 열거한 것들의 특징은 맺고 끊는 게 어렵다는 것이다. 한번 빠져들면 1~2시간이 순식간에 사라져버린다. 하지 않아도 되는 일에 시간을 보내면, 우선순위가 차선이 되고, 지는 습관을 가지게 된다.

깨어 있는 모든 시간에 집중할 수는 없다. 다만 시간을 효율적으로 사용할 수 있는 전체 80%를 좌우할 20%에 집중하는 노력을 멈추지 말아야 한다. 그러면 무언가 성취하기 위해서 실행 가능한 20%가 100%가 될 때 목표를 성취할 수 있다. 무언가를 하는 것만이 중요한 것이 아니라, 무언가를 하지 않는 것도 하는 것만큼이나 중요하다.

'어제 후회했던 일을 오늘 반복해서 하지 않기', '시간을 허투루 보내지 않기', '나쁜 습관에서 벗어나기' 등이다. 이때, '좀 더 잘하기'보다는 지난달보다 '저축 10% 더하기', '자기계발에 1시간 더 투자하기', '영어 공부 30분 늘리기' 등으로 숫자를 계량화(計量化)해서 표시하면 접근하기가 쉬울 뿐만 아니라 한눈에 볼 수 있다. 멈추어야 할 것이 늘어나면, 멈추지 말아야 할 것들도 늘어난다는 뜻이다. 우리가 해야 하는 것만큼이나 하지 말아야 할 것이 많다. 가장 좋은 방법은 '해야 할 일을 열심히 하면, 자연히 하지 말아야 할 일을 안 하게 되는 것'이다. 여러분의 시선이 어디에 고정되어 있느냐에 따라 인생의 방향과 질이 결정된다.

시드머니 만들기

시드머니(Seed Money)를 '어떤 방법'으로 '어떻게 모으고', '어디에 투자'할지 나의 컨디션에 맞는 재정 설계를 해야 한다. 가진 것 없이 시드머니를 만들려면, 먼저 해야 할 일은 시드머니를 어떻게, 얼마를, 빨리 만드느냐가 중요하다. 시드머니를 만드는 방법은 수입에서 '절약'하는 것과 '저축'과 '투자'밖에 없다. 수익을 늘리는 것이 좋은 방법이기는 하나 간단한 일은 아니다.

수익을 늘리는 것은 돈을 버는 방법이지 모으는 방법이 아니지만, 수익에 비례해서 지출을 늘리는 대신 저축을 늘리면 시너지 효과가 크다. 따라서 여러분들은 안전한 은행에 저축할 것인지, 주식이나 채권에 투자할 것인지, 아니면 펀드에 투자할 것인지 선택하면 된다. 선택할 때는 몇 가지를 고려해서 결정해야 한다. 각각의 차이는 '안전'과 '위험'의 차이다. '투자'는 원래 위험의 가능성이 내포되어 있다. 금융 문맹에서 벗어나도록 경제 공부를 해야만 올바른 판단을 할 수 있다. 돈을 버는 능력뿐만 아니라 돈을 모으고, 관리하고, 유지하는 기술이 필요하다. '아는 것'이 힘이고 능력이 된다. 저축은 위험이 없는 반면, 투자는 위험이 따른다. 위험이 있음에도 투자를 하는 것은 재산 증식에 다른 특별한 왕도가 없기 때문이다.

첫째, 투자는 위험이 있는 만큼, 어느 정도 경제 지식이 있어야 위험을 피할 수 있는 최소한의 장치가 된다. 상식이나 감(Feeling)으로는 좋은 투자를 할 수 없다. 계속 경제 동향을 살피고, 관심 분야를 넓혀가면서 지식과 경험을 연결해 지속적으로 공부해야 한다. 시드머니가 어느 정도 모이기까지는 저축을 먼저 하고 공부해가면서 투자를 생각해도 늦지 않다. 단, 기본적인 개요와 흐름을 공부하는 것이지, 처음부터 투자 시기를 예측하고 판단할 수 있는 것은 아니다. 물론 투자하려면 투자 시기를 결정하고 종목을 선택해야겠지만, 처음에는 적은 금액으로 연습 삼아 공부한다고 여기고 해보면 경험이 될 것이다. "주식이 지금부터 반등하니 매수 타임이고, 어떤 종목이 대박을 낼 것이다"라는 전망은 극히 위험하다.

시장은 일정한 규칙대로 움직이지 않으며, 럭비공과 같이 어디로 튈지 아무도 모른다. 나도 투자 질문을 많이 받지만 "알 수가 없습니다. 제가 알았으면 세상 돈의 절반을 끌어모았을 것입니다"라고 말한다. 이번은 맞출 수도 있겠지만, 다음은 틀릴 확률이 높다. 그래서 투자 분석가와 주식 전문가를 전적으로 신뢰하지 말고 참고만 하면 된다. 여러분도 쉽게 알 수 있지 않은가? 애널리스트, 펀드매니저, 주식 투자 강사들이 세상에서 제일 부자가 아니라는 것을.

둘째, '금리(金利)' 즉, 돈의 가격이 어떻게 움직이는지 알아야 한다. 금리 상승과 금리 하락에 따라 투자와 소비 그리고 저축에 지대한 영향을 미친다. 금리에 주목하면 저축과 주가, 그리고 채권 등이 보인다. 금리는 바람의 방향과 같아 모든 금융상품은 바람이 부는 쪽으로 쏠리는 현상을 만든다. 따라서 바람의 강약에 따라서도 투자의 방향이 달라진다.

셋째, 글로벌 시장에서는 환율이 이자율에 어떤 영향을 주는지 공부할 필요가 있다. 환율이란 나라와 나라 간의 화폐를 교환하는 비율이다. 흔히 미국 달러를 살 때 지불하는 원화의 가격을 말한다. 이자율이나 수익률이 조금이라도 높은 곳이 있으면, 그 나라로 자금이 빠르게 이동해 환차익을 보고자 한다. 달러 예금 수익을 내는 것을 환차익이라고 하는데, 최근 유래 없는 달러 강세가 이어지면서 그만큼 수익을 내는 사람은 달러에 투자한 사람밖에 없다. 환율이 오르면 수입품과 원자재 가격이 함께 올라 경제 전반에 부담을 준다. 반면에 수출하는 기업은 호황이지만, 대부분 원자재를 수입에 의존하는 우리 나라와 기업은 반대로 어렵다.

넷째, 자신이 운용할 수 있는 자금과 투자 지식에 따라 저축을 할 것인지, 투자할 것인지 판단해야 한다. 그리고 목적이 있으면 '목적'에 따라 저축을 해야 한다. 예를 들어서 내 집 마련이 꿈이라면 '청약 저축'에 들고, 안정된 노후를 위해 개인연금으로 '연금저축보험'이나 '연금저축펀드'에 가입해야 할 것이다.

다섯째, 통장을 3개 정도로 나눠 관리하라. 저축(투자) 통장, 생활비(공과금·이자·보험 등) 통장, 여유 자금 통장으로 나누어서 관리하면 수입과 지출이 명확해진다. 가계부를 적어보면 돈의 사용처와 흐름을 알 수 있어 한눈에 가정경제 운용계획을 알 수 있다. 실제로 수입이 적고 많음은 재테크를 하는 것과는 관련이 없다. 적으면 적은 대로, 많으면 많은 대로 하면 된다. 금액이 문제가 아니라 재테크의 '태도'가 부자를 만든다는 사실을 꼭 기억하라. 대개 수입이 적으면 포기하는 경우가 많다. "적은 돈을 모아 언제 큰돈을 만드냐"며 아예 시도하지 않는 사람이 많다. 그래서 '투기'나 '도박'에 뛰어들고 사채를 쓰기도 한다. 여러분들이 할 수 있는 일이 절대 아니다. 수입이 많은 사람도 오히려 재테크에 소홀할 수 있다. 현재 수입의 크기에 비례해서 미래에도 문제가 없을 거라는 낙관이 미래에 가난을 불러올 수 있는 딜레마에 빠질 수 있다.

남들이 시도하지 않는다고 고개를 갸우뚱하지 말고, 이때가 기회라고 생각하고 실천하면 정말로 기적 같은 일이 일어난다. 2년 후, 3년 후 "내가 이렇게 많은 돈을 모았다니!" 하고, 자신이 놀랍기도 하고 대견스러울 것이다. 적은 돈은 큰 나무가 되는 씨앗과 같다. 큰 나무를 옮겨 심으면 좋을 것 같지만 옮겨 심는 날에 죽어버린다. 모든 부자도 적은 돈으로 시작해서 종잣돈을 만들어 투자해 지금의 부자가 된 것이다. 가난한 사람들은 시작하기 어려워서 하지 않았던 것이 아니라, '시작이 너무 초라하다'며 시도하지 않았던 사람들이다. 부자가 정해져 있다면 이런 책을 읽을 이유도, 글을 쓸 이유도 없지 않겠는가.

스텝바이스텝(Step By Step)으로 가야 하는 또 다른 이유가 있다. 건물을 지을 때 기초를 튼튼하게 해야만 높은 건물을 올릴 수 있는 것처럼 투자와 사업도 자신의 '펀더멘털(Fundamental)'을 튼튼하게 만드는 일부터 시작한다. 작은 것에서 시작해 단단하게 다져가야만 큰 것으로 만드는 데 문제가 없다. 가장 큰 부자는 작은 것에서부터 천천히 부자가 된 사람이다. 가장 빨리 부자가 되는 방법도 기초부터 제대로 시작해야만 펀더멘털이 튼튼한 부자가 된다. 초라하고 어설픈 현재를 보지 말고, 씨앗에서 싹이 트고 꽃이 피어 열매가 맺힐 미래에 초점을 두면 화려한 미래는 여러분의 것이 된다.

나는 글을 쓸 때 '이걸 언제 다 끝낼 수 있을까?'라는 아득한 생각이 들지만, 한 글자씩 찬찬히 쓰다 보면 문장이 되고, 문장이 모여 줄거리가 되고, 줄거리가 모여 스토리가 되고, 스토리가 모여 비로소 책이 완성된다. 한때는 불가능하다고 생각했던 것이 언젠가는 가능한 것이 된다. 이런 것들이 하나하나 모여 내 인생의 기적을 만들어간다. 인생의 기적은 지금 일어난다. 바로 어제 결심했던 것을 '오늘 좀 더 생각해보고 내일부터 하자', '경기가 좀 더 좋아지면 하자', '분명하고 세밀한 계획을 세워서 시작하자'와 같은 사고방식에 갇히게 된다면, 시작을 통해서 완성되는 기회를 날려버리게 된다. 시작하지 않으면 아이디어가 기회를 얻지 못한다. 빨리 시작해서 나쁜 것은 세상에 없다.

재테크는 빠르면 빠를수록 좋다. 나도 20대부터 재테크에 관심을 가졌다면 큰돈을 모았을 것이다. 정기적으로 재테크를 했다면 헛된 곳에 투자하지도 않았을 것이다. 여러분도 20대 직장 초기부터 꾸준하게 저축하고, 투자했다면 40대에는 자본 이득이 근로소득을 앞섰을 것이다. 자본 이득이 많다는 것은 할 수 있는 일이 많다는 뜻이다. 연금 수익이나 파이프라인을 만들어놓지 않으면, 나 스스로가 돈 버는 기계가 되어 정년 없이 돈을 위해 일을 해야 한다. 어떤 시도도 하지 않으면 실패할 확률이 제로가 아니라, 성공할 확률이 제로가 된다는 슬픈 사실을 기억하길 바란다.

회사의 직원 중 한 명은 “내 수입보다 적게 지출하는 것을 저축이라고 생각하면서 씀씀이를 줄이고 있어요”라고 하는데, 이 방법은 그다지 좋은 방법이 아니라는 것을 여러분도 알 것이다. 투자하지 않고 가지고 있는 돈은 죽은 돈이다. 돈은 제 가치를 스스로 증명하길 원한다. 생산적인 곳으로 흘러가기를 원하고 작은 그루터기가 큰 숲을 이루는 것을 최고의 가치로 안다. 그러므로 어떤 사람이 돈을 소유하느냐에 따라 돈의 크기와 가치, 그리고 질이 달라진다. 사람으로 치면 능력 있는 사람을 만나느냐, 한번 수중에 들어간 돈은 도무지 나오지 않는 수전노를 만나느냐에 따라 돈의 크기와 가치가 결정된다. 어느 누구도 자기의 가치를 몰라주는 사람과 친구가 되고 싶지 않은 것과 같이 돈도 마찬가지로 자신의 가치를 인정해주는 사람을 좋아한다. 그래서 돈이 돈을 낳고 돈을 부른다는 것이다. 이 말은 부자는 더 부자가 된다는 뜻이다.

부자 되기
Ⅱ

가난한 사람들은 저축(투자)하는 것을 왜 어려워하나?

가난한 사람들은 현재 쓸 수 있는 자원을 미래로 미루는 것을 불안해한다. '저축'이라는 말은 현재의 희생을 오래도록 강요한다고 생각한다. 그런데 미래에 투자하는 것은 망설이면서 미래의 소득을 현재에 가져다 쓰는 것은 아무렇지도 않게 반복한다. 대표적인 예가 신용카드다. '외상이면 양잿물도 마신다'는 말이 있다. 이런 심리를 이용해서 고객의 호주머니를 매달 반복적으로 탈탈 터는 게 바로 카드회사다. 결제일이 되면 과소비를 후회하면서 중독에 가까운 습관을 끊어내지 못하고 다음 달도 똑같은 걱정을 하고 있다.

가난한 사람들이 저축하지 않는 4가지 이유가 있다.

첫째, 사람들은 '나중에' 돈을 많이 벌 것이기 때문에 지금은 저축을 안 해도 된다고 생각한다.

이들은 돈을 많이 벌면 만사가 다 해결된다고 여긴다. 매주 복권을 사려고 긴 줄을 서서 기다리는 일이 유일한 대안이라면 차라리 아무 일도 하지 마라. 그럴 일은 거의 일어나지 않는다. 만약 복권에 당첨되어

횡재했다고 하더라도 오래가지 못할 뿐만 아니라, 이전의 삶보다 더 팍팍하게 살 확률이 높다. 우리나라뿐만 아니라 전 세계의 통계가 말하고 있다.

들어오는 수입이 아니라, 저축(투자)을 통해 자산이 늘어나고 부자가 된다는 사실을 몰라서 그렇다. 일시적인 수입이 아무리 많아도 부자가 못 되는 이유는 돈을 붙잡아둘 수 있는 아무런 제도적 장치가 없기 때문이다. 수입이 많으면 돈이 들어갈 수천 개의 구멍을 메우기 위한 현금흐름을 제어할 시스템이 필요하다. 경제활동을 하면 돈이 들어오는 것이 당연하다. 그러나 언제까지나 일할 수 있는 것이 아니기 때문에 돈이 들어오면 일정 금액이 먼저 재테크로 흘러들어 갈 수 있는 루틴이 있어야 한다는 뜻이다.

둘째, 지금 당장 쓸 돈도 없는데, 저축이나 재테크를 할 돈이 어디 있냐고 한다. 맞는 말이다. 보통 사람들이 즐겨 하는 말이다. 많이 해보고, 많이 들어봤을 것이다. 저축하는 돈만큼 당장 쓸 것을 포기해야 하는데, 사람들은 포기하는 것을 빼앗기는 것으로 생각한다. 미래를 위해 현재의 안락함을 포기하는 것에 익숙하지 않기 때문이다. 부자들은 미래를 위해 현재의 편안함을 기꺼이 포기한다. 이것이 그들의 원칙이고 방식이다. 미래를 당겨 쓰고 노후에 고생할 준비가 되어 있고, 이 상태로 가난하게 계속 살기를 원하면, 이대로 쭉 살면 된다. 그럼 질문해보자. 지금의 편안함을 잠시 포기하고 미래의 부유함을 선택할 것인가? 아니면, 미래의 부유함을 포기하고, 지금의 편안함에 만족할 것인가? 질문도 간단하고, 대답도 간단하다. 여러분의 답이 '예스'든 '노'든 당신의 선택이 당신의 미래를 결정할 것이다.

셋째, '적은 돈'으로 저축 또는 투자하는 것은 시간이 너무 오래 걸린다고 생각한다. 맞는 말이다. 10년이 될 수도 있고, 20년이 될 수도 있다. 그럼 또 질문해보자. 10년 후에도, 20년 후에도 여전히 돈을 위해 일하고 싶은가? 직장이 여러분을 평생 책임져준다는 보장이 있는가? 영원히 오지 않을 것 같은 10년이 얼마나 빨리 지나가는지는 돌아보면 알 것이다. 10년 후에도 나의 계획 속에 부자의 로드맵이 없다면 내 인생에 영원히 없을 수도 있다는 사실을 아는가? 재테크를 하지 않는 사람이 유일하게 가지고 있는 것이 '나쁜 빚'이다. 바로 남의 호주머니에 계속해서 돈을 채워주는 '이자'말이다. 사람들 중에는 "빚만 없으면 소원이 없겠다"라는 사람이 의외로 많다.

넷째, '빚투(빚내서 투자)', '영끌(영혼까지 끌어모음)'의 투자로 한탕주의를 좋아한다. '코로나 불장'으로 달콤함을 맛봤던 2030 직장인들이 금리 인상으로 이제는 잠 못 이루는 밤을 보내고 있다. 수입에서 20~30%가 '빚투'의 이자로 나가는 청년들부터 장년에 이르기까지 남의 살림을 살아주는 사람들이 늘어나고 있다. 서학개미들도 코로나로 전성기를 맞으면서 2년간 100% 이상의 수익을 대부분 올렸다. 상황이 이렇게 되자, 미국 증시의 3배 수익률을 바라보고 투자금을 늘리는 투자자들이 많아졌는데, 상장지수펀드(ETF)에 투자한 것이 물가 상승과 금리 인상이 동시에 이뤄지면서 설상가상으로 러시아의 우크라이나 침공으로 수익률이 -70%까지 떨어졌다. 미국 증시가 상반기 기준 1970년 이후 52년 만에 최대 낙폭을 기록했다는 뉴스에 모두 암울하다. 앞으로 더 심하게 요동칠 수 있다는 불안감은 물론, 문제는 언제 좋아진다는 희망도 없다는 것이다.

동학개미들도 별반 다르지 않다. 보통 수익률이 -30~50%로 떨어졌다. 우량주를 매집한 경우가 그렇다. 더 우울한 것은 '3고'인 고물가, 고금리, 고환율, 그리고 전쟁 등의 악재가 하반기라고 해서 좋아질 기미가 보이지도 않는다는 것이다.

다섯째, 은행의 낮은 이자와 인플레이션으로 저축하면 손해라고 생각한다. 맞는 말일 수도 있고, 틀린 말일 수도 있다. 시중 은행의 금리에 따라 다르기 때문이다. 지금처럼 금리가 계속 올라가면 안전자산에 돈이 몰리게 되어 있다. 지금이 그런 시기다. 금리 6%대의 고금리 특판 금융상품이 출시되고 있다. 고금리 행진은 생각보다 오랫동안 지속될 것으로 보인다. 지금까지는 내가 아는 강남 부자들이 수십억, 수백억 원을 은행에 예치하고 이자를 받는 경우를 제외하고는 거의 없었지만, 지금은 갈데없는 자금이 안전한 저축 상품으로 모이고 있다. 한마디로 스몰스텝인 0.25% 금리만 인상되어도 엄청난 유동자금이 움직인다는 것을 알 수 있다. 그러면 금리란 과연 무엇인지 살펴보자.

금리란 무엇인가?

은행 이자율을 검색하다가 0.1%라도 높은 이자율을 발견하면 "유레카(알아냈다)!"를 외친다. 그까짓 0.1%의 이자가 몇 푼이나 된다고 그러냐고 할 수 있다. 예금을 해보지 않아서 그런 말을 한다. 가난한 사람들은 한 방을 노리지만, 부자들은 0.1%라도 굉장히 민감하게 반응한다. 돈의 액수가 많아지면 이야기가 달라지기 때문이다. 세상에 적은 돈이란 없다. 적은 돈이 큰돈이 되기 때문에 적은 돈을 잘 다루어야 큰돈을 불러온다. 금리에 따라 뭉칫돈이 움직이는 이유는 한국은행 기준 금리는 각종 금리의 기준이 되기 때문이다. 이제 금리에 대해 자세하게 알아보자.

금리(金利, Interest Rate)란 돈에 대한 이자율을 말한다. 이자율은 기간에 따라 달라지기 때문에 이자율을 표시할 때는 보통 1년을 기준으로 정한다. 돈을 빌렸을 때 그 돈에 대한 사용료, 즉 원금에 대한 사용료를 이자율이라고 한다. 금리는 돈의 가격이다. 금리는 쉽게 말하면 이자와 같은 의미다. 은행에 예금할 때는 금리가 매우 중요하다. 누구나 자신이 저축한 돈에서 더 많은 이자를 받고 싶어 한다.

금리도 경제의 기본원칙인 수요와 공급에 의해서 돈의 가격이 결정된다. 돈이 귀해지면 가격이 오르고, 따라서 금리도 올라간다. 반대로 공급이 늘어서 돈이 흔해지면, 가격이 떨어지고 금리도 내려간다. 금리가 하락하면 이자 부담이 줄어든 기업은 투자를 늘린다. 투자 확대는 생산 및 고용 증가로 이어지고, 근로자 소득도 증가한다. 가계도 대출을 많이 받아서 부동산이나 주식에 투자하면 은행 이자보다 이익이 크기 때문에 대출도 늘어난다. 소비도 늘어나고 실업자는 줄어든다.

대신 저축 금리가 낮으면, 수요자금이 주식이나 부동산 투자에 몰린다. 금리가 낮으면 소비가 증가해 물가도 오르게 된다. 이처럼 금리 변화는 가계의 소비와 저축에 영향을 주고, 기업 투자에도 큰 영향을 미친다.

반대로 금리가 오르면, 기업의 투자와 생산이 위축되고, 실업자도 늘어난다. 은행에 대출한 이자 부담이 커지면서 신용불량자가 생기고 파산하는 기업도 늘어난다. 소비도 감소하게 되고, 당연히 금리가 오르니 저축은 증가한다.

한국은행은 '지급준비율(지준율)'을 높이면 일반 은행이 중앙은행(한국은행)에 적립해야 할 돈이 많아져 일반 은행이 쓸 수 있는 돈이 줄어들고, 시중에 유통되는 돈이 적어지면서 금리가 인상된다. 지준율 제도는 본래 고객에게 지급할 돈을 준비해 은행의 지급 불능사태를 막는다는 고객 보호 차원에서 도입되었으나, 지금은 금융정책의 주요수단으로 활용되고 있다. 중앙은행이 지준율을 조절함으로써 시중 은행의 자금 수위를 조절할 수 있기 때문이다.

그렇다면 한국은행(중앙은행)의 기능은 무엇일까?

첫째, 한국은행은 화폐를 발행하는 유일한 기관이다. 사람들은 국채를 담보로 화폐를 발행한다고 생각한다. 대부분의 나라에서 화폐는 법정불환지폐(Fiat Money)라고 해서 법률의 규정에 의해 어떤 것과도 교환되지 않는 종이 화폐이다. 법률에 의해 지폐 그 자체가 가치를 갖게 만드는 것이다. 그러므로 한국은행은 부채만 있는 무자본 설립법인이다. 다른 선진국도 이와 비슷한 원리로 중앙은행이 기능한다.

둘째, 물가가 안정될 수 있도록 통화량을 조절한다. 시장에 유통되는 통화량이 너무 많거나 적어도 경제에 큰 영향을 미치기 때문에 시중의 자금 흐름을 조절한다. 중앙은행의 가장 중요한 기능이라고 할 수 있다.

셋째, 시중 은행에 돈을 빌려주거나 맡아주는 일을 한다. 중앙은행이 시중 은행에게 대출을 할 경우 적용되는 금리를 '재할인율'이라고 한다. 재할인율이 높은 경우 시중 은행 대출이 감소하고, 재할인율이 낮은 경우는 대출이 증가하게 되어 통화 공급이 늘어난다. 따라서 재할인율은 중앙은행이 시중 통화량을 조정하는 수단으로 사용한다. 그리고 사람들이 한꺼번에 시중 은행에서 돈을 많이 찾아가면 은행은 돈이 부족하게 된다. 은행은 이럴 때를 대비해서 돈을 나누어서 한국은행에 맡겨놓는다. 그래서 한국은행을 '은행의 은행'이라고 부른다. 대신 한국은행은 일반인들의 예·적금을 비롯한 금융업무는 취급하지 않는다.

넷째, 우리나라에 있는 외국 돈을 관리한다. 기업들이 수출이나 수입을 하려면 외국 돈이 필요하다. 적정한 양의 외국 돈이 유통되고 쓰이도록 들어오고 나가는 돈을 관리한다.

다섯째, 정부의 은행 역할을 한다. 정부는 국민들에게 거둔 세금을 한국은행에 예금했다가 필요할 때 찾아 사용한다. 또 정부가 돈이 부족할 때는 한국은행에서 빌리기도 한다.

한국은행 금융통화위원회는 물가 동향, 국내외 경제 상황, 금융시장 여건 등을 종합적으로 고려해서 연 8회 기준 금리를 결정한다. 이렇게 결정된 기준 금리는 초단기 금리인 콜금리(금융기관 간에 남거나 모자라는 자금을 30일 이내로 빌려줄 때 적용하는 초단기 금리)에 영향을 주고, 장단기 시장 금리, 예금 및 대출 금리의 기준이 되기 때문에 실물 경제에 지대한 영향을 미친다.

2021년 말 3% 초반이었던 주택담보대출의 금리가 최근 4~5%로 올랐다. 매월 상환해야 할 이자만 몇십만 원 늘어난 것이다. 이로써 '영끌족'은 비상이 걸렸다. 전세대출 금리도 연 6%를 넘어섰다. 한편으로는 대출 금리 상승이 전세값을 내리는 역할을 하고 있다. 전세대출 금리가 12년 만에 가장 높은 것이다. 전세대출 2억 원에 대한 이자가 연초만 해도 월 30만 원대였는데, 지금은 60만 원이 넘는다. 가만히 있으면 나만 뒤처질까 두려워 따라 하는 공포인 '포모(FOMO) 증후군'으로 무리하게 빚을 내서 집을 산 2030 직장인들이 많다. 집값은 떨어지고 주택담보대출 금리는 계속 올라가고 있다.

보통은 경제성장기에 인플레이션의 우려가 있기에 금리를 높여 물가를 잡으려고 한다. 그런데 지금은 전 세계 경기가 침체인데도 물가가 계속 상승하고 있다. 현재 스태그플레이션(Stagflation)에 본격적으로 진입했다는 분석이 나오고 있다. 스태그플레이션은 경기 침체이면서도 물가가 상승하는 것으로 시장경제에 가장 안 좋은 경기 시그널이다.

보통은 경기가 침체되면 물가가 오르지 않는 게 일반적 현상이다. 하나는 물가를 잡느냐, 또 하나는 금리를 안정시키느냐의 선택이다. 경제

정책은 보통 이 두 가지 중에서 하나를 선택하는데, 이 상태에서는 두 마리 토끼를 잡을 수가 없다. 미국을 비롯한 우리나라는 금리보다 물가 비상정책이 우선이라고 본 것이다. 그만큼 원자재 가격이 치솟고, 대외 여건이 안 좋은 징후가 많다는 뜻이다.

금리 상승은 어떤 영향을 미치는가?

금리 인상과 경기 침체 우려에 주식 등 투자처보다는 '예·적금'으로 눈을 돌리는 분위기이다. 특히 높은 금리를 주는 한정 '특판 상품'에 금융소비자들의 돈이 몰리고 있다. 한국은행의 유례없는 네 차례 연속 기준 금리 인상으로 은행의 수신 금리도 빠르게 오르고 있다. 2022년 8월에 5대 은행에 7조 1,150억 원이 몰렸다고 한다.

한국은행은 기준 금리를 2022년 4, 5월에 0.25%를 연속적으로 인상해서 1.75%포인트가 되었다. 연이어 7, 8월에도 빅스텝(금리를 한 번에 0.5%포인트 인상)인 0.5%와 0.25% 올려 한국중앙은행 기준 금리가 2.50%가 되었다. 연말까지 빅스텝인 0.5%로 올려 최소 3.0% 수준까지 인상해 최소한 미국 연방준비제도(Fed, 이하 연준)의 금리와 같거나 조금 높게 설정할 것으로 보인다. '치솟는 물가'와 '미국과 금리 역전' 우려에 빠르게 인상한 것으로 보이는데, 두 달 연속으로 금리를 올리는 건 2008년 금융위기 이후 14년 9개월 만이다. 7, 8월에도 예상한 대로 0.5%, 0.25%포인트 금리를 올려 이자 부담에 서민들이 잠을 설칠 정도가 되었다. 올해 연말 금리가 미국의 금리에 따라 다를 수 있겠지만,

3%까지 높아질 수 있을 것이라고 전망한다. 경기가 안 좋은데도 금리를 인상할 수밖에 없는 이유는 다음과 같다.

첫째, 경기 침체가 계속되면서 물가가 상승하는 상황에 금리를 올리는 것이 부담될 수밖에 없음에도 한국은행은 경제 성장률 전망치를 높게 보고 있고, 금리 인상으로 인한 스태그플레이션 우려보다는 물가 상승이 시장경제에 미치는 영향을 더 우려하고 있다는 증거다.

둘째, 미국 금리 인상의 영향이다. 미국 연준은 28년 만인 2022년 6월 16일 '자이언트스텝(금리를 한 번에 0.75%포인트 큰 폭으로 인상)'으로 기준 금리 0.75%를 인상했다. 1994년 이후 28년 만에 처음으로 시행한 것인만큼 현재 미국 내 인플레이션 압력이 크다는 뜻이다. 40년 만에 겪는 최악의 인플레이션을 억제하기 위해 금리를 올리는 초강수를 둔 것이다. 연준은 7월 28일에도 기준 금리를 0.75%포인트 올려 미국 중앙은행 기준 금리가 2.5%가 되었다. 지난달 미국의 소비자 물가지수는 지난해 같은 기간 대비 8.6% 상승했다. 40년 만에 가장 큰 상승폭이다.

미국이 기준 금리를 다시 인상해 한미 간 기준 금리가 역전되자 8월 25일 한국은행의 기준 금리 인상은 기정사실로 되어버렸다. 미국이 이미 '자이언트스텝(0.75%)'을 단행해서 미국의 기준 금리가 2.5%로 한국의 2.25%보다 0.25포인트 높은 상태로 역전되었기 때문에 금리를 올릴 수밖에 없다. 예상했던 0.25%포인트를 올려 한미 간의 금리가 같아졌다. 그러면 기준 금리가 같은 조건에서 한국에 있는 해외 자금이 안전자산인 미국 달러로 이동하는 것을 막기는 버거워 보인다.

외국인들의 한국 주식 매도 등으로 달러가 해외로 인출되는 등 달러 부족 현상에 따른 수급 안정화에 문제가 생기면 외환 보유액 등과 관련

대외 신용도 경색을 불러올 수 있다. 우리가 경험했던 1997년 외환위기(IMF)도 외환보유고의 유동성 위기로 1996년 달러당 환율이 800원에서 1년 사이에 장중 최고 환율 1,964원을 돌파하기도 했다. 최근 국내 외환 보유액 감소로 제2의 외환위기를 불러올 수 있다는 점에서 우려가 제기되고 있다. 2022년 10월 기준 달러당 환율이 13년 6개월 만에 1,400원을 돌파했다. 한국은행의 외환 보유액도 GDP 대비 고작 27%에 불과하다. 이웃 나라 홍콩은 134%, 싱가포르는 102%, 대만은 91% 등이다.

자연스럽게 미국 달러 수요가 증가하게 되고, 원달러 환율은 급등하게 된다. 환율 급등으로 수입 원자재 가격이 상승하며 이는 물가 상승으로 이어진다. 환율이 치솟는 이유는 바로 물가 때문이다. 미국 연준이 물가를 잡기 위해 기준 금리를 계속 올리면, 금리가 오르는 만큼 이자를 더 많이 받을 수 있으니 돈의 가치, 즉 달러 가치가 올라가는 것이다. 따라서 물가가 잡혀야 안정을 되찾을 텐데, 최근 발표된 물가지수를 보면, 전혀 잡히는 분위기가 아니다. 그렇다 보니 자이언트스텝을 넘어 한 번에 1%포인트까지 올리는 '울트라스텝(Ultra Step)'에 나설 것이라는 전망마저 나오고 있다.

미국 연준은 빅스텝을 넘어 자이언트스텝으로 강한 충격요법을 가해 인플레이션을 잡지 않으면 안 된다는 강한 메시지를 시장에 전달한 것으로 보인다. 현재 미국 중앙은행 기준 금리는 2.5%에서 연말까지 3% 이상 오를 것이라고 보고 있다. 미국 연준 금리 인상은 가계와 기업의 이자 부담으로 인해 소비와 생산 활동이 위축되는 결과를 가져올 수밖에 없다. 미국과의 금리 역전을 막기 위해 한국도 기준 금리를 올릴 수밖에 없는 상황이다. 해외 자금을 붙들어두기 위해서는 한국의 금리가 미국보다 높아야 한다는 전제가 깔려 있다.

당장 무역수지도 걱정이다. 우리 기업들은 대부분 원자재를 달러로 수입한 후 가공해서 내다 파는 방식이다. 25년 만에 6개월 이상 무역적자가 계속되고 있다. 이대로라면, 적자폭이 사상 최대치를 기록할 것이라는 전망이다. 시중 은행 금리도 또 올라갈 수밖에 없어 예·적금을 한 사람들과는 달리 대출자들의 시름이 깊어지고 있다. 상대적으로 주식, 채권, 펀드, 가상화폐 등 리스크가 있던 자금이 안전한 은행 쪽으로 방향을 선회할 수밖에 없다.

채권도 금리 변동의 영향을 많이 받는다. 채권은 정부, 공공단체, 은행, 기업 등이 발행하고 일정한 기간 동안 그 채권에 대해 확정 이자를 주기로 약정하고 발행하는 차용증서다. 여기서 알아야 할 것은 채권은 고정된 이자를 주지만, 채권 자체의 가격이 오르면 되팔 때 시세 차익을 얻을 수도 있다. 만약 시중 은행 금리가 5%인데, 채권 이자율이 7%이면 은행에 1,000만 원 넣었더니 매년 이자가 50만 원이고, 채권을 사서 이자율이 7%이면 매년 이자가 70만 원이다. 채권 이자율이 더 높으니까 채권에 대한 수요도 늘 것이다. 그러면 채권 가격이 상승할 것이다. 따라서 금리가 내려가면 채권은 오르고, 금리가 오르면 채권 가격은 내린다. 금리와 채권 가격은 반비례한다.

금리 말고도 채권에 영향을 주는 요인은 또 하나가 있다. 주식 시장의 불안이 안정적인 채권의 가격 상승 요인이 된다. 금리를 보면 주가, 채권, 펀드, 가상화폐의 움직임이 보인다. 금리에 따라 재정 운용의 계획을 다르게 해야 한다. 주가에 영향을 주는 요인은 여럿이 있지만, 그 중에서도 기준 금리 이자율이 크게 작용한다.

경제는 항상 불확실한 속성을 갖고 있어서 모든 위험으로부터 완벽하게 회피할 수 있는 투자 상품은 없다. 특히 파생 상품은 국내 상황뿐만 아니라 환율과 글로벌 시장에 영향을 받기 때문에 정확한 예측이 더욱 어렵다.

금리에 따라 움직이는 시장의 원리

저축은행의 예금 이자율은 왜 일반 은행에 비해 높을까? 2금융권인 저축은행 소비자의 신뢰도가 1금융권인 시중 은행보다 낮기 때문에 그만큼 예금 이자를 더 많이 줘야 고객들이 돈을 맡긴다. 반대로 대출할 때는 일반 은행에서 대출할 수 없는 저신용자에게 돈을 빌려주며 높은 이자를 받는다. 저축은행의 안전성과 위험성 지표는 두 가지이다.

◆ 첫째, 2금융권의 안전성은 어떻게 알 수 있을까?

자기자본비율(BIS) 8% 이상, 부실 대출 여신비율 8% 이하이면 문제가 없다. 현재 활발하게 영업하고 있는 국내 저축은행들은 거의 8% 이상으로 안전하다고 보면 된다.

◆ 어디서 관련 내용을 확인할 수 있을까?

금융감독원 금융통계정보시스템에서 확인이 가능하다. 저축은행을 선택해서 예를 들어 '오케이저축은행', '페페저축은행'의 BIS 자기자본비율을 조회해보면, 두 곳 모두 11%가 나오고 있어서 안전하므로 저축해도 좋다.

◆ 경기는 침체인데 물가는 왜 오를까?

경기불황에 물가가 오르는 현상을 스태그플레이션(Stagflation)이라고 한다. 불황기에는 물가가 하락하고, 호황기에는 물가가 상승하는 것이 일반적인 경우다. 그러나 최근에는 호황기와 불황기 구분 없이 물가가 계속 상승하고 있다. 전 세계 불황과 인플레이션이 공존하는 사태가 현실로 나타나고 있는 가장 안 좋은 흐름이다. 코로나19로 손실보상금 지원, 생활 안정지원금 등 막대한 돈이 풀려 경기가 선순환되지 않는데도 소비가 촉진되고, 물가는 오르고 있다.

또한 원자재 가격 상승이 생산 원가를 올리는 결과를 초래하기에 당연히 제품 가격이 상승한다. 먹거리를 비롯한 생활용품들도 줄줄이 오른다. 소비자의 소득은 그대로인데, 물가가 오르고 지갑이 얇아져 긴축을 할 수밖에 없다.

기업은 생산량을 감소하게 되고, 고용이 줄고, 실업자가 늘어 가계소득은 당연히 준다. 스태그플레이션은 해결하기가 쉽지 않다는 데 문제가 있다. 경기가 침체되면 중앙은행이 금리를 인하해서 소비와 투자를 늘리려고 하지만, 금리를 인하하면 물가가 상승하기 때문에 두 마리 토끼를 잡기가 어렵다. 정책당국자들이 물가 상승과 경기 침체가 동시에 발생하면 금융정책을 물가에 둘 것인지, 금리에 둘 것인지 선택해야 하는 어려움이 있다.

대응 매뉴얼은 원가를 줄일 수 있는 방법을 찾고, 생산성과 효율성을 높이는 시스템을 만드는 방법밖에 없다. 에너지를 절약하고 기술혁신,

창의적인 아이디어 개발, 전사적 경영개선 등으로 근로자의 생산성을 높여 비용을 절감하는 수밖에 없다.

정부는 금리, 환율, 부동산, 원자재 가격 등을 안정시키는 정책을 펴고, 기업이나 가계는 아껴 쓰고, 허리띠를 졸라매는 수밖에 없다. 그러나 우리나라는 원유를 비롯한 원자재 수입 의존도가 지나치게 높을 뿐만 아니라 미국의 금리와 환율이 우리 경제에 결정적인 영향을 미치는 불리한 상황에 놓여 있다.

어쩌면 앞으로 우리가 한 번도 가보지 않은 길을 갈 수도 있다. 빈번한 홍수와 가뭄의 장기화로 식량이 안보와 무기가 될 수도 있고, 점점 갈수록 이상 기후로 지구촌이 몸살을 앓고 있다. 생각지 않았던 코로나19로 인해 우리 삶의 지형뿐만 아니라 기업의 지도가 크게 바뀌었다. 앞으로 부의 축이 어디로 이동할지 아무도 모른다. 다만 우리는 예의 주시하며 투자했다가 빠르게 시장 상황을 파악하고 능동적으로 움직일 수 있도록 몸을 가볍게 해야 한다.

2022년 2월부터 주식 시장의 하락을 예견하고 지인들에게 연준이 금리를 올리기 전에, 특히 미국 주식에 투자한 사람에게 빨리 빠져나오라고 했다. 그때 빠져나오지 못한 사람은 마이너스 60%까지 떨어졌다. 그리고 올 초부터 비트코인도 3만 달러 이하로 떨어질 것이라고 지인들에게 지금이라도 손절하고 나오라고 했다. 역시 그때 나오지 못한 사람은 마이너스 80%까지 떨어진 사람도 있다.

미국에서 금리를 올리면 불안전 자산이 동반 하락하는 것은 불을 보듯이 뻔하다. 몇 년 동안 양적완화의 달콤한 시간들이 마무리가 되고,

유동성 축소를 동반한 출구전략 시행이 예상되자, 세계적으로 금리가 오르고 주가가 폭락하는 현상이 나타나고 있다.

러시아와 우크라이나의 전쟁, 원자재 부족, 고환율, 고물가, 고금리, 출구전략, 테이퍼링(Tapering, 경기회복을 위해 썼던 공급과잉이 경제에 부작용이 생기지 않도록 서서히 거두어들이는 전략) 등 경기가 반등할 수 있는 소재는 없고, 모두 우울한 악재밖에 없다. 전문가가 아니더라도 알 수 있었던 신호를 무시하거나 욕심이 앞을 가려 보지 못하면 패가망신한다. 주식 시장과 가상화폐 시장은 후반기에 더 요동칠 수도 있다.

유로존은 주요국들과 달리 최근까지도 기준 금리를 올리지 않았는데, 유럽중앙은행(ECB)이 금리를 2022년 7월에 0.5%로 올렸다. 11년간 기준 금리를 올리지 않다가 한 번에 빅스텝으로 인상했다. 한마디로 말하면 그만큼 유럽의 경제 상황이 좋지 않다는 것을 뜻한다. 기준 금리를 올리면 경기에 부정적인 영향을 미치는 것이 한둘이 아니기 때문에 금리 인상을 계속 미루고 있었던 것이다.

투자자들은 주식 투자에서 안전한 은행예금으로 선회하고, 기업은 이자 부담이 커져서 투자나 고용을 줄이면서 실업자가 생겨나고, 가계는 긴축을 하게 되어 기업이 만든 제품이 팔리지 않는 경기 침체의 악순환이 계속되는 것을 우려했기 때문이다. 유럽투자은행(EIB)은 러시아와 우크라이나 간 전쟁의 여파로 디폴트(채무불이행) 위험에 처한 유럽기업 비율이 1년 안에 17%까지 증가할 것이라고 예측한다.

저축(투자)은 수입의 크기와 상관이 없다

누구나 부자가 되기를 소망한다. 그러나 부자가 되기를 열망하는 극소수만이 부자가 될 수 있음에도 누구나 돈을 모을 수 있는 다양한 방법을 찾는다. 재테크 책을 사서 공부하기도 하고, 강의를 듣기도 하고, 투잡을 알아보고, 로또복권의 대박을 꿈꾸기도 할 것이다.

돈을 '모으는 방법'은 생각보다 간단한데, 방법을 따라가다 보면 희생이 따라야만 돈이 모인다. 다시 말하면 쉬운 방법을 따라 하기가 어렵다는 말이다. 어려운 이유는 현재의 희생을 강요하기 때문이다. '희생'이라는 단어가 뇌에 계속 입력되어 있으면, 두세 배 힘들 뿐만 아니라 오래도록 지속할 수 없다. 빨리 '즐거움'과 '감당할 수 있는 능력'으로 바꾸어서 세팅해야 한다. 어떤 일을 하든지 즐거움이 따르면 능력을 끌어올릴 수 있고, 잘하는 것을 더 잘하게 된다. 한 가지 특별히 잘하는 일이 있으면 잘하는 분야가 한 가지씩 늘어난다. 부자가 될 가능성이 점점 높아진다는 뜻이다. 부자로 만들어주는 재테크의 원리는 간단하다. 자신의 일이 전문화되면 수익도 늘어난다. 주위에 보면 돈을 적게 벌 때는 저축(투자)을 열심히 하는데, 수입이 많아지면 저축보다 오히려 지출부터 늘리는 사람이 많다. 수익의 몇 퍼센트를 저축하겠다는 계획이 분명해야 한다.

사람들은 묻는다.

"이렇게 저축해서 언제 부자가 되겠어요?"

물론 한 달에 천만 원씩 저축하면 금방 돈이 모인다. 그러나 그렇게 저축하지 못하는 자신을 탓해야지 적은 돈을 탓하면 안 된다. 저축하면서 이것만 쳐다보지 않고 직장을 다니거나 다양한 경제활동을 할 것이다. 월급의 절반을 저축한다는 결심으로 해야 한다. 세상에서 가장 간단한 방법이면서도 확실한 방법이다.

인생 80년을 살면서 10~20년을 재테크해서 40년을 잘살 수 있다면 뛰어들지 않겠는가? 부자가 되는 다른 좋은 방법이 있으면 따라서 해도 좋다. 그 기간이 길어서 어렵다고 말하겠는가? 당연히 어렵다. 만약 부자로 사는 것이 쉽다면 모두가 이미 부자되었을 것이다. 어려움을 극복하는 방법은 하나이다. 저축한 돈이 쌓이는 것을 기쁨과 보람으로 느끼며 내일의 꿈을 꾸는 것이다. 가장 심플한 방법이 최고의 재테크가 되는 확실한 왕도다. 이것저것 계산하고 따지다 보면 어느덧 거기에 매이게 된다. 종잣돈을 모으고 돈이 굴러갈 때까지는 때로는 먹고 싶은 것도 참고, 사고 싶은 것도 절제하고, 여행 가는 것도 연기해야 한다. 이렇게 해야만 마중물이 된다는 것을 누구나 알 것이다. 가장 간단한 방법이 가장 빠른 길이다.

이렇게 사는 것이 무슨 의미가 있느냐 싶기도 하지만, 지금 조금 불편하게 살더라도 미래의 만족스러운 삶을 저축하는 것이다. 부자가 되는 길이 불가능한 일이 아니라 어렵지만 해낼 수 있다는 게 얼마나 다행인가.

부자들도 처음에는 지금 여러분의 상황과 똑같은 길을 걸었다. 이미 그 길을 갔던 사람이 있기에 따라가면 된다. 물론 다 부자가 되는 것은 아니다. 주식 시장이 아무리 좋더라도 수익을 내는 사람보다 손해를 보는 사람이 많은 것과 같다. 확률의 문제가 아니라 확신의 문제다. 부자보다 가난한 사람이 절대적으로 많은 이유이기도 하다. 여러분이 투자해서 손해를 봤다고 해서 전혀 이상한 것도 아니다. 오히려 정상적이다. 정상적인 것이 모이면 특별한 것이 된다.

저축은 투자의 원천으로 미래를 꿈꿀 수 있는 기초적인 자원이 된다. 개인의 통장에서 반강제적으로 빠져나가는 할부금이나 공과금, 이자, 보험이 있고, 자발적인 저축과 투자가 있을 것이다. 나갈 것은 나가고, 줄 것을 주고 나면, 수입에서 남는 돈이 거의 없는 것이 일반적인 가계의 형편이다. 어떤 여직원은 "돈이 없기 때문에 오히려 저축을 기를 쓰고 해야 한다"고 했다. 그 말이 100% 맞는 말이다. 돈이 많은 사람은 애써 저축을 하지 않아도 자본소득에서 나오는 돈이 정기적으로 들어오므로 걱정할 필요가 전혀 없다. 여러분도 이런 자본소득이 나오는 부동산을 소유하든지, 아니면 주식이나 저축에서 배당이나 연금 수익이 나오는 파이프라인을 만들기 위해 중·장기적인 계획이 필요하다. 과소비가 습관이 되어 있는 사람은 습관을 고치고 그 돈을 차곡차곡 모아서 투자를 해야 한다. 보통 사람들이 돈을 모으는 방법은 크게 3가지가 있다.

첫째, 근로소득이다.

대부분의 사람들이 직장에 취직해 급여 생활자로 시작한다. 어찌 보면 저축하기가 가장 좋을 때이다. 일정한 수익에서 적은 돈이지만 꼬박꼬박 지속할 수 있는 모멘텀이 마련되기 때문이다.

둘째, 사업소득이다.

자영업을 하거나 사업체를 운영하는 분들이다. 매출을 더 늘리는 다양한 방법을 개발하고 기술혁신을 통해 얻는 수익이다.

셋째, 자본소득이다.

나의 자산에서 그 자산을 이용해 얻는 이익, 즉 이자, 임대료, 주식 배당, 지대 등이 여기에 포함된다. 자본소득이 근로소득을 넘을 때까지 저축하고 투자하는 것을 우리는 목표로 하고 있다.

오래전 나의 재정 컨설팅을 해주는 투자 회사에 친구가 있었다. 이 친구는 나에게 월급의 50%를 저축하면 5년 후, 10년 후, 20년 후 얼마가 되는지 적립식 펀드 차트를 만들어서 왔다. 내가 봐도 깜짝 놀라 반신반의할 만큼 큰 금액이었다. 그 당시에는 5년 후의 일도 까마득한데 10년 후, 20년 후라는 기간이 너무나 멀어 보였다. 그때는 앞으로 더 많은 연봉을 받을 수 있을 것이고, 더 나은 곳에 투자할 수도 있을 것이라고 여겨 돈을 넣지 않았다. 사실 그때는 월급의 50%도 저축할 수 있는 여력이 충분했다. 만약 형편이 빠듯했다면, 아마 내일을 위해 저축(투자)을 꼬박꼬박했을 것이다. 결론적으로 말하면 저축할 여유가 되는 사람은 저축을 오히려 하지 않는 경향이 있다.

저축하지 않았던 돈은 거짓말같이 거품처럼 사라진다. 마치 큰 연못에 물이 흘러넘쳐 들어오지만, 수량을 조절하는 수문을 크게 열면 고인 물이 다 빠져나가는 것과 같은 이치이다.

친구의 저축 권유를 듣지 않았던 그 돈은 인테리어 회사를 하던 고향 후배가 건설 회사를 하면 몇 년 안에 엄청난 돈을 벌 수 있다며 끈질긴 설득으로 건설 회사를 설립하는 데 쓰였다. 그런데 생각과 달리 엄청난 돈을 버는 것은 고사하고, 엄청난 수업료만 내게 되었다. 4년 만에 건축 사고를 비롯해 관리 부실로 현금 200억 원을 고스란히 날리고 보니 정신이 하나도 없었다. 돈을 '빨리', '쉽게', '많이' 벌려고 하는 욕심이 올바른 판단을 하는 데 장애가 되니 누구나 생각할 수 있는 리스크에 둔감해졌다. 돈은 빨리, 쉽게, 많이 벌 수 있는 게 절대 아니다. 건설업으로 돈을 벌 수 있는 사람은 건설업에서 땀을 흘린 사람이다.

만약 그렇게 빨리, 쉽게, 많이 돈을 벌 수 있었다면, 자기들이 하기에도 바쁘지 않았겠는가? 나에게까지 기회가 돌아온다는 게 더 이상하다. 이번 기회를 놓치면 평생 후회할 것 같은 마음이 생기는 상황을 만들어 가는 인간들이 많다는 것을 처음 알게 되었다. 욕심에다가 무지를 더하면 한없이 멍청해지는 데 그리 많은 시간이 필요하지 않다.

부자는 하루아침에 그렇게 허술하게 되는 것이 아니다. 큰 부자가 되려면 천천히 부자가 되어야 한다. 기초부터 쌓이고 쌓여야만 비로소 내 호주머니에서 남의 호주머니로 돈이 이전되는 것을 지킬 수 있다. 설령 돈을 단기간에 원하는 만큼 번다고 해도 이 돈을 내게 남아 있도록 붙들어놓는 '유지 능력'이 없으면 오래 못 간다. 내 호주머니에서 돈이 좀 더 일찍 나가느냐, 좀 더 늦게 나가느냐의 차이뿐이다. 결국, 돈은 사라지고 과거로 돌아가 다시 가난해진다.

당시, 미국에 있었던 나에게까지 급하게 전화를 해온 친구의 딱한 사정으로 연대 보증을 서며 35억 원도 순식간에 공중으로 사라졌다. 허공에다 주먹질할 만큼 분노가 컸지만 내가 할 수 있는 것이라곤 누구를 믿어야 하는가 하는 마음과 한숨뿐이었다. 내게 찾아온 돈을 가치 있게 다루어야 하는데 마음이 모질지 못하고, 모든 사람이 나와 같은 줄만 알고 믿었던 게 잘못이다. 사람을 너무 잘 믿는 탓에 엄청난 수업료를 내고 대가를 치렀다. 만약 이 돈들을 친구가 제안한 적립식 펀드에 넣었다면, 지금쯤 나는 상상을 초월하는 부자가 되었을 것이다. 영원히 오지 않으리라고 생각했던 만기 10년, 20년이 지나고도 한참이나 되었다.

어떤 사람은 “돈이 전부가 아니다. 내게 돈은 그렇게 중요하지 않아!”라고 하는 사람이 있다. 마치 한때 내가 그렇게 생각했던 것처럼 말이다. 돈이 나에게 중요하지 않다면, 돈은 나에게 효용가치(效用價値)가 있는 것이 아니기 때문에 언제나 차선이다.

“저는 돈을 신경 쓰지 않아요”라고 말하는 사람이여, 돈도 당신을 신경 쓰지 않는다. 여러분이 말하는 대로 이루어진다. 돈은 그런 사람이 불편해서 돈을 환영하는 사람에게 떠난다. 돈을 벌어야 할 충분한 이유가 없을 뿐만 아니라 최선을 다해야 할 이유 또한 없는 것이다. 내가 꿈꾸는 과정에 포함되지 아니한 그 어떤 것도 이룰 수 없다. 내 계획 속에 재정 프로그램이 없다면 그저 바쁘게 사는 것이지, 돈이 중요한 것이 아니라는 뜻이다. 모두가 너무나 바쁘게 산다. 알고 보면 돈과 관련되어 있는데도 부자와는 무관하게 산다. 바쁘게 살지 않으면 능력이 없는 것처럼 보이기도 하고, 돈을 벌 수 없기 때문이다.

내가 한때 소홀히 취급했던 그 돈이 나의 필요를 해결할 뿐만 아니라 생명도 살린다는 것을 나중에야 알았다. 아프리카 우간다, 말리, 모잠비크에 선교여행을 몇 차례 다녀오면서 어린이들이 기아로 아사(餓死)하는 처참한 광경을 목격한 이후 나의 라이프스타일은 완전히 변했다. 이들에게 하루 2달러만 있으면 가족의 생명도 살리고, 학교도 다닐 수 있다. 내가 할 수 없는 일 즉, 생명을 살리는 일부터 시작해 돈이 할 수 있는 일은 너무나 많아 열거하기가 벅찰 정도이다. 내가 '하지 못하는 일'을 하게 하고, '할 수 없는 시간'에 돈이 일하게 하는 것이다. 내가 많은 수업료와 경험을 지불하고 배운 것은 생명을 살리고, 돕는 것이 바로 나를 살리고 돕는 것이라는 사실이었다. 그렇다면 우리는 어떤 자세로 돈을 대해야 할까?

첫째, 우리는 돈을 소중히 여기고, 있을 때 아끼고 올바르게 사용해야 한다. 돈을 올바르게 사용해서 돈이 할 수 있는 미션을 늘리면, 그 고마움을 알게 되고, 재정의 축복이 나에게로 이동한다.

돈은 삶을 풍요롭게 하고, 여유로운 경제적 자유를 만들어준다. 내가 하지 못하는 일은 대부분 경제적인 문제에 막혀 운신의 폭이 좁아진 탓이다. 만약 돈이 내가 할 수 없는 일을 대신 한다면 최대한으로 활용해서 영역을 넓히고 확장해야 할 것이다. 부자가 되려면 돈에 대한 생각의 전환이 필요하다. 가난한 사람은 "나는 돈과는 인연이 없다"고 스스로 단정한다. 돈이 주는 여러 혜택을 생각하고, 긍정적인 결과를 받아들이고, 돈을 대하는 태도를 바꾸면 돈과 친해지는 기회를 반드시 갖게 될 것이다.

둘째, 내가 잘하지 못하는 비즈니스는 쳐다보지도 말고, 근처에도 가지 말자. 내가 그 분야의 전문가가 아니기에 판단할 수 있는 지식이 전혀 없다는 것을 이용하려는 사람들이 있기 때문이다. 내 일처럼 해줄 수 있는 듯 번지르르하게 말하지만, 실제로 나를 대신해 일해줄 사람은 아무도 없다. 사람들은 돈에 따라 판단하고, 움직이는 것에 불과하다. 잘 모르는 상황에서는 사람을 의지하는 것보다 돈을 신뢰하는 것이 낫다. 남의 머리를 빌리고, 손을 빌리는 것은 금방 한계를 드러내기 때문이다.

셋째, 남의 말에 부화뇌동하지 말고, 곧이곧대로 믿지 말자. 사람들은 상대방이 듣기 좋은 말만 하고, 잘못될 일은 전혀 없다고 호언장담한다. 만약 누군가가 제안한 일에 대해 관심이 있으면 스스로 철저히 알아보고, 공부해서 확신이 서면 서두르지 말고 그때 결정하면 된다. 섣부르게 달려들면 함정에 빠진다.

넷째, 대박을 꿈꾸지 말라. 그런 사람들은 나의 욕심을 이용해서 부추기고 끌어들인다. 대박 사업은 마약이나 카지노, 도박 외에는 없다. 인간의 심리를 교묘하게 이용해서 자기의 이익을 채우는 사람들이 널려 있다. 빨리, 쉽게 부자를 만들어주는 투자가 있으면 그 기회가 나에게까지 오겠는가? 자기네들이 이타적이고 호의적이라서 나를 생각하고 배려하겠는가?

만약 다른 사람으로 인해 큰 재정적 손실을 보지 않았다면, 그만큼의 돈을 벌었다고 생각해볼 수도 있다. 그리고 신중함과 아는 것이 얼마나 중요한지 깨닫게 된다. 남을 탓할 것이 아니라 나의 욕심과 섣부른 경솔함을 탓해야 한다. 적은 돈에서 큰돈이 만들어지는 데는 시간이 걸리고,

노력이 필요하다. 그런데 큰돈에서 빈털털이가 되는 데는 시간과 노력이 전혀 필요하지 않다. 그래서 서두르지 말고, 자신의 통제 아래 완전히 둘 수 있을 때 시작해도 늦지 않다. 만약 시간이 지체되어 할 수 없으면 그것은 원래부터 내 것이 아니라고 생각하라.

나의 재정 상태 바로 알기

◆ 수입과 지출을 노트에 꼼꼼히 적어보자

수입은 큰 변동 없이 정해져 있을 것이고, 문제는 지출이다. 줄일 수 없는 고정비가 얼마나 되는가를 먼저 파악하는 게 중요하다. 수입 대비 지출을 상세하게 노트에 적어보자. 고정비가 너무 많으면, 아이들 교육비만 빼고, 근본적인 살림살이를 완전 리모델링할 수도 있다는 마음가짐으로 시작해야 한다. 지금 당장 누리는 안락함을 잠시 내려놓고, 현재의 소비를 미래의 투자로 돌리는 재정을 극대화하면서 그 또한 기쁨으로 감당할 수 있다는 결단이 필요하다.

아프리카 최빈국 콩고와 말리로 선교 봉사를 갔을 때, 우리가 얼마나 풍족하게 살고 있으며, 현재의 혜택에서 절반을 줄여도 그들보다 20배는 부유하게 산다는 것을 경험했다. 그 정신으로 하면 저축을 하지 못하는 것이 더 이상하다. 사람들은 있는 것에서 줄이고, 빼면 마치 문명의 혜택에서 소외된 듯한 상실감을 느낀다. 그러나 다이어트를 하는 것과 비슷하다고 생각하면 분명 좋은 점을 발견할 수 있을 것이다.

◆ 긴축할 수 있는 우선순위와 금액을 노트에 적어보자

만약 보험료가 필요 이상 많이 나가면, 보장이 중복되는 경우가 있을 수 있다. 다시 보험 컨설팅을 받아보는 것도 좋은 방법이다. 만약 여러분의 연봉이 5,000만 원일 때, 일 년에 20%인 1,000만 원을 모으겠다는 목표를 세웠다면, 자동차가 있을 경우, 재테크는 물 건너 갔다고 보면 된다. 자동차로 인한 간접비용(여행, 외식, 나들이)까지 계산하면, 오히려 빚을 내서 차를 굴릴 수도 있다. 자동차가 미래 경제의 자유를 앗아간다면 차를 탈 때마다 불편해야 한다. 왜냐하면, 지금 편리함을 위해 미래의 안락함을 앞당겨 쓰고 있기 때문이다. 젊은이들이 절제하기 가장 힘들어하는 것이 자동차인만큼 재테크의 가장 큰 걸림돌이 바로 자동차이다.

간단하게 말하면, 연봉 5,000만 원을 받는다는 가정하에서는 자동차 한 대를 굴릴 경우, 저축할 수 있는 돈이 없다는 것을 여러분도 알 것이다. 직장이 멀다면 그 근처로 집을 옮기든지, 대중교통을 이용하기 편한 곳으로 옮기면 시간을 확보해 책도 읽고, 자기계발에 투자할 수 있어 전에 누리지 못한 시간의 자유를 확보할 수 있을 것이다. 단점을 버리고 장점을 극대화해서 자기에게 지속적으로 투자하는 사람이 결국 성공한다. 자동차가 꼭 필요할 때는 렌트카를 이용하든지, 부모님이나 형제들 차를 잠깐 이용하면 될 것이다. 궁하면 생각하는 힘이 생겨 기회를 만들고, 결국 통하게 되어 있다.

자동차에 들어가는 돈을 저축한다고 작정하면 생각보다 큰 금액이 내 통장에 차곡차곡 쌓이게 될 것이다. 10년 후에는 무엇이든지 할 수 있는 시드머니가 될 것이다. 10년은 그리 길지 않다는 것을 지나온 세월을 생각해보면 금방 알 수 있을 것이다. 자동차 할부금, 자동차세, 보험료, 주유비, 수리비, 주차비, 통행료, 범칙금 외에도 가만히 있어도 헌차가 되는 감가상각비가 결국 내 호주머니를 가볍게 하는 부채가 된다. 차가 있으면 엉덩이가 들썩거려 집에 가만히 있지 못하고, 여행을 하고, 맛집을 찾아다니는 젊은이들이 많다. 이 모두가 생각하지도 않은 지출이 되는 것이다.

한 달에 두 번만 기분을 내면 일주일 생활비가 날아간다. 지금까지 모은 돈으로 자동차를 계획하고 있다면, 여러분이 저축하고 있는 돈을 몽땅 쏟아부어야만 유지할 수 있을 것이다. 만약 자동차를 원한다면 다른 일을 하나 더 해야만 이전의 수준을 유지할 것이다. 다른 일을 한다는 것은 집중력을 떨어뜨려 하던 일도 망칠 확률이 있으니 신중해야 한다. 차를 운행하는 데는 많은 희생이 요구되지만, 그것을 감내하고 선택할지는 결국, 여러분의 몫이다.

◆ 자동차와 집도 부채이다

우리 아파트에 보면 자동차를 거의 이용하지 않으면서 차를 소유하고 있는 가정이 많다. 주로 주말 나들이용으로 사용되는 것 같은데, 이렇듯 차는 가정 경제에 큰 비중을 차지하는 전시용 부채이다. 물론 굳이 저축이나 투자를 하지 않아도 될 만큼 생활이 넉넉하다면 여러 대의 자동차를 굴리는 것은 상관이 없다. 도심에서 벗어날수록 대중 교통망 접근성이 떨어져 차가 더 필요할 수도 있다. 사람들은 차를 자산이라고 생각하지만, 차는 살 때부터 자산이 된 적은 단 한 번도 없는 유일한 물건이다. 집값은 오르기도 하지만, 차는 사자마자 중고차 가격에 거래가 된다.

차에 많은 돈을 들이고 과시용으로 사용하는 사람은 미래의 행복을 앞당겨 쓰는 대표적인 소비자이다. 고정적인 수입에서 꼬박꼬박 나가는 할부금, 보험료, 자동차세, 주유비, 수리비, 주차비, 통행료 등은 가정 경제에 가장 큰 부채가 되는 셈이다.

차가 꼭 필요할 때 렌트카를 이용하면 비용을 많이 줄일 수 있다. 나는 고향에 갈 때 KTX를 타고 가서 거기서 돌아다닐 일이 있으면 역에서 렌트카를 이용한다. 사람들은 돈은 돈대로 더 쓰고, 힘들게 5시간씩 운전하며 고생길을 자처하고 있다. 경제적이거나 편하거나 둘 중에 하나는 충족해야 하는데, 전혀 그렇지 못한 차를 장거리로 운행하고 있다. 차에 지출되는 비용을 만약 적립식 펀드에 투자한다면 10년 후에는 여러분이 상상하는 것보다 큰돈이 모일 것이다. 아무리 큰돈도 적은 돈에서부터 시작해서 큰돈으로 가는 징검다리가 되는 것이다.

그리고 또 하나, 주택을 중요한 자산으로 여기지만 엄밀히 따지면 부채이다. 왜냐하면, 내 호주머니에 돈이 들어오는 것이 아니라 나가는 것밖에 없기 때문이다. 나의 수입에서 관리비, 재산세, 유지비, 은행 대출이자 등 나가는 것이 만만찮다. 전세나 월세라면 가계 부담이 더 클 수밖에 없다. 아예 집이 없었으면 주택담보대출을 안 받았을 텐데, 손쉽게 대출을 받아 사업을 하다가 날리는 바람에 금융 이자를 내느라 숨이 막힐 정도로 힘겨워하는 사람이 주위에 더러 있다. 만약 집을 임대해서 돈이 들어온다면, 그것은 자산이 되는 것이다. 그러나 집은 거주공간으로 필요하기에 어떻게 사느냐가 중요하다. 만약 내 집이라면 크든 작든 살아야 하겠지만, 직장이 멀다면 전세를 주고 직장 근처에 집을 얻는 것도 좋은 방법이다.

만약 전세로 살든지, 월세로 산다면 당연히 직장에서 멀리 살지 말고, 가까운 곳에 살면 교통비를 절약할 뿐만 아니라, 출퇴근에 스트레스를 안 받고, 그 시간에 충전된 에너지로 무엇을 해도 한 가지 일에 집중할 수 있다. 결혼한 직원 중에도 경기도에 살다가 거리가 멀어 전세를 주고 회사 근처 투룸에 월세로 사는 직원도 있다. 출퇴근의 스트레스를 안 받으니 살 것 같다고 말한다. 우리 신입 직원도 회사 근처 풀옵션으로 된 원룸에 사는 직원이 더러 있는데, 아주 편하고 좋을 뿐만 아니라, 시간이 있어 영어학원도 다니고, 운동도 한다고 한다. 이것이 보이지 않는 자신의 자산을 만들어가는 것이다.

◆ 가용할 수 있는 금액이 얼마인가?

가용할 수 있는 금액이 생각보다 많을 수도 있겠지만, 대부분은 짜고 짜도 나올 것이 거의 없다고 할 것이다. 그것은 쓰는 데 익숙해서 어디에 손을 대어야 할지를 모르는 것이다. 정말 긴축할 곳이 없다면, 앞서 언급한 자동차나 집을 부채에서 돌리든가, 아니면 직장에 영향을 주지 않는 다른 일 하나를 더 해야 하는 것이 맞다. 가용 금액이 정해지면 일 년에 먼저 1,000만 원 모으기를 목표로 재정운용계획을 마련해보라. 만약 맞벌이 부부라면 일 년에 2,000만 원 모으기에 도전해봐도 좋겠다. 따라서 5년 동안 1억 원을 달성하는 목표다.

부자 되기

Ⅲ

반복하는 것만큼 쉬운 건 없다

J. K 롤링(Joan K. Rowling)은 《해리포터》를 출간하기까지 12번 출판사로부터 거절을 당했다. 지금의 책이 나오기까지 '반복' 그리고 '반복'이 만들어낸 결과다. 실패를 거듭하고 나서 다시 거절을 마주하려고 하는 사람은 거의 없을 것이다. 대부분의 사람들은 자존심이 허락하지 않아서 포기하고 만다. 우리는 보통 1~2번 거절을 당하면 인내가 이미 바닥나서 너덜너덜해진다. 내가 가장 약한 부분이기도 하다. 우리는 그 시간에 다른 일을 이미 알아보고 있을 것이다. 그러나 그녀는 12번이라는 횟수는 자신을 증명하기에 부족한 시간이라고 여겼을 뿐이다. 정답은 반복이 아니라 승부사의 기질인 끈기일 수도 있다. 될 때까지 반복하는 끈기는 언제나 소수의 성공자에게서 찾아볼 수 있다. 이런 성공의 시나리오는 '자신감'에서 나오는 행동이다. 나의 것을 그 누구도 대체할 수 없다는 자존심에서 나오는 자신감이다. 자신의 의지를 증명하는 완벽한 방법이다.

전설적인 복싱선수 무하마드 알리(Muhammad Ali)의 자신감은 무엇이었을까? “I Am The Best(내가 최고다)”, 여러분에게 이런 말을 매일 반복적으로 해주는 사람은 없을 것이다. 스스로에게 이 말을 아침과 저녁으로 거울 앞에서 반복적으로 외쳐보면 어떨 것 같은가? 나는 내 인생을 부유하고 가치 있게 만들 의무가 있는 내 인생의 선장이다. 성공은 반복하는 게 쉬워질 때까지 도전하는 것이다. 저축은 오랜 기간 동안 반복적인 인내를 요구한다. 대신 훗날 반복적인 연금 수입을 가져다준다. 내가 할 수 없는 일을 하면서 죽을 때까지 일정한 소득을 가져다주는 수호천사의 역할을 한다.

워런 버핏(Warren Buffett)은 “투자 시장이란 참을성 없는 개미로부터 인내심 강한 투자자에게 부를 이전시켜주는 시스템을 뜻한다”라고 했다. 인간의 육체로는 할 수 있는 시간과 업무량은 에너지 총량의 법칙에 따라 정해져 있다. 그러나 버티고 견디는 인내는 감당할 수 있는 의지로 늘려갈 수 있다. 여기서 한 가지 분명한 것은 대부분의 사람들은 근로시간을 늘린다면 더 많은 돈을 벌 수 있다고 생각은 하지만 인내가 왜 필요한지는 모른다. 그러나 부자들은 근로 시간에 비례해서 돈을 벌지 않는 편을 택한다. 그들은 끊임없이 상상하고, 공부하고, 관찰한 것을 현실로 옮기는 시스템을 만들어 적용하는 사람들이다. 가난한 사람들은 시드머니를 만들다가 크고 작은 어려움에 직면하면 지혜롭게 극복해보려고 하지 않고, 가장 쉬운 방법인 포기를 선택한다. 컴퓨터 게임처럼 언제든 리셋해서 처음으로 되돌리려는 ‘리셋 증후군’을 가진 사람들 말이다. 그래서 세상에서 함께 일하기 가장 힘든 사람은 가난한 사람이다. 작게 시작하라고 하면 돈이 안 된다고 하고, 큰 비즈니스를 하라고 하면 돈이 없다고 하고, 좋은 투자처라고 하면 함정이라고 하고, 새로운 일을 하라고 하면 경험이 없다고 하고, 하던 일을 다른 방법으로 시도해 보라고 하면 레드오션이라서 비전이 없다고 한다.

직장을 다니고 있을 때 재테크를 하지 않으면 안 된다. 왜냐하면, 내가 지금 직장을 그만두면 수입도 끊기기 때문이다. 돈을 잘 버는 의사라고 할지라도 일을 멈추면 수입도 함께 멈추기 때문에 돈에 대한 올바른 인식과 지식이 필요하다. 그 누구든 근로소득이 언제까지나 지속적으로 들어오지 않는다. 누구나 가난한 삶으로 언제든지 전락할 수 있다는 사실을 알고, 미리 대비하는 방법 외에는 좋은 아이디어가 없다. 금융 지식이 없는 돈은 곧 사라질 돈이다. 부자는 돈을 위해 일하지 않는다. 돈을 위해 일하는 대신 돈이 나를 위해 일하도록 재정 시스템을 만든다.

매달 들어오는 급여의 필요성을 더 빨리 잊을수록 부자가 될 가능성이 높다. 월급에 길들여지지 않으면, 자연히 머리를 쓰고, 생각을 확장해서 가난에서 벗어나는 대책을 만들어내야 한다는 절박함이 있다. 그러면 내가 받는 월급보다 훨씬 더 많은 돈을 벌 수 있는 방법을 찾고, 기회를 만들어갈 수 있도록 노력한다. 단, 회사에서 받는 연봉으로 부자가 될 수도 없고, 희망이 없다는 전제 조건에서 말이다. 회사에서 인정받고 성공할 수 있다면 그게 최선의 방법이다. 대부분의 사람들은 부자가 되는 방법이 얼마나 많이 버느냐가 아니라, 얼마나 많이 모으느냐가 중요하다는 것을 모른다.

금융 지식 중 자산과 부채의 차이를 가장 먼저 알아야 한다. 그리고 우리는 부채가 아닌 자산을 만들어야 한다. 간단하게 설명하면 자산은 내 호주머니에 들어오는 돈, 부채는 내 호주머니에서 나가는 돈으로 이해하면 쉬울 것이다. 가난한 사람의 현금 흐름은 매달 정해진 수입에서 생활비나 이자로 주로 나가버린다. 부채를 메우기 위해 더 높은 이자로 고금리 대출을 받고, 현금서비스 등을 쓰기도 한다. 부유한 사람의 현금 흐름은 자산이라는 수입에서 다시 자산으로 반복해서 흘러간다. 이것이 복리가 되고, 이자에서 이자가 붙는 것이다. 부자가 잠자는 시간에도 돈이 부자를 위해서 일하는 것이다. 돈도 자신이 익숙하게 하던 일을 반복해서 하는 것을 좋아한다. 다른 돈도 금방 길들여져서 따라 반복하는 데 익숙해진다.

◆ 복리(複利)도 반복의 원리이다

복리에 대해 잠깐 배워보자. 쉽게 말하면 지금 받을 이자를 원금에 가산해서 다시 이자가 붙는 것을 말한다. 저축과 투자 이야기가 나오면 어김없이 등장하는 재테크에서 빼놓을 수 없는 것이 '복리의 힘'이다. 일정한 금액을 같은 금리의 단리(單利)와 복리로 적용했을 때 시간이 흐르면 차이가 발생한다. 복리는 투자 기간이 길어질수록 원리금이 기하급수적으로 증가하며 위력을 발휘하게 된다.

예를 들어, 100만 원을 연 4%의 수익률로 투자한 경우 기간이 길어질수록 투자한 자산의 차이가 많이 난다는 것을 알 수 있다. 단리와 복리는 초기에는 별 차이가 없지만, 연 4% 수익률일 때 100만 원이 50년 후에 복리의 경우 710만 원으로, 300만 원인 단리에 비해 2배가 넘게 차이가 난다. 100만 원보다 큰돈인 몇천만 원, 몇억 원이 되면 엄청난 차이를 만들어낸다. 복리는 투자 기간과 액수에 따라 차이가 많이 나는 구조이다.

복리의 위력을 실감 있게 보여주는 대표적인 예가 주식 투자로만 2015년 기준 약 600억 달러의 재산으로 빌 게이츠(Bill Gates)에 이어 세계 두 번째 부자가 된 워런 버핏이다. 도대체 투자에서 얼마나 높은 수익을 올려야 그토록 어마어마한 돈을 벌 수 있을까? 워런 버핏이 본격적으로 주식 투자를 시작한 1965년 이후 2015년까지 50년 동안 연평균 투자 수익률은 약 24% 정도이다. 같은 기간 미국 S&P500 주가지수 수익률이 연평균 12%인 것과 비교했을 때, 우리가 예상했던 것보다 훨씬 높은 수준이 아님에도 어떻게 그런 큰돈을 벌 수 있었을까?

그 비밀은 장기 투자와 복리에 있다. 12%와 그것의 2배인 24%의 수익률 차이가 50년 동안 반복되면서 복리의 결과로 무려 160배 이상의 투자성과 차이가 발생한 것이다. 이 이후로 워런 버핏은 기회가 있을 때마다 투자자들에게 장기 투자와 복리의 중요성을 말한다.

가난한 사람은 돈을 벌고, 부자는 돈을 만든다. 부자는 더 큰돈이 필요하다면 레버리지(Leverage)를 이용해 돈을 만드는 데 투자한다. 재테크에서 부자와 가난한 사람의 가장 큰 차이는 부채를 발생시켜 투자하는 레버리징(Leveraging)에 있다. 세상에서 모두 공평하게 가지는 것은 시간밖에 없다. 돈이 할 수 있는 최대의 장점은 타인의 시간을 사서 내 시간을 아낄 수 있다는 것이다. 부자의 기준은 레버리지로 얼마나 최대의 결과를 내는가에 있다. 부자가 자신이 안 해도 되는 일을 300만 원을 주고 고용해서 350만 원의 수익을 냈다면, 50만 원 이익이 되는 것이다. 사람들이 1,000명, 2,000명이 되면 큰돈이 된다. 사업은 자신의 아이디어를 자신이 실현할 수도 있지만, 대부분 타인들을 레버리징해서 이윤을 창출한다.

사업은 일을 많이 하고 돈을 벌 수도 있고, 일을 적게 하고도 벌 수도 있다. 그리고 일을 하지 않고 레버리징으로 돈을 벌 수도 있다. 레버리징을 하는 시간에 자신은 중요하고도 잘하는 일에 집중한다. 나는 먹는 것은 좋아하지만, 요리하는 것을 싫어하니 당연히 내가 한 음식은 맛이 없다. 그럼 요리사의 요리를 사서 먹고, 나는 그 시간에 내가 잘하는 일을 한다. 맛있는 요리를 먹을 수 있어 좋고, 내가 잘하는 일을 하면 스트레스가 쌓이지 않아서 좋다.

일반적으로 투자만 레버리징한다고 생각하는 사람이 많은데 그렇지 않다. '시간'과 '인적 풀(Pool)'을 아웃소싱으로 레버리징하는 부의 시스템을 구축한 사람이 진정한 부자가 된다. 내가 잘할 수 있는 것에 집중하고, 내가 못하는 것을 레버리징할 수 있을 때 진정한 부자가 되는 것이다. 부자는 돈이 들어오는 루트를 다양하고 크게 만들고, 가난한 사람은 근로 시간을 늘려 돈을 벌려고 한다. 가난한 사람은 항상 만만하고 익숙한 일을 하려고 한다. 자신보다 뛰어난 사람을 경계하고, 자신보다 못한 사람과 일하려고 한다. '사회적 비교 편향'이라고 하는데, 결국 실패자가 가득한 조직 속에 남게 되는 것을 좋아하고, 편하게 생각한다. 여러분은 자신보다 뛰어난 사람과 어울리고 일하라! 그렇게 해서 여러분의 인생이 이전의 삶과 얼마나 달라질 것인지 10년 후를 상상해보라.

보통 근로자는 해고되지 않을 만큼만 일하고, 고용주는 근로자가 그만두지 않을 만큼만 임금을 지급한다. 자연히 근로자는 새로운 아이디어를 생각하지 않고, 창조적이고 생산적인 일에는 관심이 없다. 주어진 일을 처리하는 사람은 새롭게 시도하다가 실패하는 것을 가장 두려워한다. 고용주는 자기처럼 일하는 사람을 찾지만, 월급쟁이로 만족하는 사람들이 더 많기에 일에서 가족을 세우고, 친척을 중요한 부서에 배치하는 경우가 드물지 않다.

가난하니까 저축(투자)한다

내가 미국 IBM에 있을 때 한 동료는 300만 달러(약 35억 원)의 연봉을 받음에도 불구하고, 대금청구서가 책상에 수북하게 쌓여 있었다. 내가 "돈을 헤프게 쓰지 말고 연금 펀드에 일정 금액을 넣어라"고 권면했지만, "지금 할 수 있는 것을 안 하면 언제 할 수 있겠어요?"라며 듣지 않았다. 그런 후에 그는 대출을 끼고 요트를 정박할 수 있는 호화 주택을 사고, 자동차도 아내 것까지 고급차로 바꾸고, 휴가 때마다 온 가족이 해외여행을 럭셔리하게 매번 다니더니, 3년이 지난 무렵에 지출이 소득의 두 배가 되어 결국 파산 선고를 받기에 이르렀다.

그렇게 퇴사하고 일 년이 넘게 지난 어느 날 동료 직원이었던 그가 비정규직으로 다시 입사하게 되었다. 수입은 옛날 같지 않지만, 정신을 차리고 절약하며, 빚도 갚아가면서 꼬박꼬박 저축하고 있었다. 아예 통장에서 자동이체가 되게 하면, 매월 일정한 금액이 불입된다는 내 말에 동의했던 것이다. 가장 심플하고 좋은 방법이다. 일단 내 손에 들어 왔다가 다시 나가는 것은 생각보다 어렵다는 것을 그도 알았던 것이다.

매달 수입의 10~20%의 빚으로 이자가 나가는 사람들은 제외하고,

누구나 마음만 먹으면 재테크를 할 수 있다. 지금의 수입으로 저축하기 어렵다면, 만약 지금의 두 배를 번다고 해도 허덕거리는 것은 마찬가지다. 더 많은 금액이 지출로 나가기 때문이다. 이번 달에 300만 원을 벌었다면, 저축액은 30~60만 원이다. 만약 1,000만 원이라면 100~200만 원을 저축할 수 있다. 그런데 실제로 30~60만 원은 저축하는 것이 어렵지 않은데, 100~200만 원을 매달 저축하는 것은 더 어렵다. 큰 금액에서 일부를 지출하는 것이 더 쉬울 것 같은 데 그렇지 않다. 전체의 돈에서 나가는 퍼센트를 보는 것이 아니라, 지금 나가는 돈의 액수를 보기 때문에 커 보이는 것이다. 금액이 커지면 공통적으로 느끼는 심리적 현상이다. 그러므로 수입이 적을 때 저축하는 게 쉽다는 말이다. 나의 호주머니에서 나가는 돈이 크면 클수록 할 수 있는 많은 것을 포기해야 한다는 상실감이 떠오르기 때문이다. 그렇다고 다음으로 미루면 미룰수록 저축하기는 힘들어지고, 부자의 길은 점점 멀어진다. 지금이 재테크하기에 '가장 좋은 때'이며, '가장 빠를 때'라고 생각하라. 시간이 돈이라는 사실을 잊지 말라. 재테크는 절대적 시간과 함께 움직이기 때문이다. 그래서 부자들은 돈으로 시간을 확보하려고 하고, 가난한 사람들은 시간으로 돈을 바꾸려고 한다.

사람들은 '이렇게 돈을 모아서 언제 목돈을 만들 수 있을까?'라고 생각한다. 작은 인풋(Input)에서 시작해 큰 아웃풋(Output)을 얻기 위한 방법으로 사용하는 마중물과 같다고 할 수 있다. 처음에는 지속적으로 인풋해도 보이는 아웃풋이 미미한 것 같지만, 반복적으로 꾸준하게 노력하고 멈추지만 않는다면, 같은 노력에 대비해서 훨씬 큰 아웃풋이 되어 돌아온다는 것을 비로소 시간이 알게 해줄 것이다. 사람마다 같은 지식과 경험이 다른 결과로 나타나는 것은 적용하는 방법이 서로 다르기 때문이다. 부자와 빈자를 나누는 기준이 되기도 한다. 저축으로 통장에 금액이 불어나는 재미를 붙여보면, 또 하나의 '즐거움'과 '보람'이 된다. 지금까지 잘 버티고, 견디며, 지속하고 있다는 뜻이기 때문이다. 그러나 즐거움과 보람 대신 '인내'가 저장되어 있다면 언젠가는 바닥을 드러낼 것이다.

처음에는 한 줌의 눈을 뭉치고 굴려서 눈사람을 만드는 것처럼, 시간이 걸리고 결과가 나올 것 같지 않은 조바심이 든다. 그런데 그 시간을 견뎌내면 어느덧 돈을 모으는 속도도 점점 빨라지고 목표를 향해 가고 있다는 느낌이 들기 시작한다. 일정한 금액이 모이면 '뉴턴의 운동 제2법칙'인 '가속도의 법칙'에 의해 빨라지고 뭉치는 힘이 생긴다. 돈도 흩어져 있을 때는 푼돈에 불과하지만, 뭉치면 뭉칠수록 힘이 세진다. 펀드와 뮤추얼펀드(유가증권 투자를 목적으로 설립된 법인회사로 주식발행을 통해 투자자를 모집하고 모집된 투자 자산을 전문적인 운용회사에 맡겨 그 운용 수익을 투자자에게 배당금 형태로 되돌려주는 투자 회사를 말한다)도 그런 원리를 이용한 것이라고 볼 수 있다. 부자들도 돈을 다양하게 투자해서 뭉쳐진 돈을 계획된 곳에 투자하는 것을 반복하고 있다.

돈을 쓰는 것도 계획되지 않은 습관에서 비롯된 생활의 패턴이다. 지출을 왜 줄이기 힘든가 하면, 이미 라이프스타일에서 돈이 여기저기 들어가는 구조로 고착화되어 있기 때문이다. 만약 저축하겠다면, 저축하기 전에 많은 것을 포기할 만큼 굳은 결심이 필요하다. 그런 결단이 없으면 아예 시작하지 않는 게 좋다. 저축하는 데 자동차가 방해된다면 처분하는 결단을 내릴 수 있어야 부자가 될 수 있다. 희생 없이 부자가 되려고 하는 사람은 결혼은 하기 싫다면서도 사랑한다고 말하는 사람과 같다. 사는 집이 저축을 가로막고 있다면, 더 작은 집으로 옮기는 결단과 용기가 필요하다. 내일의 꿈이 없는 큰 집에 사는 것보다, 작더라도 꿈을 꿀 수 있는 지하 방이 더 낫다는 생각이 없으면, 절대로 현재의 곤궁에서 벗어날 수 없다는 것만 기억해야 한다.

내가 대학생이던 유신 시절, 학교 기숙사가 폐쇄되는 바람에 친구와 함께 갑자기 방을 구하게 되었고, 신림동의 산동네 지하 방을 얻었다. 친구는 "바퀴벌레가 나오는 지하 방에는 도무지 살 수 없을 것 같다"고 했다. 나는 아프리카로 선교를 갔을 때, 천막에서 모기와 벌레들 그리고 파충류들이 들끓는 속에서도 한 달가량 잠을 잤기 때문에 바퀴벌레 정도는 아무것도 아니었다. 물론 열대열 말라리아에 걸려 고생을 좀 하기는 했지만, 군대를 생각해도 이건 아무것도 아니었다. 어려운 환경을 경험한 사람은 어지간한 것은 전혀 문제가 되지 않는다. 돈 때문에 어려움을 당해보지 않으면 작은 습관 하나 바꾸고, 낯선 환경에 적응하는 게 그렇게 어렵다. 아무리 돈을 많이 벌어도 돈 쓰는 습관이 바뀌지 않으면, 저축할 종잣돈을 만들 수가 없다. 불필요한 지출도 꼭 필요한 지출에 포함시키는 경우가 많기 때문이다.

지속적으로 저축(투자)을 해서 성공한 사람들은 수입이 적어 일정 부분을 빼내는 것이 거의 불가능했지만, 이 결정의 순간이 인생에서 가장 터닝포인트가 되었다고 말한다. 어느 때는 빚을 내서 저축하는 밑지는 장사를 할 때도 있었다고 한다. 저축 아닌 저축을 할 정도의 의지라면 분명히 해낼 수 있고 부자가 될 수 있다. 현재의 소득을 미래로 이월하는 것이 저축의 매력이다. 불가능해 보이기도 하지만, 부자들은 결국 가능한 것으로 만들어간 사람들이다. 뭘 해도 성공할 사람은 결국 해내는 열정을 가졌기에 '그 어떤 일도 가능하다'고 말한다. 인생에서 우리는 도저히 넘지 못할 것 같은 난관이라는 거대한 장애물을 만난다. 그때마다 멈추거나 우회 길을 찾거나 피하지 않은 사람이 부자가 된다.

워런 버핏에게 "어떻게 큰 부자가 되었느냐?"고 기자가 물었을 때, "저축하고 투자하라. 그리고 또 투자하고 투자하라"라고 말했다. 그에게는 반복이 성공의 비결이다. 이것은 몰라서 못하는 것이 아니라, 알면서도 안 하는 사람을 염두에 두고 말한 것이다. 워런 버핏은 신문 배달원부터 시작했다. 그는 그때부터 돈에 대해 공부하면서 아주 적은 돈으로 저축을 시작했다. 자신을 위해서는 거의 아무것도 사지 않았다. 자동차도 없이 살았다. 현재 자동차의 가격 2,000만 원 때문이 아니라, 2,000만 원이 10년 뒤에 갖게 될 가치 때문이었다. 여러분이 40년 전에 워런 버핏에게 2,000만 원을 투자했다면 지금 800억 원이 되었을 것이다.

지금 우리는 어떤가? 자동차가 없으면 안 되는 사업용을 제외하고, 주말 나들이용으로도 있어야 마음의 안정을 얻고, 체면을 세울 수 있다고 생각하지 않는가. 부자들은 가난한 사람들이 싫어하는 일도 기꺼이 할 준비가 되어 있는 사람들이다. 가난한 사람들은 절약하는 것을 좀스럽다고 싫어한다. 어떤 사람은 절약하고 저축(투자)해서 부자가 되었는데도 지금도 여전히 "그렇게 해서 언제 부자가 되냐?"고 앵무새처럼 말한다. 그러면 "그렇게 안 하는 당신은 어느 천년에 부자가 되나?" 하고, 반문할 수 있겠다. 시간이 필요하지만 언젠가는 될 수 있는 것과 절대 될 가능이 없는 것은 전혀 다른 차원이다. 10년이 지나서 가난한 사람은 '벌써' 세월이 그렇게 흘렀냐고 할 것이다. 물론 가난에서 허덕거리고 있는 것은 변함이 없다.

1975년 삼성전자가 상장한 직후 56원이었던 주식이 지금 6만 원 기준가로 볼 때 47년 동안 약 1,071배 올랐다. 아마존은 1998~2001년의 IT버블로 2000년에 125,000원짜리가 2022년 4,527,000원이 되며 약 36배가량 뛰었다. 애플도 닷컴버블 당시 1주에 1.34달러였던 주가가 22년 뒤 2022년 180달러로 약 134배가 올랐다. 최근 10년 사이에도 약 30배 정도 올랐다.

가능성 있는 일을 하는 사람과 가능성이 제로인 일을 하는 사람과의 차이는 시간이 결정해줄 것이다. 가난한 사람들은 현재 편하게 사는 것을 더 좋아한다. 반대로 부자는 현재의 안락함보다는 미래의 시간에 투자하며 성공한 부자로 사는 것을 꿈꾸는 것을 더 좋아한다. 단지 그 차이뿐이다. 여러분이 미래에 살고 싶다면 시간에 저축하고 투자해라. 여러분이 지금까지 가난하게 살아온 실패한 방법을 반복하지 마라.

10%가 100%가 된다

사람들은 저축과 투자를 너무 힘들게 하려고 한다. 그러다 보니 내일 굶어 죽어도 오늘 쓸 수 있는 것만큼 쓴다는 사람이 있다. 반면에 저축하는 사람들은 한 달 내내 긴축재정으로 옭아매어 숨쉬기도 벅차다고 한다. 여기서 얼마를 아끼고, 저기서 얼마를 포기하고 하는 식으로 말이다. 이렇게 해도 정작 모이는 돈은 얼마 안 되어 적잖이 실망한다.

돈의 소중함을 배운다고 편하게 생각하라. 저축하는 게 어렵게 느껴지면 나를 위해 10%를 투자한다고 생각하라. 나머지 90%를 효율적으로 의미 있게 사용하는 방법을 배우게 된다. 이렇게 생각하고 실천해보면 규모 있는 살림살이가 정착된다. 어느덧 10%가 모자란다는 생각을 전혀 하지 않을 것이다. 전에는 100%로 다른 곳에 지출할 때와 비교해서도 모자라지 않을 것이다. 신기하게도 피자 한 조각을 덜 먹게 되고, 외식을 줄이고, 치맥 한 번 안 먹으니 살찌는 걱정을 안 해서 좋고, 호주머니에서 돈이 안 나가서 좋다는 일거양득이라는 생각이 들면 성공하고 있는 것이다.

차를 끌고 나가지 않고 대중교통을 이용해도 나름 편하고 불편하지 않아야 한다. 대중교통을 이용하면 좋은 점이 여럿 있다. 좋은 점을 극대화시키면 장점이 된다.

허리띠를 졸라맬 때는 정신세계가 중요하다. 계속 그렇게 살라고 하는 것이 아니기에 참을 만하지 않은가? 언젠가는 끝이 온다는 말이다. 조금만 견디면 돈에서 자유롭고, 노후 걱정을 안 하고 살 수 있다는 희망의 프로세스가 현재를 견디도록 견인할 것이다. 부자가 되는 운명이 따로 있는 것이 아니라 스스로 운명의 주인이 되기 위해 상황을 만들어 가야 한다. 그런 사람이 결국 부자가 된다. 만나는 사람들을 소중히 여기며, 작은 것도 소홀히 하지 않고, 겸손하게 늘 배우고, 실천하는 사람에게 인복(人福)과 함께 운이 따른다.

여러분이 지금까지 100% 자기 힘으로 살아왔다면, 앞으로는 황금알을 낳는 10%가 여러분의 안정된 삶을 만들어줄 것이다. 놀랍지 않은가? 10~20년 동안 누구나 할 수 있는 일을 지속하는 것이다. 기간이 길다고 생각할지도 모르겠으나 세월은 금방 지나간다는 것을 뒤돌아보면 알 수 있을 것이다. 만약 수입이 증가했다면 증가 부분의 50%를 저축하고 투자한다는 마음을 먹어라. 남들이 하는 대로 하면 남들이 갖게 되는 것만 가지고, 남들이 할 수 있는 것만 할 뿐이다. 그렇다고 해서 무리하게 재정계획을 짜서 중도에 멈추는 일은 없어야 한다. 보통 사람들이 중간에 포기하는 이유는 세 가지이다.

첫째, 너무 큰 계획을 세우기 때문이다.

너무 과도한 욕심으로 계획을 짜면 중도에 포기하게 된다. 처음에는 수입의 10% 정도 저축으로 시작했다가 증감을 선택할 수 있으니, 컨디션에 따라서 조정하면 된다. 10%는 누구나 마음만 먹으면 저축할 수 있는 돈이다. 재정 상태가 좋아지면 탄력적으로 운용하면 된다.

둘째, 남는 돈을 저축(투자)하려고 하기 때문이다.

일반적으로 남는 돈은 거의 없을 확률이 높다. 지금까지 그렇게 살아온 사람이 대부분이다. 따라서 저축부터 먼저 하고, 그다음에 쓰는 훈련을 해야 한다. 사람은 마음을 먹기에 따라 환경을 얼마든지 바꿀 수 있는 능력과 의지가 있다. 자동이체로 가장 먼저 빠져나가도록 하라. 우선순위가 정해지면 자동적으로 차선이 정해진다.

셋째, 수입이 거의 없을 때가 있다.

급하게 지출하지 않으면 안 되는 뜻밖의 상황이 발생할 수도 있다. 세상살이에는 의외의 일들이 일어날 변수가 상존한다. 이때는 어떻게 할 것인가? 이런 현상이 단기적인지, 장기적인지를 잘 파악해서 재정 운용을 판단해야 할 것이다.

지금까지는 시중 은행에 예금하면 이율이 연 2.5%였지만 요즘은 사정이 다르다. 연 6%대의 우대 예·적금이 나왔기 때문에 상황이 과거와 많이 달라졌다. 기준 금리가 오르면 주식, 펀드, 가상화폐 등 불안전 자산이 동반 하락한다. 채권은 비교적 안전자산에 속하지만, 금리와는 반대로 움직이기 때문에 금리가 올라가면 채권 가격이 하락한다. 전에는 은행의 이자만 쳐다보고 저축하면 수익이 형편없어 더 가난하게 될 뿐이었는데, 지금은 우대금리가 적용되는 예·적금에 눈을 돌리는 것이 좋다. 후반기에 기준 금리가 한두 차례 정도 더 오를 수 있어 더 나은 조건이 나올 수도 있다.

여러분을 백만장자로 만드는 법칙은 이자 수익보다 더 빠른 속도로 늘어나는 금융 법칙을 찾고 투자하는 것이다. 이를 위해 주식과 펀드에 대해 몇 가지 기본원칙을 배워야 한다. 이자의 이자가 기적을 부르는 복리를 공부했다. 돈은 자본의 법칙을 알고 이용하는 사람을 위해 준비되어 있고, 그들이 과실을 따 먹을 수 있도록 설계되어 있다. 부자도 어려운 것부터 시작해서 성공한 것이 아니다. 작은 생각의 변화에서 시작해 좀 더 큰 목표에 도전하는 즉 '계단식 도전'으로 부자가 되었다. 내가 만나는 많은 부자도 때로는 '이 사람이 부자가 맞나?' 할 정도로 평범한 정도가 아니라, 절대 있는 척을 안 하고, 그렇게 보이지 않을 뿐만 아니라, 그렇게 행동하지도 않는다. 오랫동안 만나보고 관찰해보면 원인 없는 결과가 없다는 결론에 이른다. 강남에서 슈퍼리치(금융자산 30억 원 이상인 부자)클럽의 사람들에게 강의하고 이야기를 해보면, 평범을 넘어 '지극히 평범한' 사람들이라는 것을 알 수 있다. 그런데 일상에서 만나는 모습 뒤에는 '비범함'이 있다는 것을 반드시 알게 된다. 이들에게는 부자로 만들어준 '그 무엇'이 있다는 것도 알게 된다. '그 무엇'을 여러분이 배우는 것이다. '그 무엇'에 대한 결과를 만들어내는 원인을 알고 바꿔야 한다는 것은 맞다. 그러나 지금까지의 삶을 송두리째 바꾸는 것은 거의 불가능하다. 과거 살아온 삶이 기대와는 정반대로 전개되고 있다고 해서, 한 번에 180도로 전환되는 것이 아니다. 1도의 관점 전환 즉, 물은 섭씨 99도에서는 끓지 않는데, 부족한 그 1도가 여러분에게 필요하다. 그리고 100% 중에 1%의 생각과 행동 변화만으로도 많은 일을 해낼 수 있다는 것을 알면, 그 1%가 언젠가는 100%가 되는 것이다. 그것은 99%가 1%를 위해 존재하기 때문에 그렇다. 운전을 하거나 사격을 해보면 각도 1도만 달라도 천당과 지옥을 오간다. 목표로 했던 도착 지점도 완전히 달라진다는 것을 잘 알 것이다.

슈퍼리치클럽의 강의가 끝나면 부자들은 여러 가지 질문을 하고, 투자 트렌드에 대해 이야기할 때 항상 진지하게 경청하고, 배우려는 자세가 일반 사람들과 다르다는 것을 알 수 있다. 숙제로 책을 읽어 오라고 하면, 모든 사람이 책을 사서 밑줄을 긋고 질문 내용까지 적어서 온다. 배우려는 의지가 확실히 일반 사람들과 다르다는 것을 알 수 있다. 종종 나에게도 저런 열정이 있을까 자문해본다. 부자들에게 숙제를 주고, 정보를 주면 공부를 철저히 할 뿐만 아니라, 참고 서적이나 자료까지 요구한다. 강의도 절대 설렁설렁 넘어갈 수 없기 때문에 더 신경이 쓰인다. 따라서 내가 선생이지만 더 많이 배운다. 학문적인 것보다 경험과 실천을 통한 산 지식이 더 값지기 때문이다.

부자가 되기 전에 그들은 누구나 할 수 있는 일을 했다는 것을 알게 된다. 부자들이 지식이 뛰어나거나 능력이 출중한 것도 아니다. 다만 배움의 열정과 사소한 습관이 그들을 부자로 만들었다는 것을 알게 된다. 특별한 사람이 특별한 일을 하는 것이 아니라, 특별한 일을 하는 사람이 특별한 것이다. 이기는 습관에 익숙한 사람이 특별한 일을 한다. 위대한 사람이 위대한 일을 하는 것이 아니라, 위대한 일을 하는 사람이 위대하다는 말은 여전히 진리이다. 지금부터 우리도 할 수 있는 일을 하나씩 하나씩 해본다면 위대한 사람이 될 수 있다.

개미들의 정보 비대칭

코로나 이후로 개인 투자자들이 늘어나면서 주식을 적극적으로 사들이는 소액 투자자들이 많아졌다. '개미'라고 하는 개인 투자자의 투자 수익률이 기관 투자자(Institutional Investor)의 투자 수익률보다 낮은 이유가 뭘까?

주식을 매수하면 더 많이 오르기를 기다리는 것은 모두 똑같은 심리이다. 투자하면 오르기도 하고 내리기도 하는 게 주식이다. 따라서 투자는 주가가 오르는 자체가 중요한 게 아니라 '언제 상승하냐'가 중요하다. 그렇기 때문에 같은 종목이라도 '매수 시점'에 따라 수익과 손실이 크게 엇갈린다. 그래서 주식 투자는 타이밍이라는 말을 많이 한다. 꾸준한 학습과 실전을 통해서 리스크를 줄여갈 수 있다. 주식은 종목을 사는 것이 아니라 시간을 사는 것이기 때문에 매수 시점과 더불어 '매매 타이밍'을 잡는 게 핵심이다.

개미들도 나름대로 공부하고 분석한 정보를 토대로 투자하지만, 우리 주변에 개미가 주식으로 큰돈을 벌었다는 경우는 쉽게 보기 힘들다. 그것은 바로 '정보의 비대칭성' 때문이다. '정보의 비대칭'이란 사람마다 알고 있는 정보가 똑같지 않고, 정보의 가치와 신빙성에 차이가 있다는 말이다. 투자 당사자들이 가진 정보의 질과 양이 서로 다른 경우에 나타나는 현상이다. 여러 경로를 통해 다양한 정보를 확보하는 기관 투자자에 비해 개미들은 정보가 상대적으로 부족할 수밖에 없는데, 바로 이 때문에 개미들이 투자 성공률이 낮다. 그중에는 찌라시 수준의 정보와 인포데믹(Infodemic, 잘못된 정보가 온라인 등을 통해 빠르게 확산되는 현상), 즉 전염병처럼 퍼지는 허위 정보를 분별하기가 쉽지 않다.

정보의 비대칭에 대한 예를 들어보면 증권가에서는 흔히 '루머에 사고 뉴스에 팔라'는 이야기를 한다. 이 말은 주가가 모든 정보를 즉각 반영한다는 이른바 '효율적 시장 가설'을 전제로 하는 것이다. 문제는 기관 투자자는 다양한 경로를 통해 각종 정보를 신속하게 확보할 수 있는 반면에 개인 투자자는 고급 정보의 루트가 없다는 것이다. 개인 투자자 대부분은 신문과 뉴스에서 보도한 기사를 보고 해당 주식을 사는데, 그때는 이미 늦다. 실제로 기업에 긍정적 또는 부정적인 영향을 미치는 뉴스는 주가가 움직인 다음에 나오기 때문이다. 결국, 개미들은 지나간 뉴스에 의존하게 되고, 기관 투자자가 개미들보다 한발 앞서 이득을 취하는 결과가 된다.

정보의 비대칭은 주식뿐만 아니라 실생활에서도 종종 경험할 수 있다. 대부분의 사람이 자동차에 대해 문외한이기 때문에 무엇을 어디까지 고쳐야 되는지 혼란스러워 한다. 자동차 브레이크를 고치러 정비공장에 갔는데 정비공이 브레이크 패드뿐만 아니라 브레이크를 통째로 바꿔야 하고, 또 트랜스미션도 교환해야 한다고 하면 판단할 수 있는 정보가 없어 난감할 것이다. 정비공이 물론 나보다 자동차의 전문가인 것은 분명하지만 바꾸지 않으면 안전이 심각한 상황인지, 아니면 바가지를 씌우려는 것인지 판단하기 어려울 것이다. 그래서 자동차를 손볼 때는 지인이나 단골을 찾는다.

이런 상황이 벌어지는 것도 결국 고객과 자동차 정비공 사이에 '정보의 비대칭성'이 존재하기 때문이다. 가장 심하게 정보의 비대칭을 경험하는 것이 바로 의사와 환자 사이이다. 의사는 알고 있지만, 환자는 모르는 정보를 '숨겨진 정보'라고 한다. 내가 앞서 이야기했던, 건설회사를 경영하면서 힘들어진 것도 나보다 우월한 정보를 가진 이가 자신의 이익을 목적으로 유리하게 적용하고, 결과를 만들어갔던 정보의 비대칭성 때문이라고 할 수 있다. 자신이 모르는 일에 뛰어들어 정보의 비대칭으로 남에게 의지하는 것만큼 무모한 것은 없다.

실제로 자신이 잘하는 일을 해도 성공한다는 보장이 없는데, 생소한 분야에 남의 말만 믿고 뛰어들면 실패하지 않는 것이 더 이상할 정도이다. 투자도 내가 잘할 수 있을 때 시작해야만 최소한 리스크를 줄일 수 있다. 선택에 대한 지식이 없으면 이것이 맞는지 틀리는지, 누가 옳은지 그른지를 판단할 수 있는 기준이 없기 때문에 투자도 알고 하는 것과 모르고 하는 것은 차이가 있을 수밖에 없다.

특히 나의 소중한 자산을 다루는 일에 루머나 뉴스에 의존해서 투자하는 것은 수업료를 내는 것 외에 다른 것을 기대하기 힘들 것이다. 유가증권 시장인 코스피와 장외 시장인 코스닥 시장에서 관심 있는 종목부터 소액으로 투자하면서 하나씩 공부하며 투자를 늘려가야 한다. 투자자는 국내 증시가 미국 금융정책과 증시에 영향을 받기 때문에 글로벌 동향을 파악하고, 끊임 없이 공부해야 한다. 미국 증시에 본격적으로 뛰어드는 사람들이 늘어나고 있는 것도 참고해볼 필요가 있다.

정보의 비대칭을 극복하기 위해서는 공부하고, 경험을 통해 시장의 흐름을 읽는 것밖에 방법이 없다. "주식 시장에서는 자신의 단점을 정확히 알고 있어야 자신의 장점을 최대한 발휘할 수 있다"는 워런 버핏의 말을 귀담아들을 필요가 있다.

투자자들은 자신에게 익숙한 방법으로 종목을 고르고 투자한다. 잠재력 있는 기업을 후보로 고르고, 기업의 내재가치를 분석한 후 주가가 최저치라고 판단되면 그때 사서 수익이 날 때까지 끈기 있게 기다린다. 주식에 성공한 사람들은 '판단력'과 '기회 포착능력' 그리고 '끈기'를 갖춘 사람들이다. 장기적으로 성장 가능성이 있고, 능력 있고, 정직한 사람이 운영하는 기업을 선택한다. 그런 기업이 초우량기업이 될 확률이 높은데, 주로 대체 불가의 혁신적 기술을 가진 기업이 그 대상이라고 하겠다. 이런 기업을 선택하는 이유가 표면적이고 원론적일 수도 있다. 정보의 비대칭을 극복하려면 남들이 볼 수 없는 것을 포착하고, 매출과 영업이익과 성장 가능성을 중·장기적으로 분석하고, 경영진의 투명한 회계기록과 원가분석, 해당 업종의 경쟁력 등을 철저히 알아보는 것이 정보의 비대칭을 극복하는 방법일 것이다.

포기하지 마라.
그러면 성공자다

유신 당시 데모로 군대에 강제 징집되어 힘든 군대 생활을 거치고, 데모 전력으로 고시를 치를 수 없게 된 나는 생뚱맞은 경제학을 전공해서 학위를 받았다. 이후 삼성 임원일 때 사표를 내고 미국 유학을 선택해서 경영학 학위를 받아 IBM 본사에 근무하게 된 과정들을 이야기하면, 강의가 끝나고 사람들이 자주 묻는 질문 3가지가 있다.

첫째, 포기하고 싶을 때마다 그걸 어떻게 견뎠는지?

포기하고 싶은 유혹을 물리치고 긍정적인 것들이 기회를 얻기까지 인내하며 기다려주었다. 성공을 열망하면서도 성공의 반대인 포기의 유혹이 올 때, 이 일을 왜 시작했는가 물었을 때 스스로 대답하지 못하는 나를 보고 한없이 울었던 적이 있다. 여기에 분명한 대답을 할 수 있어야 하는데 할 수 없었을 때 윈스턴 처칠(Winston Churchill)의 “절대로, 절대로, 절대로 포기하지 마라”는 말이 무거운 발걸음을 한 발자국씩 내딛게 해준 힘이 되었다. 인간의 육체는 중력이 없으면 서 있는 것조차도 불가능하다. 인간의 정신도 고뇌하는 압력이 없으면 멈추게 된다. 성공을 당기는 중력(重力)의 힘이 압력을 잡고 있을 때 앞으로 나아가게 하고, 아이디어가 기회를 얻는다. 우리는 공기의 존재를 인식하지 못하듯 중력의 존재도 우리의 인식 밖에 있는 상상을 끌어당기는 힘이 지금도 작동하고 있다는 것을 깨닫게 된다. 그처럼, 성공을 끌어당기는 중력을 최대한 이용해보면 포기해야 할 이유보다 해야 할 이유가 많아진다.

둘째, 그런 결정을 내리고도 정말 두렵지 않았는지?

두렵지 않다면 거짓말이다. 인생에서 최고의 것들은 항상 두려움 뒤에 숨겨져 있다. 즉, 가장 두려운 순간이 가장 최고의 순간이 된다는 사실을 우리는 알고 있다. 어두운 터널을 지날 때 우리는 우두커니 앉아 있을 수가 없다. 이 어둠이 걷히면 무엇을 어떻게 할 것인가를 생각할 때, 가장 절실하게 상상의 힘을 발휘하게 된다. 다시는 어두운 터널에서 두려움을 경험하지 않기 위해서라도 무엇이 필요한지를 절실하게 상상하고 찾게 된다.

셋째, 그 어려운 문제들을 어떻게 해결했는지?

단지 문제에 매몰되지 않으려고 발버둥쳤을 뿐이다.

'안 되면 어쩌지?'

'왜 그런 거지?'

'뭐가 부족한 거야!'

백날 생각해봐도 답이 없는 메아리이다. 답은 하나이다. 고민할 시간에 부딪혀보는 수밖에 없다. 두려움이 두려움을 낳기 때문에 빨리 차단해야 한다. 정면승부밖에 길이 없다. 문제를 문제로 보지 않고, 해답이 없는 문제는 없다는 생각으로 도전했다. 그런데 의외로 두려움이 문제가 아니라, 내가 두려움을 스스로 계속 만들어내고 있다는 사실을 알게 되었다. 주위를 보면 가난에 대한 두려움 때문에 '부자처럼' 살고자 하는 사람이 많다. 부자처럼 보이기 위해 고급 차를 몰고, 비싼 음식점에 다니면서 잘나가는 사람처럼 행동한다. 특히 동창들 사이에서나 친척들 사이에서 허세를 부리는 사람이 많다.

“부자처럼 보인다”는 말은 실제로 부자가 아닌데 부자처럼 소비하고 행동한다는 뜻이다. 실제로 부자이면 “부자처럼 보인다”고 말하든, “부자 같아”라고 하든 아무 상관없다. 말에 따라 부자의 기준이 바뀌는 것이 아니기 때문에 개의치 않는다.

나는 미국의 교회 봉사단체에서 만난 어떤 젊은 여자분에게 “아가씨처럼 보인다(Looks Like A Lady)”라고 말했고, 몇 년 동안 그렇게 생각했다. 그런데 나중에 알고 보니 실제로 아가씨였다. 미시룩(Missy look) 스타일을 좋아해서 진짜 미시인 줄 알았다. 이분은 이렇게 말하든 저렇게 말하든 상관이 없었다. 왜냐하면 원래 아가씨이기 때문이다. 한국에서는 눈을 부릅뜨고 “나 아가씨 맞는데요!”라고 할 수도 있다. 미국에서는 그런 것에 큰 의미를 두지 않는다. 가까운 사이가 아니면 신상에 대해 잘 모른다.

반면, 진짜 부자는 겉으로는 평범해 보이는 경우가 많다. 한두 번 만나서는 부자인 줄 모르고 실수할 수도 있다. 이런 일도 있었다. 우리 회사에 시골 할아버지처럼 허름한 행색을 하고 오신 분이 있는데, 정문 보안요원이 그분을 거칠게 제지를 한 일이 있었다. 이분은 회사의 주식을 많이 가지고 있는 대주주로 거부이시다. 이분이 자기가 누구라고 밝혔는데도 보안요원이 “당신이 대주주이면 나는 사주”라고 빈정대기까지 해서 문제가 되었다. 그 일로 보안요원을 문책하고, 회사 대표까지 내려가 사과하는 소동이 벌어졌다.

가난한 사람은 자기가 부자로 보이기를 원하지만, 진짜 부자는 부자인 것을 나타내는 것을 꺼린다. 부자인 것을 많은 사람이 아는 것이 그렇게 달갑지 않은 것도 사실이다. 돈이 많은 것이 알려지면 좋을 게 없다. 부자처럼 보이는 사람이 될지, 아니면 진짜 부자가 될 것인지의 선택은 여러분 몫이다.

가난한 사람들이 좋아하고 선택하는 것이 있다.

첫 번째, 가난한 사람들은 인생 한 방을 노리고 여기에 매달린다.

부자는 모두 운이 좋은 사람이거나 부모를 잘 만났기 때문이라고 생각한다. 자신도 운이 좋아서 하늘에서 돈벼락을 맞거나 로또복권 1등으로 당첨되기를 바란다. 가난한 사람들 대부분은 '과정'을 무시한 채 결과에 집착해 부의 기회를 놓친다. 프로야구 선수가 3,000만 달러에 계약한 것을 마냥 부러워하고 운이 좋다고 생각한다. 이 선수는 손에 물집이 잡힐 만큼 매일 12시간씩 배트를 휘두르고, 부상으로 재활 운동을 거치며 남모르는 눈물을 흘리고, 땀을 흘리면서 포기하지 않았다는 것을 모른다. 가난한 사람들은 한 사람의 인생이 꽃을 피우려면 '혹독한 과정'이 있어야 한다는 사실을 무시하고, 생략하려고 한다. 사람들은 자기가 보고 싶은 것만 보고, 기억하고 싶은 것만 기억하는 '자기 편향'이 심하다. 자신이 험난한 과정을 겪어보지 않으면 말을 해도 설득력 있게 다가올 리 만무하다.

가난한 사람은 누구나 쉽게 생각할 수 있는 아이템으로 웹 플랫폼 회사를 설립해서 몇십억 달러에 팔아서 단번에 유니콘 기업(기업 가치가

10억 달러 이상인 스타트업 기업을 전설 속의 동물인 유니콘에 비유해서 지칭하는 말)이 되었다는 소식에 '역시 인생은 한 방'이라고 이야기한다. 이 청년이 창업할 때 사무실이 없어 공원 벤치나 커피숍을 이용하거나 곰팡이 나는 퀘퀘한 지하 창고에서 기약 없는 시간과 마주하며, 신용카드 이자 21.99%의 대출금을 자본으로 시작했던 과정과 포기하지 않고 일어섰던 것은 모두 숨겨져 있다. 홈런왕은 홈런 숫자보다 더 많은 삼진을 당하며 삼진왕이 되었다는 것이 감추어져 있다. 성공한 사람은 실패가 성공을 위해 존재한다는 것을 안다. 만약 한 번의 실패도 없이 성공했다면 단 한 번의 실패로 모든 것을 잃을 수도 있다. 우연한 성공은 행운이 아니라 불행이 될 수 있다는 것을 가르쳐준다. 부자가 되고 싶다면, 결과를 바라보는 것이 아니라 '과정'을 소중히 여기고, 다시 일어설 때 결과는 따라서 온다. 성공적인 삶을 살아가는 사람들은 미래의 관점에서 현재를 생각하며 지금 무엇을 어떻게 할 것인지를 판단하고 결정한다. 내 일에 애정을 쏟지 않는 것은 남의 일을 대신 해주고 있다는 뜻이다.

두 번째, 가난한 사람들은 부자가 되고 싶어 하면서도 부자와는 정반대 방향으로 가고 있다.

가난한 사람은 부자처럼 행동하고 싶다는 마음에서 부자가 되고 싶은 열망이 시작된다. 이들이 생각하는 부자란 기사가 딸린 고급 자동차, 풀장이 딸린 호화 주택, 파텍필립 시계, 6캐럿짜리 다이아몬드 같은 누구나 봐도 부자라고 알 수 있는 것을 가진 사람이다. 부자는 누가 봐도 부자의 티가 나야 한다고 생각한다. 부자는 마음껏 돈을 쓰면서 사치스럽고 호화스러운 삶을 산다고만 생각한다. 하지만 그것은 가난한 사람들의 생각이다.

'오마하의 현인'이라고 불리는 100조 원이 넘는 재산가인 워런 버핏은 63년 전에 매입한 평범한 집에서 보안 시설과 경호원도 없이 부부가 살고 있다. 운전기사도 없이 직접 운전한다. 아무짝에도 쓸모없는 전시 비용을 들여 부자처럼 보이려고 노력하면 할수록 더욱 가난하게 될 뿐이다. 부자가 된다는 것은 하나하나 과정을 통해 만들어져가는 것이다. 힘든 과정은 성공에 가려 단지 드러나지 않았을 뿐이지 없었던 것이 결코 아니다.

부자들이 돈을 벌고자 하는 이유는 진정한 '자유(Freedom)' 때문이다. 경제적 자유에서부터 내 인생을 원하는 대로 설계할 자유이다. 원하는 모습으로, 원하는 시기에, 원하는 곳에서 사는 자유이며, 돈 때문에 받는 압박으로부터의 자유, 하기 싫은 고된 일로부터의 자유이다. 무엇보다도 내가 원하는 인생을 살아갈 자유이다. 부자처럼 보이기 위해 '가짜 부'를 좇는 것이 아니라, 지금 이대로 살아가는 것으로 충분히 만족하고, 진정한 내면의 평안함을 누릴 수 있는 영혼의 자유이다.

세 번째, 가난한 사람들은 돈이 전부라고 생각하며, 안 되는 일이 없다고 여긴다.

가난한 사람은 그 어떤 것도 돈이면 모두 가능하다고 생각한다. 눈앞에 자신이 그간 갖지 못했던 고급 승용차와 호화 주택을 소유할 수 있으면 부자가 된 것이라고 믿는다. 수입의 대부분을 써서 이렇게 사들인 물건은 결국 가난한 사람을 더욱 가난하게 만든다. 일해서 돈을 벌면, 그 돈으로 자동차나 명품 등을 사들이면서 빚을 만들고, 그 빚 때문에 일을 더 많이 해야 하는 악순환이 거듭된다.

네 번째, 가난한 사람들은 돈으로 행복을 살 수 있고, 부자들은 살 수 없다고 말한다.

부자는 가난한 사람들의 착각과는 달리, 돈으로 살 수 있는 것들이 많아지면 그것에 얽매이게 되고, 자유를 해치기 때문에 통제한다. 부자들이 진정 원하는 자유를 해친다면, 행복하다고 말할 수 없다. 한 주에 5일씩 40년 동안 하기 싫은 일을 하지 않아도 되는 자유는 돈으로 살 수 있다.

그러나 부자들은 돈으로 행복을 살 수 있다고 착각하지 않는다. 돈으로 할 수 있는 모든 것들을 위해 노력할 뿐이다. 다만, 돈으로 자유를 사기 위해, 부를 얻으려고 노력하는 것이다. 그리고 자유가 행복의 큰 요소로 이어지는 것은 확실하다.

다섯 번째, 가난한 사람은 일단 무엇을 하려고 하면 준비가 길고 핑계가 많다.

핑곗거리가 많으면 새로운 일을 시도하는 데 한없이 길어진다. 지금 하고 있는 일을 통해 큰일 없이 살아가는 것을 목표로 삼는다. 보통 사람들은 취직해서 아무리 힘들어도 매주 5일은 꼬박꼬박 출근하는 것을 자랑스럽게 여기며 열심히 살고 있다고 생각한다. 점심을 제대로 먹기보다는 때운다는 개념으로 먹고, 커피는 절대 마시지 않으며, 근검절약하며 산다. 그런데도 부자보다 가난한 사람이 절대적으로 많은 이유는 지금까지 살아온 방식대로 사는 것을 당연하게 여기기 때문이다. 일정하게 들어오는 돈의 힘은 불규칙하게 들어오는 돈이 많다고 해도 비교가 안 될 정도로 좋은 현금 흐름이다. 들쑥날쑥 들어오는 돈보다 정기적으로 들어오는 돈의 힘이 셀 뿐만 아니라, 흐름이 좋은 돈은 계획을 세울 수가 있다. 농사에 필요한 비가 일정하게 오지 않고 한 달에 올 비가 하루에 다 온다면, 농사를 망치게 된다. 그리고 아무리 배가 고프다고 해서 며칠분을 한 번에 다 먹을 수 없는 것과 같다. 365일 햇볕만 나지 않고, 그렇다고 비만 오거나 구름만 끼어 있지도 않다. 때로는 눈보라도 치고 태풍도 분다. 하지만 귀퉁이의 작은 풀 한 포기도 비바람에 꺾이지 않으려고 안간힘을 쓰면서 작은 꽃망울을 터뜨려 우리에게 아름다움을 선사한다. 이름 모를 작은 들풀도 포기하지 않고 견뎌내며 꽃을 피워내는데 만물의 영장인 우리가 할 수 없는 것이 무엇이 있겠는가?

경제를 알면 돈이 보인다

저축만으로 부자가 되기란 결코 쉽지 않다. 절약과 노력도 중요하지만, 그것만으로 부자가 되기에는 충분하지 않다. 열심히 일하고 저축해서 근검절약하는 것은 부자가 되기 위한 필요조건이지, 충분조건이 아니다. 가끔 매스컴에 부자가 등장해서 안 먹고, 안 입고, 안 쓰고 저축해서 부자가 되었다고 한다. 물론 부자가 되는 바탕이 되겠지만, 그것만으로는 부족하다. 열심히 일하고, 절약해서 저축하는 것 외에 주식과 부동산 투자를 효과적으로 해야만 부자가 될 수 있다.

투자는 저축과는 완전히 다른 메커니즘이다. 투자를 잘하기 위해서는 반드시 금융 시장의 흐름과 기본적인 재정 공부가 필요하다. 자본주의는 돈이 '어떻게' 만들어지고, '어떤' 용도로 투자되고, '어디로' 유통되는지 알아야 한다. 전략적 로드맵 없이 투자하려면 그냥 저축하는 게 낫다. 재정 공부는 돈을 벌기 위해서도 하지만 나의 소중한 자산을 지키기 위해서도 필요하다. 기업을 분석할 때 만약 기업이 만드는 제품의 경쟁력이 크게 없는 상품이 일시적인 매출 증가로 영업이익이 크게 늘어났다고 할지라도 대체 상품이 나오는 것만으로도 이 회사의 주가는 곤

두박질칠 것이다. 그래서 기업은 한 가지 상품만 만들지 않고 여러 상품을 만드는 것이다.

비디오 대여점의 경우 넷플릭스 등 온라인 동영상 서비스 업체들의 등장으로 순식간에 자취를 감추었다. 따라서 혁신적이고 효율적인 업체를 찾는 것도 투자의 능력이다. 기업의 수익성은 경쟁이 없을수록 돈을 많이 버는 구조이다. 1%라도 더 혁신적으로 소비자의 눈높이에 다가가는 제품이 출시되면 기존의 제품은 시장에서 외면당하게 되는 게 정글 시장의 논리이다. 내 서랍장에는 플로피 디스크를 대신한 CD가 있고, CD를 대신한 USB가 있다. 짧은 기간에 대체되었던 것들이 박물관처럼 고스란히 보관되어 있다. 다음은 어떤 혁신 제품이 나타나 무엇을 박물관으로 보낼지 궁금해진다.

재무설계사들과 재테크 전문가들은 60세까지 인생의 즐거움을 미루며, 저축하고 또 저축하라고 한다. 하지만 이 방식을 지키기 위해서는 여러 변수가 없어야 가능하다.

- 정년이 보장되는 직장이 거의 없기 때문에 60세까지 직장을 다니는 것이 불확실하다.
- 저축을 해서 매번 만족할 만큼 수익을 낸다고 장담할 수 없다.
- 월급으로 40년을 저축하는 것은 거의 불가능하다. 자녀들이 대학도 안 가고, 결혼도 안 하고, 가족들이 병원에 안 간다는 여러 변수가 없어야만 가능하다.
- 주택구입 자금이 들어가거나 자동차를 사거나 사업체 차린다거나 하는 많은 변수가 있다.

가난한 사람들은 꿈꾸곤 한다. '회사를 정년까지 다닐 수 있으면 좋겠다', '투자한 종목의 수익률이 껑충 뛰었으면 좋겠다', '승진하면 좋겠다' 등등. 하지만 희망사항은 그 어떤 계획이 될 수 없다. 노후를 위해서는 자신이 통제할 수 있는 부의 시스템에서 리스크가 없는 비과세 연금저축이나 연금펀드로 서서히 옮기는 것도 한 방법이다. 내가 아는 분은 노후 준비로 재테크를 한다고 5년 전부터 소형아파트 갭 투자를 시작했는데 부자가 되었다. 타이밍이 좋았다. 월급에서 주식이나 일반 펀드에 투자해 수익을 얻으려는 방식은 여러 위험 변수가 존재한다. 그럼에도 불구하고 투자는 통화량의 증가에 따라 화폐가치의 하락에서 나의 소중한 자산을 지키는 최소한 행위라고 할 수 있다.

직장에서 갑자기 해고되거나 주식과 펀드 수익률이 하락한다면, 부자가 되는 계획은 여기서 끝나게 된다. 그러나 부자가 되려면 어느 정도는 리스크를 안고 가지만, 부자들은 자신의 컨디션을 정확하게 알고 포트폴리오를 만드는 방법으로 부자가 되었다. 물론 투자 금액과 투자 기간에 따라서 차이는 있겠지만, 부자들도 적은 돈을 굴려서 큰돈을 만들었던 사람들이다. 누군가는 먼저 부자가 되어야 한다면 내가 먼저 부자가 되어보자.

가난한 사람들은 부자는 자신이 가지지 못한 능력과 백그라운드를 가졌다고 생각한다. 가난한 사람들은 MBA 졸업장이 있으면 연봉이 15% 높아진다거나, 자격증이 있으면 초봉이 높다고 생각해서 학력에 집착한다. 학력이 높을수록 좋은 직업을 가지는 것은 당연한 것처럼 보인다. 하지만 MBA 학비는 800시간에 44,000달러(약 5,700만 원)이다. 이들은 자신의 내재적 가치가 높아질 것을 기대하며 금전적 비용을 감당할 만하니 하는 것이지만 돈 자랑하는 생색으로 끝날 수도 있다. 하지만 시간당 급여만 약간 높아졌을 뿐, 시간을 팔아 돈을 번다는 사실에는 변화가 없다. MBA 졸업장이 연봉을 15% 올려주는 대신, 15년에 걸쳐 갚아야 하는 학자금 대출을 남긴다면, 좋은 투자라고 볼 수 있을까?

또한 MBA 졸업장을 따기 위해 투자해야 하는 몇 년의 시간까지 고려해야 한다. 공부를 하든 경험을 쌓든 잘하는 것을 더 잘하기 위해서 하라는 것이다. 실력이 아무리 뛰어나도 도전이 없다면 성공할 확률은 제로이다. 도전은 그 어떤 학문보다도 높은 수준에서 완성된다. 반대로 환경이 안 좋아도 도전의 끈을 놓지 않으면 얼마든지 난관을 뚫고 나아갈 수 있다. 싸움에서 진다고 생각하지 말고, 싸워서 이긴다고 생각하라. 학위가 부자로 만들어주는 것이 아니라, 일을 더 잘하기 위해서, 지식을 확장하기 위해서, 학위를 취득하는 것은 환영할 일이다. 일을 잘하는 데 학위가 도움이 안 된다면 굳이 졸업장이 필요가 없다. 빌 게이츠(Bill Gates), 스티브 잡스(Steve Jobs), 마크 저커버그(Mark Zuckerberg), 스티브 스필버그(Steven Spielberg), 리차드 브랜슨(Richard Branson) 등 모두 부자가 되기 위해 대학교를 중퇴했다.

알버트 아인슈타인(Albert Einstein)은 "내 배움에 방해가 된 유일한 한 가지는 내가 받은 교육이다"라고 말했다. 학위보다 빚더미를 먼저 안겨주는 교육은 우리를 부자로 만들어주지 않는다. 학력이 높으면 부자가 될 수 있을 것이라는 생각을 버리고, 현재 가진 재능과 경험을 어떻게 활용할지 생각해보는 것이 더 현명하다.

투자해서 수익을 내는 사람보다 손해를 보는 사람이 많은 것은 지극히 정상적이라고 할 수 있다. 자본 시장에서 제로섬 게임이 철저하게 적용되는 것 같지만 그렇지 않다. 패자가 승자보다 많은 건 가난한 사람이 부자보다 많다는 것을 보면 알 수 있다. 어느 투자 종목이든지, 시장 진입이 쉽고 자유로우면 개미 투자자들이 많이 몰리게 되어 있다. 시장이 좋다고 하니 따라 들어온 사람들이 많은데, 가만히 있으면 왠지 나만 손해 보는 것 같은 심리가 한몫했다. 자본의 법칙에서 모두가 수익을 내지 못한다는 것은 누구나 알면서도 '나는 수익을 낼 수 있다'는 기대감이 많은 사람에게 손실을 안긴다.

은행에서 대출을 받거나 개인적으로 빌린 돈으로 과열된 주식 시장에 뛰어드는 사람도 많다. 며칠 전만 해도 주식을 전혀 생각하지 않았던 사람이 마치 주식을 잘 아는 사람처럼 레버리지한 돈을 몽땅 투자하는 경우도 있다. 그러나 남들이 들어갈 때 사면 분명히 거래가격이 높게 형성되어 있다. 부자들은 반대로 남들이 빠져나갈 때 사고, 남들이 들어올 때 팔고 나간다.

대부분의 사람들은 주식이 조금 오르면 팔 생각부터 한다. 원래 주식은 단기간에 파는 것이 아니다. 쉽게 들어오는 돈은 쉽게 나간다는 말을 기억하길 바란다. 카지노에서 처음에 돈을 따면 결국 다 잃고 나오는 현상과 비슷하다. 주식을 모아서 부자가 되겠다면, 돈이 생길 때마다 한 주씩 모으면서 사주(社主)라는 애착을 가져라. 보유한 주식에 꾸준히 관심을 가지고 공부하면서 동향을 살피다 보면 전체 시장을 읽는 눈이 생긴다.

자녀들에게 경제 공부를 시키고 싶으면 학원비 일부로 주식 몇 주를 사주면 자연히 관심을 가지고 학습하게 될 것이다. 용돈이 생길 때마다 자신의 판단으로 한 주씩 사면서 시장 경제를 배워갈 것이다. 자녀들이 원하는 주식을 기회 있을 때마다 구매하면서 배우는 것과 주식을 보유하지 않고 배우는 것은 전혀 다르다. 내가 투자자가 아니라 경영자라는 신념으로 기업을 바라보면 전에 보이지 않는 것이 보이고, 언제 정도면 자본소득이 근로소득을 앞설 것이라는 비전을 갖게 된다.

부자 되기
Ⅳ

시중에 풀린 그 많은 돈을 누가 가져가는가?

세상에 풀린 그 많은 돈이 어떻게 흘러가서 늘어나는지 알면 누구의 호주머니에 쌓이는지도 알게 된다. 우리는 빈부격차가 점점 심해진다는 말을 수없이 들었다. 지구상의 99% 인구가 경제적으로 힘들어하고, 1% 소수들만이 대부분의 부를 가지고 있다. 통계에 따르면 상위 10명의 부자가 가지고 있는 자산이 하위 20억 명의 사람들보다 많다. 역사상 가장 불공평한 통계는 여기서 그치지 않고 앞으로 점점 빈부격차가 더 벌어질 것이다.

각자 자신이 살아가고 있는 방식에 있어 못마땅한 것이 많을 뿐만 아니라 '이렇게 살면 안 된다'라는 불안을 느끼고 있지만, 그렇다고 개선하려는 의지가 없다는 것도 아이러니하다. 빈부 차이가 나는 것은 부자들이 가난한 사람의 돈을 빼앗아가기 때문이고, 부자는 탐욕이 많은 사람이라고 욕하는 사람들이 있다. 부자들 때문에 자신이 상대적으로 빈곤하게 산다고 생각하는 사람도 많다. 이 말이 맞다면, 부자들은 마땅히 비난받아야 한다. 그런데 부자가 점점 늘어나는데도 가난한 사람들 또한 시간이 흐를수록 생활 수준은 조금씩 향상되고 있다는 사실을 아는가? 빈부격차가 심화되는 것은 확실하지만, 전체적인 부의 상승은 통계를 봐도 알 수 있다. 10년 동안 소득 상위 20%는 연평균 실질소득이 1.9% 상승했고, 하위 20%는 연평균 실질소득이 1.2% 상승한 것을 알 수 있다. 나누어서 보면 하위층과 최상위층이 늘어나는 반면에 중산층이 거의 늘어나지 않는 것을 볼 수 있다. 특히 최상위층이 눈에 띄게 매년 더 늘어나고 있는 것은 돈이 돈을 번다는 말을 증명하고 있다.

그럼 질문할 것이다. 전 세계 모든 계층의 소득은 어떻게 증가하는가? 원리는 간단하다. 대출 때문에 그렇다. 보통 사람들은 은행은 전당포처럼 누군가 맡긴 돈만큼 빌려주는 시스템이라고 생각한다. 즉 누군가가 오전에 돈을 1억 원을 맡기면 또 다른 누군가가 오후에 은행에 와서 1억 원을 대출해달라고 한다. 그런데 돈을 은행에 맡긴 사람이 그 다음 날 와서 "내가 어제 맡긴 돈을 내주시오"하면 은행에서 "누가 당신의 돈을 빌려갔으니, 그 사람이 갚을 때까지 기다리시오"라고 할 수가 없다. 우리가 생각할 때 누군가 예금한 돈만큼 대출해준다고 생각하고, 은행은 서로 연결해주는 기능뿐만 아니라 은행이 없었던 돈을 숫자로 만들어내고 있다고 할 수 있다. 한국은행도 아닌데 어떻게 시중 은행이 돈을 만들어낸다는 말인가? 은행이 현금을 주는 것과 똑같은 '숫자'를 만들어서 유통한 것이다. 그러다 보니 시중에 1억 원밖에 없었던 돈이 2억 원이 되어 며칠 사이에 통화량이 1억 원이 늘어났다. 은행과 대부업체의 차이가 여기에 있다. 돈을 빌려주는 것은 똑같지만 대부업체는 자신들이 가지고 있는 돈의 한도에서 빌려줄 수 있다고 하면, 은행은 없는 돈을 숫자로 만들어서 고객의 통장에 넣어줄 수 있다.

과거의 우리는 가진 토지라는 한정된 자원에서 생산된 생산물로 유통하는 경제였다. 이때는 부자가 많이 가지면 소작농들은 가질 것이 없는 시장 구조였다. 생산 자원이 땅밖에 없을 때는 더 많은 토지를 가지려고 전쟁을 벌였고, 영토를 빼앗으면 누군가는 가난하게 되는 제로섬게임이었다. 그러나 지금은 시장에 흘러 다니는 돈을 누가 많이 붙잡을 것인가를 경쟁하는 시대이다. 누가 더 좋은 제품을 만들고, 양질의 서비스를 제공하면서 소비자의 마음을 붙드는 기술혁신을 가졌는가에 따라 부자가 될 수 있다. 신규 진입이 어려운 과거 방식의 부자는 대를 이어서 부자가 되는 경우가 많았다. 지금은 1등 기업의 제품보다 나은 혁신제품을 만들면 단번에 1등 기업으로 올라설 수 있다. 부자의 순위가 매년 바뀔 수 있다. 십 년 전에는 이름도 없었던 회사가 1위 기업이 되고, 전통적인 기업은 하나씩 자취를 감춘다.

과거 유산이나 힘이 아닌 창의적인 기술을 가진 기업이 부를 가져오는 메커니즘을 이해해야만 제대로 투자할 수가 있다. 대출만이 통화량을 늘리는 것이 아니라, 이자율을 낮추어 경기를 살리기 위해 돈을 풀 때도 유동성이 늘어난다. 그런데도 경기가 살아나지 않는 것을 '유동성 함정(Liquidity Trap)'이라고 한다.

유동성 함정으로 일본이 '잃어버린 10년'의 뼈아픈 경험을 했다. 사람으로 치면 아무런 의욕이 없고, 무엇을 하고 싶은 것이 전혀 없는 무기력증에 빠진 사람과 같다고 할 수 있다. 은행 금리를 낮추면 소비와 투자가 증가하고, 기업 투자도 늘어야 정상임에도 불구하고 경기가 고착화가 되어 경제 활동이 둔화된 것을 '함정에 빠진 돈'이라고 한다. 미래가 불확실할 때 나타나는 현상이다.

정부에서 경기를 살리기 위해서 중앙은행이 돈을 찍어서 시중에 채권(국채)을 가지고 있는 사람의 것을 사들이면서 경기를 진작시킨다. 채권이 돈으로 바뀌니 돈의 유동성이 늘어나는 정책을 '양적완화'라고 한다. 늘어난 돈이 결국 은행 대출 이자를 낮추어 기업의 투자로 이어지고, 수출 경쟁력을 높여 주식, 부동산, 가계에 흘러 들어가 경기를 활성화시킨다.

사람들은 질문한다.

"미국에서 양적완화(자산 매입)를 하거나 돈을 축소하면서 거두어들이는 테이퍼링을 하면 왜 우리나라에 직격탄이 되나요?"

양적완화로 시장에 돈이 많이 풀리면 유동성이 늘어나 인플레이션과 통화량 증가로 화폐 가치가 하락해서 금리에 영향을 미친다. 반대로 양적완화 정책의 규모를 점진적으로 축소해나가는 것을 테이퍼링이라고 하는데, 즉 출구전략의 일종이다. 금리 인상을 염두에 두고 자산 매입 규모를 줄여나가는 방식이다. 본격적인 테이퍼링이 시작되면 풀려 있던 많은 돈을 거두어들이게 된다. 따라서 신흥국에서 달러가 빠져나가 외환위기를 불러올 수도 있다. 이 때문에 미국 연방준비제도에서 언제부터 본격적인 테이퍼링을 실시할지를 세계 각국이 예민하게 주시하는 것이다.

돈을 풀 때만 그런 것이 아니라 수출을 많이 해서 무역흑자가 되어 달러가 늘어나면 한국은행이 그 달러를 사들인다. 그 달러는 언젠가는 나갈 돈으로 여기고 외환보유고로 보관한다. 한 나라가 비상사태를 대비해 비축하고 있는 자금을 '외환보유고'라고 한다. 한국 경제에 퍼펙트 스톰(총체적 복합위기)의 그림자가 짙게 드리워져 있다. 대만은 GDP 대비 외환보유고가 약 90% 수준인데 비해 우리나라는 약 28%에 불과하다. 외환보유고를 높여야 한다는 목소리가 높다. 미국이 금리를 계속 올리는 지금 상황에서는 더 시급해졌다. 우리나라는 무역의존도가 80%로 수출과 수입으로 먹고살기 때문에 외환이 중요하다. 외환보유고 중에 5%만 현금이고, 나머지는 미국 유가증권이다. 외환 현금 비중을 30% 정도 늘리고, 외환보유고도 대만 수준으로 확대해야 하는 숙제를 안고 있다. 해외에서 달러가 들어오면 한국은행에서 사들이는데, 그 돈도 시중에 풀리는 효과가 있다.

돈이 시중에서 늘어나는 루트는, 대출해서 돈이 늘어나고, 무역으로 늘어나고, 양적완화로 늘어난다는 것을 알 수 있다. 그러면 이렇게 질문할 것이다.

"그럼 화폐가 계속 늘어나기만 한다면 돈의 가치는 계속 떨어지는 것이 아닌가요?"

맞는 말이다. 부작용이 생기고 이 늘어난 돈을 어떻게 통제하고 관리하는가 하는 것이 정부의 고민이다. 그러나 시중에 돈이 늘어나지 않으면 경제 상황은 더욱 어려워진다. 화폐의 가치가 상승해서 금리가 높아지면서 경기가 둔화되고, 소비를 줄이게 된다. 소비의 둔화는 기업의 생산 위축을 불러오고, 고용 감소로 실업자가 생기고, 가계 소득의 실질적인 하락으로 전체적인 경기 침체를 가져온다. 따라서 통화량이 매일 늘어나는 경제 구조에서 누가 더 많은 돈을 붙잡느냐의 게임을 하고 있는 것이다. 경기가 호황일 때는 돈이 좀 더 많이 시중에 돌아다니고, 불경기일 때는 좀 더 적게 돌아다니는 차이밖에 없다.

한국은행이 시중의 통화량을 조절하기 위해 호황일 때는 금리를 상승시켜 대출을 줄이고, 불황일 때는 금리를 내려 대출을 권장하며 화폐량을 조절한다. 1985년 정도만 해도 우리나라에 풀려 있는 돈이 40조 원밖에 안 되었다. 그런데 지금은 국내에 풀려서 유통되고 있는 돈이 약 4,000조 원으로 37년 동안 100배가 늘었다. 삼성전자가 보유하고 있는 돈만 101조 원 정도 된다. 돈이 무작정 늘어나지만 않는다면, 돈이 늘어나지 않는 세상보다 늘어나는 세상이 좋다. 부자가 될 수 있는 기회가 많다는 뜻이기 때문이다.

대출은 나쁜 부채라는 생각을 버려라

대출로 인한 빚은 부채라는 가정에서 생각하면 빚은 나쁜 게 맞다. 사람에 따라 좋은 부채가 될 수도 있고, 나쁜 부채가 될 수도 있다. 대출을 받아서 수익을 창출하면 좋은 부채가 되고, 수익을 내지 못하면 나쁜 부채가 되는 것이다. 그러나 부정적인 요소보다 긍정적인 요소가 많다. 아니, 레버리지 효과를 이용해서 긍정적인 효과를 내도록 해야 한다. 그것이 개인의 능력이다.

오늘날 성공한 부자와 기업들도 대출을 레버리지로 이용해 모두 성공한 케이스이다. 돈들이 계속 늘어나면 경제 규모가 커지기 때문에 부자가 되는 사람이 점점 많아진다. 옛날처럼 오랜 시간 동안 돈을 아끼고 모아서 생각했던 것을 사업화하려면 내가 하고 싶었던 일은 과거의 아이템이 되어버린다. 투자는 시간 속에서 만들어지고, 시간에 따라 다른 결과물을 가져다준다. 그래서 지금은 대출이라는 제도가 있어서, 아이디어가 있고 상품화할 능력이 있으면, 운영할 수 있는 자금을 대출받아서 바로 시작할 수 있다. 혁신적인 아이디어를 갖고, 고품질 서비스를 제공하면 회사는 성장하고, 영업이익이 많아지는 회사가 된다. 과거에는 몇 년 걸릴 과정이지만, 지금은 몇 달 만에 회사를 설립하고 이익을 낼 수 있는 구조가 되어 있다.

부자가 되는 방법 3가지가 있다.

첫째, 부자 부모를 만나서 유산을 받는다.

나의 의지로 될 수 있는 것이 전혀 아니기 때문에 가장 어렵다. 부모를 잘 만난 사람을 요즘은 '금수저'라고 말한다. 그런데 재산을 자기 손으로 일구지 않았기 때문에 다음 대까지 유지하는 사람이 많지 않다는 단점이 있다. 생각보다 돈을 관리하고 유지하는 것은 어렵기 때문이다.

둘째, 부자 배우자를 만난다.

보통의 얼굴로는 힘들다. 자존심을 몽땅 버릴 수가 있어야 어울려 살 수 있다. 자존심이 1%라도 있으면 불화가 일어난다. 돈이 있으면 할 수 있는 게 많다는 장점이 있는 반면에 반드시 행복하다고는 말할 수가 없다.

셋째, 내가 부자가 된다.

가장 쉬운 방법이다. 내 인생을 내가 컨트롤할 수 있는 것만큼 예측 가능한 것이 없다. 나의 통제 아래 둘 때 목표를 향해 좌고우면(左顧右眄) 하지 않고 갈 수 있다. 나의 재능과 인내가 주는 기회의 선물이기 때문에 가장 소중한 자산이다.

대출을 받으면 시중에 돈이 늘어나고, 돈을 버는 아이템이 다양해져 여러 분야에서 부자가 될 수 있는 길이 열린다. 예전에는 공부를 많이 한 사람이 성공할 확률이 높았다면, 지금은 다양한 분야에서 혁신의 아이콘을 만들어가는 사람이 성공할 수 있다. 따라서 자신이 잘하는 것을 하면 성공할 수 있는 길이 열려 있다는 뜻이다. 지금은 정보통신기술(ICT)의 발달로 공감대가 넓어져 좀 더 나은 제품을 선택하고, 가성비가 좋은 곳으로 몰리게 되어 있다. 좋은 제품을 생산하는 회사는 계속 잘되고, 잘되는 음식점은 줄을 서서 먹게 되는 빈익빈 부익부의 양극화가 벌어진다. 요리를 만드는 남다른 재주가 있다면 대출을 받아서 손님들이 줄 서는 가게를 창업할 수 있다. 소비자는 조금이라도 나은 곳을 선택하게 되어 있다.

자본의 흐름이 몰리는 양극화가 나쁜 점만 있는 것은 아니다. 예를 들면, 전에는 좋은 강의를 들으려면 그곳에 살거나 강의장에 가야만 들을 수 있었는데, 지금은 가지 않고도 ICT 발달로 강의를 들을 수 있어 좋고, 강사는 더 많은 사람을 끌어들일 수 있어 수입이 증가하게 되어서 좋다.

양극화로 수입이 적어진 강사는 좋은 강의를 하기 위해 노력하고, 경쟁해서 전반적인 강의 질을 향상시키는 데 기여한다. 결과적으로는 전국에 있는 수강생들에게도 좋은 기회가 되는 것이다.

양극화가 여러 가지 부작용이 있지만, 경쟁을 통한 제품과 서비스의 향상은 소비자가 누릴 수 있는 혜택이다. 기업이 먼저 혜택을 누리고 시장 선점의 기회를 얻는다. 정리해보면, 저금리일 때 대출이 늘어나고, 통화량이 증가하는 것만큼 혁신 기업과 부자뿐만 아니라, 일반인들의 호주머니도 조금씩 늘어난다. 그 돈이 시장에 흘러 소비가 늘어나고, 돈이 모이는 곳에 더 모이는 양극화 현상이 뚜렷하게 나타난다.

시장에 돈이 늘어나지 않으면 돈이 없는 사람은 돈을 벌 기회가 없어진다. 무일푼으로 시작한 성공 신화는 전설 속의 이야기가 된다. 늘어난 양의 돈을 혁신 기업이 많이 챙기지만, 돈의 흐름이 좋아야 수혜 효과를 보는 사람이 많아지고, 그중 한몫을 챙길 수 있다. 돈이 많이 풀리면 양극화와 인플레이션, 자산가치 하락 등을 걱정할 수 있다. 만약 시중에 더 이상 돈이 늘지 않으면 더 큰 부작용이 일어난다. 더 큰 양극화가 생기고, 부의 이동이 막히면서 부가 고착화된다. 그럼에도 화폐량을 증가시켜 경제 사이클을 유지하려고 하는 것은 지금까지 금융 전문가들이 시도한 방법 중에 가장 합리적인 시스템이라는 것이 검증되었기 때문이다.

우리가 고민해야 할 것은 늘어나는 돈을 내가 어떻게 가져오는가 하는 것이다. 많이 가져오면 좋겠지만 얼마를 가져오든지 기회는 놓치지 말아야 한다. 이런 경제 시스템을 알고 투자를 하고 자산을 관리해야 한다. 성질 급한 사람은 이렇게 말할 것이다.

"그럼 무엇을 어떻게 투자해야 하나요?"

그 답은 나도 모른다. 만약 내가 그 답을 안다면 나는 여기에 없을 것이다. 적어도 한국에서는 가장 큰 부자가 되었을 것이다. 어떤 경제 전문가나 투자자도 답을 가지고 있지 않다. 그렇지만 투자를 할 때 반드시 알아야 할 원칙이 있다. 이 원칙을 알면 어이없는 일을 당하지는 않는다. 경제 작동 메커니즘을 공부하고 알게 되면, 리스크에 대응하는 힘이 생기고, 효율적인 투자를 할 수 있다. 경제 동향을 꾸준히 살피고 공부하면 절반은 성공할 수 있는 확률이 존재하고 리스크를 최대한 줄일 수 있다. 공부와 함께 필요한 것은 다음과 같다.

첫째, 재테크 책을 읽고 공부하면 보이는 것이 많아진다.

공부하지 않았을 때는 무엇을 어떻게 해야 할지 몰랐는데 공부하면서 습득된 상상의 힘이 한계를 허물어버린다. 육체적 노동은 하루에 10시간 이상 하기 힘들지만, 생각의 힘은 하루에 100시간을 작동하고 상상 이상의 소득을 올릴 수 있다. 상상하면 할수록 적용 능력이 생기고, 학습한 것이 현장에서 결과로 나타나면 자신감이 생기고 전문가가 되어간다. 공부는 자신의 한계에 도전하는 것이다. 여러분의 지식으로 2배의 소득을 올릴 수 있다면 능력도 2배가 되었다는 말이다. 투자는 배수로 늘어나기 때문에 200%, 400%가 된다. 부자가 되는 가장 확실한 방법이다. 운이 작용하는 것은 한두 번이면 충분하다. 부자가 되기까지 한두 번으로는 성공할 수 없기 때문에 '나만의 학습'이 필요하다.

둘째, 재산을 지키려고 하면 매년 성장을 해야 재산 순위가 밀리지 않는다.

연 화폐량 증가율이 7~10%인데, 그 말은 7~10% 자산이 늘어나야 재산을 지킬 수 있다는 말이다. 절약과 저축으로만 돈을 불리는 데는 한계가 있다. 지금 10억 원이 있다면 내년에는 11억 원이 있어야 재산 순위가 밀리지 않는다는 뜻이다. 대를 이어서 부를 이어가는 기업이 드문 것은 계속 성장해야 하기 때문이다. 어쩌면 앞으로 나아가는 것이 지키는 것보다 쉬울 수도 있다.

셋째, 투자의 포트폴리오를 만들어 위험을 분산하라.

포트폴리오는 위험을 줄이고, 투자 수익을 극대화하기 위한 일환으로 여러 종목에 분산 투자하는 것을 말하지만, 크게 손해를 보거나 큰 수익도 기대하지 않으면서 자산을 안전하게 지킬 수 있는 장점이 있다. 특히, 시장이 지금처럼 불안전한 시기에는 더욱 분산 투자가 필요하다. 이렇게 하면 남들과 같이 갈 수는 있다. 남들이 이익을 볼 때 이익을 보고, 손해를 볼 때 손해 보면서 자산 순위는 유지할 수 있다. 한국인들의 자산 분포도를 보면 부동산에 60%, 주식과 펀드, 예금 등에 40%가 투자되어 있는 것으로 나타났다. 특별한 지식이나 아이디어가 없으면 남들 따라서 60%, 40%로 투자해도 괜찮을 것이다. 지식이 없는 상태에서는 안전한 재테크가 필요하다. 투자해서 돈을 잃는 것이 두려운 것이 아니라, 남들이 투자로 돈을 버는 일정한 시기에 상대적으로 내가 가난해지는 것을 막는 것, 이것이 투자의 첫 번째 목적이 되어야 한다. 운이 좋으면 돈을 더 벌 수도 있지만, 최소한 남들만큼은 자산을 유지할 수 있다.

넷째, 젊을 때는 빚을 내서라도 투자를 해야 한다.

젊은이들은 설령 실패한다고 할지라도 다시 일어설 수 있는 '시간'이 있다. 투자는 시간 속에서 결과를 내는 금융시스템이다. 성실하게 회사에 다니고 노력하면 40년 동안 10억 원을 저축할 수 있을 것이다. 그러나 투자하지 않는 돈은 그저 현금 10억 원만 남는다. 투자로 수익을 내는 구조에서 10억 원은 정확하게 얼마가 될지는 알 수 없지만, 적어도 20억 원은 되었을 것이다. 다른 사람을 따라서 포트폴리오를 맞추어도 이상할 게 하나도 없다. 미래에 들어올 현금이 있으니까 필요한 곳의 투자를 위해 대출로 레버리지 효과를 이용해야만 부자가 될 수 있다는 것이다. 길게 볼 수 있고, 멀리 갈 수 있는 시간이 있다는 것이 젊은이가 가진 최고 자산이다. 기간을 길게 보고 투자하는 것은 리스크를 감수하는 방법 중에서 으뜸이라고 할 수 있다. 부자들이 대부분 장기 투자를 권유하는 이유이다.

다섯째, 투자나 사업은 불확실성에 도전하는 것이다.

역설적이지만, 불확실성이 있기 때문에 부자에 도전하고 뛰어드는 것이다. 확실한 곳에는 내 자리가 없다. 사람들은 불확실성을 가장 큰 리스크로 여기고 투자를 망설인다. "손해를 감수하고 투자해보세요"라고 말하는 사람은 없다. 실제로는 이 말이 맞는 말인데도 말이다. 투자해서 돈을 번 사람과 대박이 난 사람들 이야기만 한다. 경제 공부를 하면 손해를 완벽하게 피하지는 못하겠지만 어느 정도는 피할 수 있다. 호수에서 수영을 배웠던 사람은 바다에서 수영하려면 다시 배워야 한다. 물 먹을 각오를 하고 배우면 빨리 배울 수 있다. 물을 먹기 싫어서라도 빨리 배우려고 한다. 파도를 극복할 때까지 배우면 멀리 안전하게 나아갈 수 있다.

그렇다고 리스크가 전혀 없는 곳에 투자한다면, 투자가 아니라 은행에 예금하는 것에 불과하다. 불확실성이 있기 때문에 모두가 공평한 것이다. 투자 전문가가 비교하고, 분석해서 선택한 삼성전자 주식이나 평범한 사람이 선택한 삼성전자 주식이나 똑같은 결과를 나타낼 수 있다. 만약 우리가 직장에서 월급을 받는다면 경력에 따라 다르고, 수행 능력에 따라 공평하게 차등을 둘 것이다. 투자는 공평하지 않기 때문에 역설적으로 기회가 누구에게나 돌아간다고 볼 수 있다.

시간을 통제하는 능력이 경쟁력이다

시간은 하나님이 우리에게 주신 가장 큰 선물이다. 왜냐하면, 누구에게나 차별 없이 공평하게 주어졌기 때문이다. 시간의 중요성은 아무리 강조해도 지나치지 않다. 돈을 모으는 데 공평한 것은 시간밖에 없다. 그러나 인생은 불공평하다. 시간을 그저 받은 선물이라고 귀중하게 사용하는 사람이 있는가 하면, 공짜라며 의미 없이 허투루 사용하는 사람이 있다. 시간을 어떻게 사용하는지를 보면 성공한 사람인지, 아닌지 금방 안다. 여러분도 하루의 계획을 세우고, 사흘의 계획을 세우고, 일주일 계획을 세우고, 보름 계획을 세우고, 한 달의 계획을 세워 일단 시도해보라. 만약 여러분이 시간 계획에 맞춰 움직일 수 있는 의지와 능력이 있다면 목표의 절반에 도달한 것이다. 부자들이 돈보다 중요하게 여기는 것은 무엇일까? 그것은 바로 '시간'이다.

인생에서는 선택지가 간단할수록 가혹한 결과를 가져온다. 성공과 실패, 부자와 빈자, 행복과 불행 등 여러분이 지금 어느 구간에 있는지 알 것이다. 이 구간에 계속 남아 있을 것인지, 탈출할 것인지 여러분의 결정에 달려 있다. 당연히 성공, 부자, 행복의 구간에 남기가 어렵고 경쟁이 치열하다. 부의 구간에 남는 사람들의 공통된 특징은 시간을 '아끼고' 돈을 투자해서 시간을 '사는' 것이다. 시간은 잡을 수가 없고, 되돌릴 수도 없기 때문이다.

나는 취직을 하고 바로 회사 근처로 전세 겸 월세로 집을 얻었다. 친척들은 변두리에라도 "내 집이 있어야 한다"고 집을 사라고 했다. 내가 얼마나 빨리 출근해야 하고, 출근 시간에는 또 얼마나 막히는지 몰라서 그렇다. 몸이 힘들어 감당할 수 없을 때 탈출구는 자연히 시간 확보에 초점이 맞추어진다. 시간만이 해결할 수 있는 것들이 우리 주위에는 너무나 많다. 여러분이 부자가 되고 싶다면, 시간을 어떻게 효율적으로 사용하고, 다르게 접근할 것인가는 중요한 문제이다.

내 주위 부자들은 한결같이 시간을 자신의 통제 아래 두고, 시간을 아끼고 소중하게 여기는 사람들이다. 나는 운전을 좋아하지 않는다. 아니, 잘 안 하려고 한다. 택시를 타거나 대중교통을 이용하면서 책도 보고, 모자라는 잠을 잔다. 돈을 써서 시간을 아낄 수 있으면 주저 없이 투자한다. 주식에만 투자하는 것이 아니다. 가장 확실한 투자는 시간 투자이다. 그다음은 자기계발에 투자하는 것이다. 이 두 가지 투자에 성공하면 부는 자연히 따라온다. 돈을 버는 일은 스킬이 아니라 펀더멘털이다. 즉, 기초가 탄탄한 바탕에서 안정적인 투자가 이루어진다. 기초 체력이 튼튼한 사람이 경주에서 좋은 성적을 낼 수 있는 것과 다르지 않다. 운동도 빨리 잘하려면 전문 코치에게 돈을 내고 배워야 시간을 단축할 수 있다. 돈이 아깝다고 혼자서 연습하면 오랫동안을 해도 큰 성과를 내기 힘들고, 스트레스만 쌓인다.

부자들이 아침에 일찍 일어나는 골든타임의 습관이 있다는 것은 상식이다. 오늘 해야 할 일들이 나를 기다리고 있기 때문에 침대에서 뒹굴 수 있는 시간이 없다. 게으른 사람의 특징은 늘 늦게 일어난다. 일찍 일어나도 가슴이 뛰고 흥분된 일이 없기 때문에 한없이 늘어진다. 아침에 일어나 밥을 챙겨 먹는 것조차 귀찮아 아침을 거르고, 배가 고파야 아점(아침과 점심)을 먹도록 일어난다. 분명하게 말하면 먹는 것이 아니라, 아침 겸 점심을 때운다는 말이 옳다. 아마 배가 고프지 않으면 하루종일 일어나지 않을 수도 있다. 아침에 습관적으로 컴퓨터를 켜거나 핸드폰을 만지작거리기 전에 오늘 하루 일정을 체크하고 시간의 계획표대로 움직여야 한다.

실패한 사람들은 매일 하던 일을 늘려서 거기에 매몰되는 것을 아무렇지도 않게 생각한다. 거기에서 벗어나기 위해 먼저 자신에게 창조적이고 생산적인 일이 무엇인지 정리가 되어야 한다. 쉽게 떠오르지 않는다면 어제 한 일 중에 '오늘은 후회하지 않을 일'을 노트에 적어보라. 기억에 없으면 오늘부터 한 가지라도 좋다. 내일 후회하지 않을 일을 오늘 미루지 말고 용기를 내어 해보라. 그러면 신기하게도 자신의 라이프 스타일이 의미 있고, 미래지향적인 일에 흥미를 느끼기 시작한다. 그리고 기대한 일이 가까워지고 있음을 느낀다.

생텍쥐페리(Saint Exupery)는 "여러분이 배를 만들고 싶다면, 사람들에게 목재를 가져오게 하고, 일을 지시하고, 일감을 나눠주는 일을 하지 말라. 대신 그들에게 저 넓고 끝없는 바다에 대한 동경심을 키워줘라"라고 말했다. 어제 한 일 중 오늘은 후회하지 않을 일을 노트에 몇 가지를 적었다면 오늘 미래지향적인 동경심을 잃지 말고 오전에 다 실행한다는 마음으로 당장 시작하라. 시간이 지연되면 그 뒤의 시간에 어떤 일이 나의 계획을 엉망으로 만들지도 모른다.

학교에 다닐 때 숙제를 미루다가 결국은 그다음 날 학교 가기 전에 허둥지둥할 때가 있었을 것이다. 그때는 철이 없어서 그래도 봐줄 만하다. 나는 지난 밤에 중요하거나 기억할 만한 일이 아닌 일로 인해 늦게 잠자리에 들어 아침 늦게 일어났는데, 햇빛이 내 방을 가득 채우고 있을 때가 가장 공허하고 기분이 우울하다. 언제나 기회의 문은 남들이 시도하지 않는 이른 시간에 열려 있다. 남들이 잠자는 시간에 도전하는 사람이 적기 때문에 도전할 최적의 시간을 '미라클 모닝'이라고 한다. 좁은 길로 가는 사람이 적기 때문에 성공할 확률이 높다. 성공도 확률의 게임이라는 것을 잊지 말라.

포브스 조사에 따르면 세계 500대 기업 CEO들의 아침 기상 시간은 평균 5시 30분인 것으로 조사됐다. 강남 슈퍼리치들을 설문 조사한 결과, 평균 기상 시간은 5시로 나타났다. 그들은 하루를 가장 길게 쓰기 위해서 남들이 잠들어 있는 시간에 일어나 조용한 시간에 하루를 생각하며 열어간다. 부자는 심지어 행복까지도 돈으로 살 수 있다고 하지만, 시간을 돈으로 바꿀 수 없을 뿐만 아니라, 시간은 돈으로 살 수 없다는 것을 잘 알고 있다. 가난한 사람은 시간을 내어달라고 하면 쉽게 내어주지만, 부자는 시간을 엄격하게 통제하고 관리한다. 가난한 사람은 시간을 돈으로 대체하는 것을 아무렇지도 않게 생각한다.

시간 개념이 없는 사람은 백화점의 사은품 몇천 원짜리를 하나 받으려고 몇 시간씩 줄을 서서 기다리곤 한다. 국내에 입점한 미국의 유명

햄버거를 하나 사먹기 위해 새벽부터 몇 시간씩 기다리는 것을 아무렇지도 않게 생각한다. 직원 중 하나는 미국 3대 버거 중 동부의 '쉑쉑 버거'가 2016년 우리나라에 오픈했을 때 무려 4시간을 기다려서 매장에 들어갈 수 있었다고 한다. 그리고 10년 전부터 서부의 '인앤아웃 버거'가 한국에 팝업 스토어 1회성 이벤트를 열고 있는데, 아침 열 시 오픈에 새벽 5시 반부터 줄을 섰다고 한다. 상표권 보호를 위한 1회성 영업(3년 이상 상표를 등록하고 사용하지 않을 경우 상표권 취소)이 3년마다 있는 날 이런 진풍경이 펼쳐진다고 한다. 햄버거 하나를 먹으려고 4~5시간 줄을 서는 부지런함과 인내는 칭찬해줄 만하지만 시간의 의미를 생각하면 그만한 가치가 있는지 궁금하다. 햄버거는 언제나 먹을 수 있지만 시간은 다시 되돌릴 수 없다. 나도 미국에 있을 때 신선하면서도 비교적 저렴한 인앤아웃 버거를 많이 먹었지만, 시간을 맞바꾸어도 좋을 만큼 대단한 것은 아니다.

반면에 부자는 돈으로 시간을 대체하고, 시간에 돈을 기꺼이 지불하고, 시간을 확보한다. 자기 전에 내일 할 일을 미리 구상하라. 다음 날에 일어날 일을 앞당겨 생각하다가 잠이 들면, 우리 뇌는 신기하게도 우리가 자는 동안에도 할 일을 미리 기획하고 문제를 해결할 수 있도록 전략을 짠다. 우리의 무의식은 잠자고 있는 동안에도 쉬지 않고 일을 하고 있다는 말이다. 여러분도 생각하다가 잠들면, 아침에 일어난 뒤 아이디어가 떠오르는 경우가 있을 것이다.

아침에 책상에 앉아 '오늘 무엇을 할까?'라며 멍했던 경험이 있는 사람이라면, 전날 미리 할 일을 생각하고 준비해두는 것이 얼마나 업무에

효율적인지를 금방 깨닫게 될 것이다. 아침에 일어나기까지 오늘 할 일이 구체적으로 정해지지 않았다는 것을 어떻게 설명해야 변명이라도 될까? 오늘 하루가 내게 우연히 주어진 시간이 아니라는 것조차도 그들은 모른다.

나의 계획표에 하루를 체크하는 표가 있다. '만족', '미흡', '분발', '불만족' 등 4가지 분류표에 체크하게 되어 있다. 오늘 만약에 '불만족'이 나왔으면, 다음 날은 '만족'이 나오도록 동기부여를 하는 계기가 된다. 일주일의 평가를 할 때 만족은 5점, 미흡은 3점, 분발은 1점, 불만족은 0점을 준다. 일주일 합계 25점을 넘지 못하면, 잠을 더 줄이고, 시간을 더 늘려서 집중한다.

주업무에는 운동, 글쓰기, 책 읽기, 학습 등이 포함되어 있다. 출퇴근 시간 대중교통에서 하지 않으면, 목표에 도달하기가 어려울 때가 있다. 만약 목표에 도달하면 나에게 보상을 한다. 내가 좋아하는 영화를 보고, 아내와 맛있는 것도 먹고, 때로는 여행도 한다. 그게 보상이다.

하루하루의 평가가 한 달을 이끌고 가고, 한 달이 반년을 지탱해서, 반년이 일 년을 완성한다. 일 년은 평생을 건너는 징검다리가 된다. 거대한 꿈이 이루어지지는 않을지라도 인생에서 기억될 만한 충분한 이정표를 세울 수 있다. 그것으로 충분하지 않는가? 이 일들이 모이면, 그 어떤 것에도 도전하고, 해낼 수 있는 용기가 생긴다.

너무 걱정하지 마라. 걱정이 앞으로 나아가는 데 장애물이 될 수 있다. 그리고 조급해하지 마라. 하루를 가장 잘 살 수 있는 작은 방법부터 찾아라. 그러면 한 달을 잘 살고, 일 년을 연결하면 된다. 연결하기 위해서는 통찰력이 필요하다. 통찰력은 의식과 무의식 전 분야를 활용해야 극대화가 된다. 내가 모르는 사이에 의식과 무의식이 작동하는데, 지식이 평상시에 중요한 상상의 밑거름이 되는 경우가 많다. 아는 것만으로는 충분하지 않다. 실제로 행동으로 적용할 수 있어야 결과가 나타난다. 성공한 사람은 심플한 습관 하나를 반드시 갖고 있다. 즉, 타고난 재능이 아니라 좋은 습관을 만들고 지속하는 것, 인생은 결국 어떻게 시간을 확보하고, 시간을 효율적으로 사용하는 습관을 가지느냐에 따라 결정되기 마련이다.

게으른 사람은 항상 시간에 관대하다. 시간이 부자로 만들어주는 프로그램은 지겨워서 인내하기를 포기한다. 이들은 늘 한 방만을 노리며 효과가 빠르고 쉬운 일을 해서 돈을 벌려고 한다. 투기나 도박으로 요행을 바라는 사람이 많다. 정상적인 것을 비정상적인 것으로 돌리고, 비정상적인 것을 정상적이라고 생각하는 사람들이다. 부모를 잘 만나서, 운이 좋아 부자가 되었다고 생각한다. 성공은 행운이라고 믿으며, 시간과 노력을 쏟으려고 하지 않는다. 항상 남을 원망하고 '운이 억세게 없어'서 '되는 것이 하나도 없다'고 여기기 때문에 시도조차 하지 않는다. 이런 사람을 '피해자 코스프레 유형'이라고 한다. 이들은 부자들을 단순히 '행운의 수혜자'라고 본다. 반대로 자신은 '불행의 피해자'라고 스스로 주홍글씨를 새긴다. 심리학 용어에 '확증 편견'이라는 말이 있다. 이는 오직 자기 생각만이 옳다고 믿으며, 보고 싶은 것만 보고, 듣고 싶은 것만 들으려는 심리를 말한다. 따라서 반대 의견은 아예 외면해버리고, 자신의 믿음과 현실이 다를 수 있다는 것을 인정하려 하지 않는다. 이런 사람들은 도중에 자신이 틀렸다는 증거가 나타나도 절대 인정하지 않고, 핑곗거리를 찾아 자신의 행동을 합리화하거나 정당화시킨다.

무엇이 부자와 가난한 사람을 만드는가?

◆ 사소한 약속에서 차이가 난다

실제로 가장 소중한 약속은 '자신과의 약속'이다. 자신과의 약속에 신실하지 못한 사람이 남들과의 약속에도 신실하지 못한 것은 당연하다. 자신과의 약속은 아무에게도 드러나지 않기 때문에 쉽게 생각한다. 양심 뒤에 숨는 것을 아무렇지도 않게 여기는 것은 그 누구도 탓할 사람이 없기 때문이다. 약속은 말 그대로 지키라고 있는 것이다. 그럼에도 깨질 가능성이 있기 때문에 문서화하는 것을 계약이라고 한다. 일상생활의 약속은 지인들과의 만남이나 행위를 요구하는 약속이 대부분이다. 약속을 쉽게 생각하고, 늦는 것이 습관화된 사람이 의외로 많다. 친한 사람일수록 사소한 약속이라도 어기면 신뢰를 잃게 되므로 최선을 다해 늦지 않게 5~10분 정도 일찍 나가는 습관을 들이는 것이 좋다.

가족과의 약속도 최선을 다하고, 특히 자녀와의 약속은 더 신경을 쓰려고 노력하라. 자녀는 부모를 보고 배우기 때문이다. 아이들과 한 약속을 어기면 거짓말을 가르치는 것과 다를 것이 없다. 큰 재산을 물려줄 것은 없지만, 올바른 습관을 가르치고, 행동하면 재산보다 더 소중한 습관을 길러주게 된다. 기본에 충실하고, 예의가 바르면 어디에 가든 사랑받을 수 있다. 인사를 잘하고, 자신감을 잃지 않고, 친절한 말을 하고, 긍정적인 생각을 하고, 작은 배려를 실천하면 인복이 굴러들어 온다. 이런 것들은 학식이 많은 것보다 낫고, 모두 실천할 수 있기 때문에 그 누구도 환경을 탓할 수 없다. 내 주위에도 인복이 있어 성공한 지인이 몇 명이나 있다. 전혀 모르던 사이에서 어떤 계기로 인해 작은 친절이 인연으로 연결된 사람들이다.

부자는 긴급한 일이 아니면, 약속을 당일에 잡지 않는 것을 원칙으로 한다. 피치 못할 사정이 생기면 사전에 양해를 구하고 연락하는 것은 상식이다. 부자들은 자신의 시간을 소중하게 여기기 때문에 상대방의 시간도 허투루 낭비하지 않게 시간의 관념이 철저하다. 나는 사람을 평가할 때 가장 기본적인 '약속'에 대한 그 사람의 태도를 먼저 본다. 시간 개념이 없는 사람들은 약속이 언제나 흐리다. 약속도 습관이기 때문이다. 약속 장소에 태연하게 늦게 나타나고, 연락한다고 하고서는 안 하는 사람들이 불신의 사회를 만든다.

나는 여태 약속에 대한 개념이 없는 사람이 성공한 경우를 본 적이 없다. 만약 약속이 흐릿한 사람이 부자가 된다면, 더 많은 사람에게 걱정을 끼치게 된다. 자신과의 약속도 얼마나 쉽게 어기겠는가? 약속을 지키지 않고 신뢰를 잃는 것보다, 힘들지만 약속을 지키고 신뢰를 얻는 것이 낫다. 아무리 사소한 약속이라도 경솔히 취급해도 괜찮은 약속은 그 어디에도 없다. 자신이 사소하게 생각한다고 할지라도 상대방은 그렇게 생각하지 않을 수도 있기 때문이다.

◆ 남의 탓으로 돌리지 마라

'바보는 항상 남의 탓으로 돌린다'는 말이 있다. 남의 일에 훈수 두기를 좋아하고 관심이 많다. 자기 일에 충실한 사람은 자신의 일도 바쁘기 때문에 남들이 무엇을 하든 신경을 쓸 시간이 없다. 지각했을 때 '자신의 잘못'이라고 말하는 이들이 있는가 하면, '차가 늦게 와서', '아이 때문에' 등등 외부 탓으로 돌리는 이들도 있다. 모든 일은 자신으로부터 발생한다는 것을 잊으면, 인생을 자신이 주도하지 못하고 남에 의해 규정되어지고, 판단받게 된다는 사실을 기억해야 한다. 때로는 불가항력적(不可抗力的)인 상황으로 몰려 억울한 경우도 있을 수 있다. 그것까지도 극복하고 나의 것으로 받아들여라. 세상에서 억울한 일은 나에게만 일어나는 것이 아니라 남에게도 똑같이 일어나기 때문이다.

"남이 나의 인생에 주도적인 영향을 미쳐도 좋은가?"

자신의 책임하에 팀을 이끌어가는 리더의 가장 큰 고민이 사람들은 자신의 짐을 덜어주는 사람을 좋아하지, 짐을 지우는 리더를 절대 좋아하지 않는다는 것이다. 그러나 성공한 사람은 자신의 잘못을 인정하고 받아들일 뿐만 아니라 남에게 의지하지 않는다. 결국은 자신이 해결해야 할 문제라는 것을 알기 때문이다.

남의 탓으로 돌리는 것만을 이야기하는 것이 아니라, 성공하려면 믿음을 주고, 신뢰를 쌓아가야 좋은 사람을 만날 수 있는데도, 사람들은 어려운 일에 대해 아주 쉬운 방법인 '남의 탓'으로 원인을 돌린다. 내가 책임을 지지 않아도 되기 때문이다. 그 자리에서 당장의 위기를 모면할 수는 있지만 결국 그 위기가 나에게 돌아온다는 것을 모르는 것이다. 인간관계에서 실패할 뿐만 아니라 책임감이 없는 사람으로 낙인 찍히면 직장이나 공동체에서 할 수 있는 일이 거의 없어진다. 보통 사람들은 남의 탓으로 돌리려는 유혹을 참기 어렵다. 그렇다고 쉬운 방법을 택하면 나에게는 쉽지만, 상대방에게는 어려운 짐이 된다. 그런데 우리 인생의 이런 정답은 가난한 사람에게는 가려져 있어 잘 보이지 않고, 부자에게는 훤히 드러나 있어 너무나 잘 보인다.

◆ 내일로 미루는 버릇을 개에게 주라

하버드대학교의 연구소에서 미국 사회의 발전동력에 관한 연구를 진행했다. 연구에서는 왜, 어떤 사람들은 나날이 부유해지고, 어떤 사람들은 더 가난해지는지 조사했다. 연구진들이 수년간 연구한 끝에 하나의 결론에 이르렀다. 미루는 습관이 있는지, 없는지에 따라 성공은 결정된다는 것이다. 즉, 시간에 대한 태도가 성공과 실패를 결정한다는 것이다.

대부분의 사람들은 언젠가는 해결되고 좋아질 것이라고 생각하며 새로운 시도를 보류하고 현재 상황을 대수롭지 않게 여기며 미룬다. 마치 집에 여기저기 수많은 물건이 널부러져 있는 것을 쉽게 버리지 못하는 것은 언젠가는 사용할 것이라는 믿음 때문이다. 별 가치 없는 물건에 대한 애착 때문에 정작 올바르게 사용할 것을 못 쓰거나 때를 놓치는 경우와 같다. 결국은 내다 버릴 것을 시간만 연장하는 것 외에는 아무 의미가 없는 것이다.

미국의 500대 부자들은 설문 조사에서 거의 모두가 '일을 바로 처리한다'고 응답했다. 오너들은 '오늘의 일을 내일로 미루는 직원들을 가장 싫어하고, 용납이 안 된다'고 응답했다. 따라서 시간을 자기 통제 안에 두지 않은 사람은 시간에 휘둘리고 끌려다니다 보면 우선순위가 바뀌고, 내일 한꺼번에 처리하게 되는 경우가 많다. 사람들에게 공평하게 주어지는 시간을 어떻게 운용하느냐에 따라 성공이 결정된다는 사실을 잊으면 안 된다.

어차피 해야 할 일을 질질 끌다가 마지못해 해치우는 사람이 의외로 많다. 새로운 기회란 주어진 일을 마무리하고 기다릴 때 주어지는 선물이다. 모든 일에는 각각 '시간'과 '기회'와 '방법'이 따로 정해져 있다. 시간이라는 도전이 늦어지면 실패를 만회할 기회도 적어진다.

나의 일을 누구보다 잘하기 위해서는 오늘의 일을 내일로 미루는 습관을 버려야 한다. 오늘의 일이 내일로 미루어지면, 내일의 일은 차선이 될 가능성이 높다. 차선의 일이 최선의 일이 될 수 없기 때문에 나의 일을 잘할 수가 없다. 차선의 일은 그다음 일이기 때문이다.

오늘의 일에 우선순위가 있고, 차선이 있고, 내일의 일에 우선순위가 있고 차선이 각각 있다. 한 가지 일이 뒤로 미루어지면 모두가 시간과 방법이 뒤섞여 무엇이 중요한지 구분이 없어진다. 자신의 일을 잘하지 못하는 사람 중에서 성공한 사람은 아무도 없다. 우선순위를 차선으로 두기 때문에 잘할 수 있는 기회와 방법을 매번 박탈당하기 때문이다. 성공한 부자들은 그 분야에서 오랫동안 시간을 효율적으로 사용하는 방법을 터득한 사람으로 능력이 탁월하다. 우리가 최선을 다하는 이유는 사람들을 감동시키기 위해서가 아니다. 최선을 다할 때만이 자신이 즐겁게 효율적으로 일할 수 있기 때문이다.

세계적으로 성공한 부자들을 연구한 결과 보통 사람들보다 4시간을 더 투자하고, 집중하는 습관이 있었다. 이것은 목표 달성을 위해 '단 한 가지 일'에 집중하는 태도를 말한다. 손흥민 선수가 축구를 하면서 주식 투자도 하고, 예능 방송에도 자주 출현했다면, 성공할 수 있었을까? 하나만 집중하라는 것이 뻔한 소리처럼 들리겠지만, 여러분은 잘 실천하고 있는가? 대부분의 사람들이 자신 있게 '나의 경쟁력은 단 하나, 이것!'이라고 말하지 못하는 이유는 뭘까? 한 가지 일에 집중해야 한다는 말을 수도 없이 들으면서도 우리는 이것저것 사소한 일에 집중하느라 단 하나에 집중하지 못한다. 그 이유는 '모든 일이 다 중요'하기 때문이다. 중요한이 일이 많으니 늘 바쁘게 살 수밖에 없다. 복잡한 세상을 이기는 단순한 힘 '원씽(One Thing)'에서 시작해야 한다.

가난한 사람은 오늘의 일에 집중하기는커녕 현재의 일도 이월시킨다. 어제의 일을 오늘에서야 하고, 심지어 일주일 전 일을 오늘 한 번에 땡처리하듯이 처리하는 경우도 있다. 사람에게 이름이 있고, 넘버와 주소가 있듯이, 일에도 '때'가 있고 '기회'가 있고 '방법'이 따로 있다. 만약 집중할 때를 놓치면 기회도 사라지고, 방법도 무용지물이 된다. 부자들은 때를 기다리고, 기회를 놓치지 않고, 집중해서 자신의 방법으로 성공한 사람들이다.

회사에서도 어떤 직원은 일을 한 번에, 여러 가지 일을 동시에 처리하려고 하는 경향이 있다. 어제 일과 오늘의 일이 모여서 처리할 일이 많아진 것이다. 일이라고 모두 같은 일이 아니다. 중요하고 긴급한 일이 있고, 때를 놓치면 안 되는 일이 있고, 방법을 찾아야만 해결되는 시간이 필요한 일이 있다. 흘러간 물로는 물레방아를 돌리지 못하듯이, 어제의 일을 오늘까지 남겨두지 말고, 끌어들이지 마라. 아무리 유능한 사람도 한 번에 두 가지 일을 동시에 처리할 수가 없다. 그리고 두 가지 일에 집중하는 것은 불가능하다. 하루에 여러 가지 일을 처리하다 보면 앞으로 나아가지 못하고 과거 일에 얽매이게 된다. 짧은 시간에 많은 일을 하려고 하거나, 빨리 처리하려고 하면 반드시 부작용이 따라서 하지 않는 것이 더 좋을 수도 있다. 한 번에 여러 가지 일을 하는 멀티태스킹(Multitasking)은 동시에 여러 일을 망칠 뿐이다. 100이란 노력을 필요로 하는 일에 90을 투자해 나쁘지 않은 결과가 나왔다고 할 수 있을까? 고급 음식점에서 산해진미를 차려 손님에게 내놓았는데, 간이 전혀 되어 있지 않았다. 주방장이 "제가 멀티태스킹을 하다가 간하는 것을 잊었습니다. 그래도 90%는 완성됐으니까 괜찮죠?"라고 말한다면 90%의 음식값을 내야 할까? 또는 내 가족을 수술하는 의사가 "저는 멀티태스킹이 가능해요!"라고 말하며 유튜브를 보면서 수술한다면 뭐라고 해야 할까? 택시 운전수가 카톡을 하면서 운행하면 운전의 달인이라고 해야 할까? 우리는 "아니, 저렇게 중요한 일을 멀티태스킹을 한다는 게 말이돼!"라고 할 것이다. 100가지 일을 1%씩 달성하겠는가, 아니면 1가지 일을 100% 달성하겠는가? 여러분은 어느 것을 선택하겠는가?

모든 것을 다 잘하려고 노력할 필요는 없다. 다 잘할 수도 없을 뿐만 아니라, 그 분야에서 잘하는 사람이 그 일을 하면 된다. 나는 내가 잘하는 한 가지에 집중하면 된다. 지금 여러분이 할 수 없는 것에 초점을 맞추는 것이 아니라, 여러분이 지금 할 수 있는 것에 초점을 맞추면 된다. 혹시 가장 중요한 일이 별로 중요하지도 않은 일에 의해 좌우되고, 우선순위가 차선의 시야에 가려 흐려지고 있지 않은지 점검해보라. 벤츠 엔진을 달고 있으면서 자전거의 속력밖에 낼 수 없다면, 행동 결핍 장애를 앓고 있다는 것이다. 나의 능력을 프레임에 가두지 말고 확장하라. "나는 잘할 수 있고, 점점 좋아지고 있다"고 거울 앞에서 선포해보아라. 그러면 놀랍게도 선포하는 메시지에 힘이 생기고, 권위가 주어진다.

◆ 잘하는 일을 더 잘하도록 해라

지금 잘하는 일을 더 잘하기 위해 업무의 확장이 필요하다. 업무에서 연결되는 것을 배우고 경험을 쌓으면 차별화와 경쟁력으로 시너지 효과를 극대화할 수 있다. 나는 경제학을 전공했지만, 경영학을 공부하면 기업 경영의 시너지 효과를 극대화할 수 있겠다고 여겨 연결 공부를 하면서 확장한 것이다. 해야 하는 많은 일을 하는 게 아니라, 잘하는 그 일을 하면 그게 바로 내가 할 일이다. 쉽게 말하면 남들이 잘하지 못하는 것을 내가 잘하면 돈을 많이 버는 부자가 될 수 있다는 말이다. 남들이 다하는 평범한 일에는 내가 굳이 뛰어들지 않아도 해낼 수 있는 사람이 차고 넘친다.

세상에서 가장 어리석은 사람은 자기 일을 찾지 못하고 평범한 일을 평생 직업으로 삼고 열심히 하는 사람이다. 부자들은 반대의 과정을 거쳐서 성공의 반열에 오른 사람이다. 여러분도 부자처럼 생각하고 행동하면 그 길이 나의 길이 되는 것이다. 처음에는 누구나 할 수 있는 일을 하는 것이다. 부자들도 여러분과 같이 시작했다는 사실만 기억하길 바란다. 그럼 이제 남은 것은 여러분의 생각과 의지이다.

만약 한 번에 도전하기가 벅차면 전반기, 중반기, 후반기로 잘게 나눠라. 태산을 옮길 때도 돌멩이 하나부터 치우는 것으로 시작한다. 작은 것이라고 여길지 모르지만, 한 삽의 흙은 개미는 평생을 옮겨도 못 옮길 분량이다. 가장 먼저 '명확한 목표'를 세우고, '무엇'을 '어떻게' 할 것인지만 고민하면 된다. 내가 좋아하면서 잘하는 일을 하면 좋겠지만, 먼저 잘하는 일에 초점을 맞추어라. 잘하는 일을 하면 '다른 사람의 삶의 질을 높일 수 있는 일'이 무엇인지 알아내고, 그 일에 시간을 투자해서 잘 해내면 된다. 사람들이 '내일의 일을 오늘로 앞당겨' 미래를 열어가는 창조적 소수자(Creative Minority)에게 열광하는 이유이다.

◆ 기회가 있을 때 배우고 경험하라

나는 잘할 수 있는 일을 더 잘하고 싶은 욕망이 강해 경영학을 공부하고 싶었다. 경제학을 전공해 인간의 경제 활동의 이론적인 토대에서 마케팅과 조직 그리고 인사, 재무, 생산, 관리 등 실무적인 경영을 공부하면 시너지효과가 있을 것이라고 여겼다. 그리고 미국의 글로벌 스탠더드를 배우고, 글로벌 회사의 시스템을 경험하고 싶은 열망이 강했다. 국내에서 학위를 어렵게 받을 때까지만 해도 다시는 공부하고 싶지 않았다. 공부를 시작한 것을 후회하기도 했다. 그런데 학문을 접할수록 나는 점차 우물 안의 개구리가 되어간다는 생각에 나이가 더 들기 전에 더 큰물을 경험해야겠다고 다짐했다. 그리고 자신감도 충만했다.

그래서 과감하게 사표를 던지고 미국 유학길에 올랐다. 회사에서도 깜짝 놀랐다. 임원이 사표를 내고 미국으로 유학 가는 사람이 지금까지 없었다고 했다. 주위 사람들이 만류했지만, 지금이 아니면 영영 기회가 없을 것 같아 학교에 등록도 하고, 홈스테이할 집도 구하고, 항공권도 예매했다. 믿는 구석도 다 없애고 결단했다. 출구전략를 완전히 차단하지 않으면 마음이 언제 변할지 모를 일이기 때문이다. 그런 결단으로 펜실베니아대학교 와튼스쿨에서 경영학을 공부하며 많은 것을 경험했고, 좋은 친구들을 만나고 알게 되었다. 그리고 IBM 뉴욕 본사에서 근무하며 내가 소망하던 글로벌 기업의 메커니즘을 배우고, 경험한 것이 나의 인생에서 큰 기회가 되고 가치가 되었다.

남들이 쉽게 갈 수 없는 길을 선택했기 때문에 오늘 여러분들에게 이런 말도 할 수 있는 것이다. 성공을 떠나 자신이 꿈꾸었던 일에 과감하게 뛰어들면 어떤 일이든지 할 수 있다는 자신감이 가슴 벅찬 내일을 만들어간다. 이것이 나에게 가장 큰 자산이요, 성장동력이다. 성실한 하루가 모여서 좋은 습관을 만든다. 하루에 할 수 있는 일은 누구나 할 수 있는 작은 일들이다. 작은 일에 성실하면 큰일도 성실하게 해낼 수 있다는 믿음이 생기기 시작한다.

생각의 콩나물을 키우려면 99%의 물은 빠져나가고 아주 적은 1%의 물이 콩나물을 매일 조금씩 자라게 한다. 어릴 때 아랫목 콩나물 시루에서 쪼르르 물이 흐르는 소리에 잠을 깨기도 했다. 여러분이 만약 하던 일을 중단하지만 않는다면 매일 조금씩 성장할 수 있다. 지금도 모든 것을 할 수 있을 것 같은 화려한 계획 앞에 스러지는 사람이 얼마나 많은지 아는가? 화려할수록 실행하고, 완성하기 어렵다. 계획은 그냥 계획일 뿐이다. 그것은 나의 옷이 아니기에 입을수록 불편하다. 내가 '무엇'을 할 것인가를 찾고, 그럼 '어떻게' 할 것인가를 분명히 하면 내가 할 수 있는 일이 된다.

나는 도서관에서 욕심이 앞서 한 번에 여러 권을 빌려 일주일 내에 다 읽으려는 계획을 세우지만 언제나 빗나간다. 결국은 기간을 연장하면서 가지고 갔다가 왔다가 절차만 복잡하게 할 뿐이다. 아무리 고기를 좋아하는 사람도 소 한 마리를 한 번에 먹을 수 없다. 그렇다고 못 먹을 이유는 더욱 없다. 큰일일수록 디테일한 계획을 세우고, 잘게 나누어서 진행해야만 지치지 않고 포기하지 않는다. 좋은 비즈니스를 꿈꾸면, 강한 동기부여가 성장동력을 견인하는 힘이 된다. 그렇다면 좋은 비즈니스란 무엇일까? 내가 하는 일을 통해 내가 먼저 행복하고, 그 일의 몰입으로 주위 사람들의 삶의 질을 개선하고, 증진시키는 것이 핵심 가치이며 좋은 비즈니스이다. 또한 고객들에게 도움을 주고, 고객의 삶이 얼마나 변화될 수 있는지를 알려주고, 그들을 지속적으로 돕는 것이다. 남을 돕는 것이 바로 나의 비즈니스가 되어야 한다. 시간이 남아돌아서 돕는 것이 결코 아니다. 그렇다고 어제의 일을 남겨두고 남을 돕는 것은 더욱 아니다. 빌 게이츠나 스티브 잡스, 마크 저커버그, 래리 페이지(Larry Page) 같은 억만장자들의 특징은 사람들의 삶의 질을 획기적으로 높이는 것에 집착한다는 것이다. 이들은 그것을 연결할 때 큰돈도 함께 벌 수 있다는 메커니즘을 구현한 사람들이다. 또한 머릿속에서 생각한 세상을 유익하게 하는 솔루션에 초점을 맞추면 부는 자연히 따라온다는 것을 몸소 실천한 사람들이다.

가난한 사람은 이유와 조건이 많다

가난한 사람들에게 돈을 모으기 위해서 투자가 필요하다고 하면 “투자하기 위해서는 목돈이 필요하다”는 말만 한다. 틀린 말은 아니지만 이들은 적은 돈을 모아서 저축을 하거나 투자할 생각은 하지 않는다. 부자들은 적은 돈을 모아 저축하고, 투자해 오늘날 부자가 되었다. 목돈이 있는 사람들은 더 이상 투자하지 않고, 일정한 이자만 나오는 곳에 저축해도 되는 사람들이다. 가난한 사람들은 돈이 없는 것은 수입이 적기 때문이라고 말한다. 돈이 모이지 않는 것만 생각하고, 한정된 돈을 어떻게 사용할지에 대한 계획은 물론 생각조차도 안 한다. 수입이 많고 적음에 따라 저축액이 조금씩 차이가 날 수는 있지만, 투자하는 것과 안 하는 것에는 아무런 상관관계가 없다. 부자들은 수입이 적어도 저축하는 습관으로 부자가 되었다.

부자라고 항상 수입이 많았던 것만은 아니다. 다만 자금 운용능력이 가난한 사람과 다를 뿐이다. 가난한 사람들은 수입만 늘어나면 저축과 투자를 잘할 것처럼 말하기 때문에 가난에서 벗어나지 못하는 것이다.

수입이 적기 때문에 가난한 것이 아니라, 상대적 빈곤을 느끼는 마음이 가난한 것이다. 만약 수입이 몇 배로 늘어난다고 하더라도, 늘어난 만큼 지출을 늘리기 때문에 저축할 돈이 여전히 없을 것이다. 가난한 사람들의 이유와 조건은 부자들이 볼 때 저축(투자)을 하기 위한 것이 아니라, 하지 않기 위해 만드는 구실에 불과하다.

저축은 원래 남는 돈에서 하는 것이 아니라, 모자라는 돈에서 절약해서 하는 것이다. 저축을 가장 안전하고 확실하게 하는 방법은 비과세 정기적금으로 매월 통장에서 자동이체로 빠져나가도록 하는 것이다. 매월 건강보험이나 국민연금이 빠져나가듯이 말이다. 남는 돈에서 저축을 할 수 있는 사람은 많지 않다. 지출을 줄이고 긴축해서 저축하는 사람이 대부분이다. 젊은 나이에 목돈을 모았다는 사람들의 이야기를 들어보면 실패를 거듭하고, 다시 비장한 각오로 일어섰다고 말한다.

지금도 쉽게 돈을 모으고 부자가 되는 방법을 많은 사람이 찾고 있지만, 결국은 시간만 허비할 뿐이다. 사람들은 나에게 재테크의 특별한 테크닉과 좋은 정보를 가르쳐달라고 한다. 단언컨대 그런 테크닉과 정보는 없다. 일단 종잣돈을 모으려면 아껴서 저축하는 수밖에 없다. 어느 정도 돈이 모일 때까지 '계단식 재테크'를 해야 한다.

가난한 사람들은 적은 돈을 저축해봐야 언제 목돈이 되겠냐며, 저축은 큰돈이 굴러들어 올 때 해야 한다는 기대심리가 깔려 있다. 로또복권에 당첨된 대부분의 사람이 이전의 삶보다 더 어렵게 사는 것은 지출이 어느덧 수입의 수준에 도달해버렸기 때문이다. 수입은 줄었는데도 한번 올라간 지출을 줄일 수 없는 딜레마에 갇혀 파산하고 만다.

부자 임대인을 보고 스트레스를 받는 세입자가 많지만, 왜 자신이 스트레스를 받는지 뼈저리게 돌아보지 않는다. 스트레스를 받는 지금이 중요한 것이 아니라 다음에는 스트레스를 받지 않을 장치를 만드는 것이 중요하다. 일이 바쁘기만 하고 능률이 오르지 않으면 스트레스가 쌓일 수가 있다. 일이 많아 바쁘면 좋은 일이다. 거기에 한 가지를 추가해서 '즐겁게' 일을 한다면, 더 잘할 수 있어 능률이 오를 것이고, 그러면 덜 바쁠 것이다. 남들이 두 시간에 할 일을 나는 한 시간에 할 수 있게 된다. 덩달아 수입도 늘어날 것이다. 이것은 여러분도 언젠가는 부자가 될 수 있다는 강력한 신호이다. 바쁜 것에 비해 수입이 안 된다면 스트레스를 받을 일이지만, 생각의 전환이 필요하다는 의미이기도 하다.

가난한 사람은 돈이 들어오는 것에만 관심이 많다. 저축하고, 투자하고, 관리하는 데는 관심이 없을 뿐만 아니라 공부도 안 한다. 생각하고 계산하는 것을 근본적으로 싫어한다. 부자들은 돈의 철학이 분명하기 때문에 하기 싫어도 필요하면 한다는 것을 알 수 있다. 부자는 들어온 돈을 굴려서 더 많은 이익을 남기고, 돈이 일하도록 하는 운용 시스템을 가지고 있다. 돈이 들어오는 통로는 넓게 만들고, 빠져나가는 통로는 좁게 만든다. 적정 범위 내에서 계획된 돈만 지출되는 구조이다. 부자들은 어느 날 별안간, 갑자기 즉흥적으로 지출하는 돈이 거의 없다. 저축을 하기 위해서는 고정수입에서 지출을 얼마나 줄일 수 있느냐가 관건이다. 수입을 갑자기 늘릴 수 있는 것이 아니기에 자신의 자원을 충분히 활용하는 부의 법칙에 따르는 것이다.

만약 월세로 살고 있다면 제1의 목표는 월세를 전세로 돌리는 것이다. 우리나라만 가지고 있는 독특한 전세 제도를 잘 이용해야 한다. 금융 제도를 잘 이용하는 것도 능력이다. 먼저 월세를 벗어나는 계획을 세우고, 기간을 정해 저축하라. 기간을 늘리거나 미루면 그만큼 생돈이 나간다. 전세로 전환되었다면 제2의 목표를 정해 내 집 마련의 꿈을 실현하기 위해 주택청약저축을 들거나 은행의 레버리지를 이용하면 생각보다 계획이 앞당겨질 수도 있다.

개인의 신용과 상황에 따라 차이가 있지만, 고정비용 부담이 가장 적은 쪽으로 선택하고, 포트폴리오 계획을 잘 짜면 한층 업그레이드된 방법을 찾을 수 있다. 만약 사업상 은행에서 대출을 받았다면, 대출금으로 사업을 해서 이자를 내고도 이득이 있어야 한다. 사업상 이자를 내기가 벅차다면 대출금을 빨리 상환하는 계획을 세워 지출을 최대한 줄여서라도 빨리 상환해야 한다. 시간이 갈수록 부채가 쌓이는 비용이 가장 나쁜 투자이다.

가난한 사람은 평생 남의 살림을 살아주다가 인생을 다 보낸다. 은행대출이나 빚으로 이자를 내기 위해 매달 허덕이면서 산다. 한때 내 집 마련을 위해 영혼까지 끌어 모으고, 과도한 대출을 받더라도 전세 난민보다 낫겠다는 붐이 젊은이들 사이에서 일었다. 신용과 담보물건에 따라 다르지만 전세자금대출 3~4억 원을 약 4% 내외 이자로 대출받아 집을 마련한 경우가 많다.

그런데 지금은 전세 난민을 면하려다가 '이자 난민'이 될 정도로 기준 금리가 연속적으로 오르는 바람에 대출 변동 금리 이자가 하루가 다르게 오르고 있다. 지금처럼 고금리인 상황에서는 무엇을 해도 이자를 극복하고 수익을 내기가 쉽지 않을 뿐만 아니라 레버리지로 안전한 투자를 할 수 있는 곳이 많지 않다는 데 문제가 있다.

가난한 사람들은 투자할 수 있는 좋은 아이템이 있어도 내가 가지고 있는 돈이 없으면 다음으로 미루고 금방 포기한다. “지금 돈이 없으니, 나는 돈을 모아서 해야 해” 하면서 금방 포기한다. 그 어떤 부자도 완벽한 타이밍과 환경에서 부자가 된 사람은 없다. 그런데 부자가 되지 못하는 이들은 부모를 잘못 만나서, 운이 나빠서 부자가 안 되었다고 신세 한탄만 한다. 그런데 억만장자의 80%는 자수성가했다는 사실이 이제는 놀라운 사실도 아니다. 성공한 부자들 중 처음부터 넉넉한 돈으로 창업해서 성공한 사람은 거의 없다는 것을 통계가 말해준다. 만약 돈이 어느 정도 있었다면, 실패를 반복하면서 버티고 견디며 발버둥칠 절박함이 없었을 것이다. 따라서 돈을 벌어야 할 절박함이 없기 때문에 역설적으로 부자가 될 수 없는 조건을 갖추었다. 이미 안락함에 익숙해지면 낯설고 거친 환경을 스스로 만들어 혁신하고, 개혁하는 변화에 눈을 감을 수밖에 없는 것이 인간이다. 역설적으로 말하면 절박한 환경에서만 나를 벼랑 끝에 세울 수 있고, 성공할 수 있다. 절박한 상황에서는 이유와 조건의 꼬리표가 붙을 여유가 없기 때문이다.

옆집 마당의 잔디가 더 푸르다

가난한 사람들은 자기의 일을 하면서도 늘 불만이 많아 입이 툭 튀어나와 있다. 누가 그 일을 강제로 하라고 시킨 것도 아니다. 먹고살기 위해 그렇게 오랫동안 반복적으로 해왔던 일이다. 일을 만족스럽게 하지도 못하면서 혼자 스트레스를 다 받는다. 자신이 선택하고 결정한 일도 주위 사람들의 탓으로 돌리는 습관이 자리잡고 있다. 월요일 출근하는 날부터 스트레스를 확 날릴 금요일을 기다린다. 금요일 밤부터 일요일까지 스트레스에 대한 보상을 받으려고 한다. 결국, 보상 소비가 저축에 최대의 방해꾼이 되는 셈이다. 직장에서 월급날을 기다리는 유일한 희망 외에는 다른 어떤 것도 무의미하다면, 나의 소중한 인생을 남의 인생에 끼워넣는 것과 다를 바가 없다. 그들의 뇌에는 부정적인 말만 가득 입력되어 있다.

"내게는 재미 없는 일만 있어."

"나는 무슨 일을 해도 지독하게 운이 없어."

"지금 내가 할 수 있는 것이 뭐가 있겠어."

부정적인 언어에 길들여지면 인생이 그렇게 흘러간다. 성공한 사람들은 긍정적인 단어가 입력되어 있다.

"내가 좋아하고 신나는 일을 할 수 있어 너무 행복해!"

"내일은 또 어떤 일이 기다리고 있을까?"

"그 일에 몰입하면 시간이 어떻게 가는지도 몰라."

일이 즐겁고 행복하면 스트레스가 쌓이지 않는다. 우리를 지치게 하는 것은 육체적인 한계가 아니라 멘탈이 무너질 때이다. 일이 즐거우면 돈이 따라오고, 돈이 들어오니 즐거운 것이다. 돈이 동반되지 않으면 쉽게 지칠 수도 있을 것이다. 돈을 버는 재미로 살든, 일하는 재미로 살든 잘 살면 그것이 행복이다. 가난한 사람들은 남들은 돈을 쉽게 버는 것 같은데, 자기만 아주 어렵게 돈을 벌고 있다고 생각해서 매사에 최선을 다하지 않는다.

강의를 진행해보면 부자들과 가난한 사람들의 차이를 확연히 느낄 수 있다. 부자들은 집중해서 경청하고 메모를 열심히 하면서 질문도 많이 한다. 참고가 되는 책이나 자료를 이야기하면 반드시 사서 밑줄을 긋고 탐독하면서 자기 것으로 만든다. 한마디로 수업료를 낸 만큼 본전을 뽑으려고 노력한다. 그리고 강의 시간에 늦게 나타나는 사람이 거의 없다.

가난한 사람들은 반대이다. 가난한 사람들은 강의 시간에 핸드폰을 들여다 보고, 집중하지 않는다. 물론 강사가 집중시키는 능력이 부족해서 그럴 수도 있다. 마치 강의를 들어주려고 온 사람처럼, 내 것으로 만들고자 하는 의욕이 없고, 마음과 행동이 산만하다. 가난한 사람은 자신이 집중력이 없고, 배움의 열정이 없는 것조차도 모른다. 당연히 질문도

하지 않는다. 같은 수업료를 내고 듣지만, 자신을 변화시키고 시도해볼 그 어떤 것도 배우지 못한다. 가난한 사람은 현실에서 당장 이익이 없으면 자신과 상관이 없다고 여겨 소홀히 대한다. 그래서 나는 특정 그룹이 아니면, 강의를 사절한다. 나는 사람들이 집중하든 하지 않든 시간만 채우면 되지만, 스스로 용납하기가 어렵기 때문에 정중히 거절한다. 이런 이들은 마치 군대에서 정신 교육을 할 때 병사들이 시간을 때우는 것으로 만족하는 것과 비슷한 모습이다.

반면에 부자는 현재 너머에 있는 미래의 일을 구상하고 실천할 일을 준비한다. 오늘 비가 온다고 해서 내일도 비가 온다는 보장은 없다. 가난한 사람은 오늘 날씨에만 관심이 있다. 날씨는 단기적인 개념이고, 기후는 장기적인 개념이다. 우리가 농사를 짓거나 집을 지을 때 기후의 영향을 받는다. 투자에서도 오늘의 주가에 따라 움직이는 사람은 가난한 사람들이고, 장기적인 트렌드를 따라 움직이는 사람은 부자이다. 이번 주에 햇빛이 난다고 해서 다음 주도 계속해서 햇빛이 난다고 볼 수 없는 것과 같다. 큰 부자는 장기적인 안목을 기르고 필요한 지식을 배우는 일을 게을리하지 않는다. 글로벌 관점에서 조망하는 힘을 기른다. 미래를 향하는 태도에서 성공자와 실패자가 나뉜다. 미래를 꿈꿀 수 없는 것만큼 척박한 것도 없다. 지금 꿈이 없는 것이 문제가 아니라, 꿈을 꾸지 않아도 된다는 태도가 문제인 것이다. 인생에서 우리가 타고 있는 배에는 3종류가 있다.

첫째, 타고 있는 배가 항상 여기저기 샌다.

자신의 목표를 위해 살지 못하고 평생 남의 구멍만을 메우다가 끝나는 인생이다. 오늘 구멍 하나를 메우고 나면, 내일은 또 다른 구멍을 메울 일이 기다리고 있다.

둘째, 타고 있는 배가 물이 새지 않는 것으로 만족한다.

지금은 배가 멀쩡할 수 있지만 몇 년, 몇십 년이 지나면 구멍이 생기기 마련이다. 그때를 위해 지금 준비해야 한다. 급하게 필요하다고 느낄 때는 이미 늦다. "썰물이 갑자기 빠졌을 때 비로소 누가 벌거벗고 헤엄쳤는지 알 수 있다"는 워런 버핏의 말을 기억하라.

셋째, 타고 있는 배를 새것으로 바꾸고 목적지를 향해하는 사람이 있다.

어제 타고 온 배로 내일의 강을 건널 수가 없다. 과거의 배를 불태워라. 지금 타고 있는 배보다 안전한 배가 있다면 바로 바꿀 수 있는 준비가 되어 있어야 한다. 옆집의 잔디가 더 푸르게 보이는 것이 중요한 것이 아니라, 실제로 내 마당의 잔디가 푸른 것이 중요하다. 내 배가 목적지까지 안전하게 도착하는 것이 중요하다는 말이다.

부자 되기 V

갈망하는 곳에서 다시 시작하라

IBM에 있을 때 한국 기업 연수프로그램으로 5개 대기업의 연구원들을 선발해서 실리콘밸리를 비롯한 글로벌 회사 탐방이 있었다. 그들 대부분은 논문을 잘 써서 학위를 받고, 연구소나 교수로 나가는 것이 꿈이었다. 그런데 미국의 작은 스타트업이 어떤 동기로 창업하고 성장해서 글로벌 기업이 되었는지 현장에서 학습하고는 그들의 생각이 완전히 달라졌다. 그들은 현장 경험을 하는 이 시간이 얼마나 중요한가를 깨닫고, 상상하는 꿈이 현실이 될 수 있다는 확신을 가지는 계기가 되었다고 한다. 특히, IBM의 '왓슨(Watson)'에 대해 많은 관심을 가지고 꼼꼼히 체크하며, 많은 질문을 쏟아냈다. IBM은 2015년 '왓슨 헬스(Watson Health)'를 설립해 건강 데이터 및 분석에 필요한 의료AI사업에 그 당시 천문학적인 150억 달러를 투자해서 현대 의학 분야에 지대한 영향을 미치고 있다. 끊임없이 지식을 갈망하고, 익숙한 곳에서 낯선 곳으로 시선을 고정해보면 전에 보이지 않았던 것이 비로소 보이기 시작한다. 그들이 한국으로 돌아가서 스타트업 동아리를 만들고, 벤처기업 창업세미나를 지속적으로 열어 정보를 공유한다는 이야기를 들었다. 강물이 바닷물을 만나기 전에는 바다가 얼마나 넓은지를 모른다. 글자로 남아 있는 이론의 학문도 현장의 적용 능력을 통해 비로소 완성된다.

부자들은 돈을 더 벌기 위해서 돈을 부르는 시스템을 구축하는 데 노력한다. 아이템을 정해 아이디어를 모으고, 함께할 수 있는 인프라를 구축하고, 전문가들의 수많은 자료를 분석하고 연구하면서 경쟁력과 차별화가 무엇인지, 디테일한 로드맵을 만들어 서로 공유하면서 발전시킨다. 그런 다음 사업계획서를 들고 다니면서 필요한 투자금을 받으려고 다양하게 노력한다. 성공을 꿈꾸는 사람들은 현재 돈이 없더라도 어떻게든 노력해서 결과물을 만들어 '해내고야 마는 사람'들이다. 설령 실패하더라도 더 나은 방법을 찾고, 수정하고 보완할 점이 무엇인가를 아는 것으로 만족하지 않고 멈추지 않는다. 경험을 통해 배우는 것만큼 산 지식이 없다.

모든 일에는 리스크가 있다. 리스크가 크면 클수록 도전해야 할 장벽이 높아 실패할 가능성이 높을 수밖에 없다. 그러나 진입장벽이 낮은 것은 처음에는 잘되는 것 같이 보이나, 시간이 지나면 진입하는 사람이 많아 점점 수입이 줄어들고 중고차처럼 가치가 점점 떨어진다. 그러나 진입장벽이 높으면 처음에는 힘들지만, 시간이 갈수록 지경이 넓어진다는 믿음이 생긴다. 성공은 단순한 확률이 아니라 성공을 향한 확신이 그 기대치를 끌어올린다는 사실에 주목해야 한다. 성공에 길들여질 때까지 성공은 실패를 앞세우며 거듭된 인내를 요구한다.

중요한 것은 백만장자가 되는 것이 아니라, 백만장자가 될 수밖에 없는 사람이 되는 것이다. 돈이 사람을 만드는 것이 아니라, 사람이 재화를 창출하고 돈을 만들어낸다. 성공하는 방법은 의외로 간단하다. 지금 내가 직면하고 있는 모든 문제점을 해결하기 위해서 '무엇을', '어떻게' 할지에 대한 분명한 답을 찾는 것이다. 그다음은 그 일에 대한 능력을 발휘하는 것이다. 성공을 위해 가장 필요한 것을 꼽아보면 그것은 당연히 능숙함(Competence)이다. 재능이 있다고 해서 모든 것을 잘할 수 없을 뿐만 아니라, 그럴 필요도 없다.

먼저 나의 분야에서 상위 10%가 되기 위해서 나에게 가장 필요한 것이 무엇인지 생각해보라. 나의 레벨이 어느 정도인지 잘 모르겠다면, 시간을 잊을 정도로 몰입도가 가장 높은 일이 무엇인지 생각하면 그것이 답이다. 자기의 일을 잘하지 못하는 사람이 성공한 경우는 없다. 잘하는 일을 하다 보면 더 잘할 수 있는 일을 확장해서 공부하고, 연결하면 상위 1%에 도달할 수 있다. '성공한 부자'라는 말을 들으려면 통계상 1% 이내에 들어야 한다.

가난에서 벗어나기 위해 성공을 갈망하는 사람은 많지만, 구체적인 전략을 가지고 실행하는 사람은 그리 많지 않다. 실행하기가 어려워서 시도하지 않는 것이 아니라, 오히려 너무 쉽고 따분해서 시도하지 않는다. 하루 한 갑 피우던 담배를 끊고 하루에 5,000원씩 30년간 연 4% 복리에 투자한다면 30년 뒤에는 1억 4,000만 원의 돈이 모인다. 여러분이 매일 마시는 5,000원 짜리 체인점 커피를 하루에 한 잔만 줄여도 30년 후에 역시 1억 4,000만 원의 종잣돈을 모을 수 있다. 담배도 끊고, 커피도 줄이면 여러분은 상상을 초월하는 목돈을 모을 수 있고, 건강도 챙길 수 있을 것이다. 가난한 이들은 이 적은 돈으로 큰돈을 만들 것 같지 않고, 언제까지 저축하면서 종잣돈을 만들어야 하느냐며 그 시간이 너무 길다고 여겨 바로 포기한다. 그리고 막연하게 한 방에 해결할 수 있는 날이 올 것이라고 기대한다. 매번의 기대는 기대로 끝날 것이다. 물론 30년이 지난 다음에도 여전히 가난하게 살면서 똑같은 말만 되풀이할 것이다.

사람들에게 50세 중반에 퇴직하는 것을 가정하고, 30세 중반부터 20년 동안 매월 100만 원을 저축해야 80세까지 노후가 보장된다고 하면 거의 모든 사람이 나가자빠진다. 노후에 힘든 날을 아직 경험하지 않았기 때문에 내게는 그런 일이 없을 거라고 생각한다. 그렇게 생각해야 마음이 편할 수도 있기 때문이다. 그때가 되면 다른 좋은 방법이 있을 것이라고 막연히 믿고 싶어진다. 부자들이 세금을 많이 내고, 의료복지도 좋아지고, 노령연금도 받을 수 있을 것이라고 생각한다. 바람은 현실에서 항상 동떨어져 있다.

돈이 여러분을 위해 어떻게 일하는가를 배워야 한다. 가장 좋은 방법은 '돈이 돈을 버는 방법'이다. 여러분이 많이 들어본 복리를 이해하는 것이 필요하다. 작은 눈을 뭉치는 것에서 시작했지만, 제대로 굴리면 큰 위력을 발휘할 수 있는 큰 눈덩이가 된다. 원금과 이자가 재투자되면서 원금에 이자가 합쳐져 다시 이자가 붙는 것이 복리이다. 여러분이 종잣돈을 1,000만 원 모았다고 가정하면, 연이율 15%로 복리로 20년 후에는 무려 1억 6,360만 원이 된다. 사람들은 복리의 마술을 말하면서 항상 흥분한다. 복리의 마술은 누가 빨리 시작하고, 누가 오랜 기간에 걸쳐 묶어두느냐가 재테크의 핵심이다. 결국, 투자는 시간에 하는 것이고,

버티고 견뎌야 그 선물을 받을 수 있다.

그러나 요즘 복리 상품을 찾아보기가 힘들어졌다. 그런데 왜 복리를 말하는가? 우리가 투자 마인드로 가져야 할 것은 '복리효과'이다. 복리효과를 스스로 만들고 증명할 수 있기 때문에 투자자들은 복리를 이야기하는 것이다. 원금에서 이자+1 수익을 만들고, 재투자해서 원금+1+2 수익을 창출하고, 다시 원금+1+2+3의 수익을 거두는 부의 법칙이다. 아인슈타인은 "복리야말로 인간의 가장 위대한 발명"이라고 했다. '72의 법칙'은 기간 대비 수익률을 만들어 복리 수익률을 계산한 이론이다. 재테크를 하는 사람이 이런 원리를 알면서 투자하면 선명하게 목표에 도달할 수 있다. 재테크는 처음에 종잣돈을 모으는 것이 어렵다. 그리고 5,000만 원, 1억 원까지 되기까지가 어렵다. 1억이 되면 투자할 수 있는 볼륨이 커지면서 이자의 가속도가 붙기 시작할 뿐만 아니라 투자를 다양하게 할 수 있다.

상위 1% 안에 든 사람들 중 육체적 노동으로 돈을 버는 사람은 아무도 없다. 돈은 24시간 일해도 피곤하거나 싫증을 내지 않고, 오히려 수익이 좋은 곳에 투자되어 수익을 많이 내는 것을 좋아한다. 현금을 금고에 보관하고 있거나, 저금리로 은행에 맡기는 경우, 돈은 자신들의 능력을 과소평가한다고 싫어한다. 성공한 사람은 '위험 감수자'로 대부분 사람이 두려워 몸을 사리는 곳에 뛰어들고 위험을 기꺼이 감수한다. 도전은 곧 위험이다. 위험이 없는 성공은 돌아오는 것이 없기 때문이다. 돈은 이런 주인을 적극적으로 돕고, 자신의 가치를 스스로 증명해내는 것을 좋아한다. 돈도 주인의 성향을 닮아간다. 모든 일에는 위험이 따르지만, 충분히 예견하고 계산했다면 어이없는 실패는 없을 것이다.

지금처럼 재테크를 하기 좋은 때는 없었다. 나는 우리 직원에게 3년 동안 1억 원 모으기에 도전해보라고 했더니, 의외로 많은 직원이 도전했다. 연봉 차이가 있지만, 그들은 마음만 먹으면 월 250~300만 원은 저축할 수 있다. 내가 적립식 펀드를 소개해주었는데, 도전했던 직원들이 모두 성공해서 1억 3,000만 원 정도의 종잣돈을 만들었다. 그 돈으로 전세를 얻은 이도 있고, 결혼 자금으로 사용한 이도 있고, 부동산에 투자한 이도 있다. 3년이 긴 것 같지만 실제로는 짧은 기간이다. 재테크를 하지 않았으면 흐지부지 1억 원이라는 돈은 사라질 수도 있다. 나갈 돈을 붙들어서 내 목표를 위해 일하게 만드는 것이 재테크이다. 첫 도전에 성공하면, 다음 목표에 도전할 수 있는 길이 더 크고 선명하게 보인다. 첫 단추를 잘 끼우면 '나도 할 수 있다'는 자신감이 생기고 5년 후, 10년 후에는 달라진 나의 모습을 상상하게 될 것이다.

부자의 60%는 부를 얻기 위해 위험을 감수한 반면, 가난한 사람은 단 6%만이 위험을 감수했다는 설문 조사가 있다. 재테크에 대해 많은 이야기를 하지만, 정리해보면 부자의 습관, 학습, 절약, 투자, 대출, 레버리지 등의 선순환의 구조로 돈을 모으고 부자가 된다는 원리는 같다. 사람마다 갈망하는 것이 있다. 부자를 갈망하는 사람이 있는가 하면, 건강을 갈망하는 사람도 있고, 관계회복을 갈망하는 사람도 있다. 이 모두를 갈망하는 사람도 있을 것이다. 어떤 사람은 성공을 '희망 사항'으로 남겨둘 수도 있고, 어떤 사람은 꿈을 현실로 만들기도 한다. 갈망하는 마음이 간절하고 절실할수록 꿈이 이루어질 확률이 높아진다. 그리고 포기하지 않고 꾸준함으로 인내했다면, 절반은 부자가 되는 데 아무 문제가 없었을 것이다. 그만큼 긴 시간 한결같은 인내를 가지는 것이 중요하다. 누구나 성공하고, 부자가 되는 세상이 아니기에 역설적으로 공평한 것이다. 같은 위기 상황인데 어째서 누구는 성공의 길로 들어서고, 누구는 실패의 길로 들어서는 것일까? 성공한 이들의 경우, 성공하겠다는 강렬한 열망으로 멈추지 않는 지속적인 힘이 상호작용을 일으키기 때문이다. 성공한 사람들이 가진 최고의 무기는 두 가지이다. 하나는 '다시 일어서는 것'이고, 또 하나는 '멈추지 않는 것'이다. 중간에 포기하지 않으면 어떤 결과이든 그 결과는 여러분을 성공자로 만들기에 충분하다. 세상에서 가장 행복한 일은 갈망하는 것을 이루고 완성하는 것이다.

주식이 뭐길래
너도나도 투자하는가?

주식은 주식회사에서 자본금을 이루는 단위로 수십만, 수백만 주로 내가 원하는 것만큼 언제든지 사고팔 수 있다. 은행과 증권사에 방문해 계좌를 만들거나 인터넷으로도 가입이 가능하고 전자증권으로 확인한다. 주식의 총 발행량은 정관의 필수적 기재사항이다. 개인이나 단체가 일정한 금액을 투자하고 그 지분만큼 이익을 배당받거나 회사 경영권에 참여할 수 있다. 주식을 가진 사람을 주주(株主)라고 한다. 말 그대로 주식의 주인이다. 주식은 기업에게 다소 유리하게 위험을 제한하는 제도가 정착되면서 투자가 활발해지고 자본주의 경제가 발전하는 데 큰 역할을 한 제도이다. 회사가 망한다고 하더라도 자신의 지분만큼만 피해를 보고 더 이상의 책임을 지지 않는 유한책임(Limited Liability)이다. 회사로서는 투자자 유치에 있어 큰 장점이다.

◆ 주식을 왜 만들까?

기업이 이자 부담 없이 자본금을 유치할 수 있는 것이 가장 큰 장점이다. 주식은 누구나 다양한 종목을 선택해서 적게 살 수도 있고, 많이 살 수 있는 오픈 마켓이다. 기업이 돈을 유치하는 3가지 방법이 있다.

첫 번째, 은행에서 돈을 빌리는 일반적인 방법이 있다. 그런데 이자를 매달 물어야 하는 부담이 있다. 지금과 같이 고금리 시대에는 이익을 내기가 쉽지 않기 때문에 경영자나 투자자가 위축될 수밖에 없다. 금리가 계속 오르면 기업이 대출해서 생산활동을 하기가 어렵다. 금액에 따라 다르지만 0.5%만 올라도 기업은 기울어진 운동장에서 경쟁을 하는 것과 같다.

두 번째, 채권을 발행해서 돈을 빌리는 방법이 있다. 주식회사는 채권투자자에게 이자를 지급하더라도 다른 방법으로 돈을 빌리는 것보다 낫기 때문이며, 채권에 지급하는 이자가 세금공제 혜택을 받을 수 있는 영업비용으로 인정되기 때문에 채권을 발행하는 것이 이익이다. 다만 수익을 내지 못했을 때도 이자를 지급해야 한다. 채권자들은 회사가 리스크가 있다고 여기면 위험부담을 감안해 더 높은 이자를 요구한다. 그래서 중소기업은 일반적으로 채권을 발행해 자금을 모으지 않는다.

세 번째, 주식을 발행해서 자기자본을 늘리는 방법이 있다. 이 방법이 가장 쉬운 방법으로 돈을 갚을 필요가 없다는 엄청난 장점이 있으며, 만약 회사에 리스크가 발생하면 지분만큼 손해를 분담하면 된다. 자본주의는 주식회사로 인해 성장, 발전했다고 할 정도로 합리적인 제도이다. 그러나 주주가 늘어나고 자본금이 많은 사람이 주식을 대량 매입해서 새로운 주인으로 경영권을 행사할 수 있다. 따라서 경영자는 회사 지분 확보와 방어권을 지키기 위해 여러 방법을 강구해야 한다.

◆ 주식 투자를 잘하기 위해서는 어떻게 할까?

반드시 자신의 재산을 책임지겠다는 의지로 공부를 게을리하지 말아야 한다. 회사가 성장하면 주식의 가치가 오르고 분기마다 혹은 해마다 배당을 받을 수 있으며, 시세 차액으로 돈을 벌 수 있다. 배당이 잘되는 기업의 주식은 팔지 않아도 된다. 오래 보유한다는 생각으로 주식을 고르고 사야만 한다. 판다고 생각하지 말고 보유한다는 생각으로 주식에 투자하라. 물론 주식은 언제나 살 수도 있고, 팔 수도 있어 유동성(流動性)이 좋다는 장점이 있다. 즉, 언제든지 현금화가 가능하다. 그리고 부동산과 달리 적은 돈으로 언제든지 투자를 매번 늘려갈 수 있는 장점이 있기 때문에 주식에 투자하는 인구가 많은 것이다. 20년 전부터 삼성전자주식을 돈이 있을 때마다 한 주씩 사 모으라고 했던 내 말을 듣고 따라 했던 지인들은 부자가 되었다. 부동산은 환금성(換金性)이 떨어져 현금화가 어렵다는 단점이 있으며, 양도소득세 등 각종 세금이 너무 올랐다. 주식이나 펀드 등 투자는 자기 주도로 결정하는 것이기 때문에 재정 공부를 꾸준히 해야만 큰 손실에서 벗어날 수 있는 안목이 생긴다. 사실 그 누구도 주식을 완벽하게 잘하는 사람은 없다. 그저 원칙만 있을 뿐이다. 그래서 주식 투자가 공평하다고 할 수 있다. 여러분이 생각하는 것처럼 주식을 잘하는 절대 고수는 없기 때문에 자신의 컨디션에 맞게 재정 포트폴리오를 짜는 것이 중요하다. 모든 결정은 스스로 판단할 수밖에 없다. 그것이 공부해야 할 이유이다. 나의 투자 철학이 확실히 뿌리내릴 때까지 공부하고 관찰해야 한다.

◆ 회사와 종목 선택을 잘해야 한다

성장 가능성과 매출과 영업이익 등의 그래프가 장·단기별로 안정적인가를 분석하고, 장기로 갈 것인가 아니면 적절한 시점에 빠져나올 것인가에 따라 투자 금액과 패턴이 달라진다.

첫째, 내가 경영자라고 여기고 회사를 들여다볼 줄 알아야 한다.

경영자는 회사 전체를 파악할 수 있는 눈을 가지고 있기 때문이다. 재무제표를 이해하고, 분기·연도별 매출 현황과 영업이익, 그리고 연간 보고서를 읽고, 출시되는 제품에 대한 경쟁력과 소비자의 반응 등 성장 가능성 등을 점검하고 판단할 수 있어야만 리스크를 최대한 줄일 수 있다.

둘째, 안정적인 회사는 장기 투자를 목표로 하는 것이 유리하다.

부자들은 일반인들보다 투자 기간이 3배 정도 길다는 통계가 있다. 부자들은 일부는 없어도 되는 돈이 포함되어 있기 때문에 여유가 있다. 반면에 서민들은 운용할 돈이 충분하지 않아 일부 주식을 팔아서 생활비로 쓰고, 다시 나머지로 투자하다 보니 자주 들락날락할 수밖에 없다. 그러나 주식 부자는 장기 투자로 부자가 된 사람들이다. 1985년 1월 15일의 삼성전자 1주는 76원이었다. 만약 그때 1,000만 원을 투자했다면 36년 후인 2022년 1월에는 약 100억 원이다.

셋째, 투자 금액에 따라 투자 방법이 달라진다.

부자들은 대부분 포트폴리오로 분산 투자를 해서 리스크를 최대한 줄이는 전략을 쓴다. 돈을 버는 것만으로 부자가 되는 것이 아니라, 돈을 잃지 않고 지키는 것이 버는 것 못지않게 중요하다는 것을 안다. 자산을 지키고 있다가 투자처가 생기면 과감한 베팅을 한다. 그래서 돈이 돈을 버는 구조로 만들어가는 것이다.

넷째, 무릎에서 매수하고 어깨에서 매도하라.

최선의 선택이 되기 위해서는 저점에서 매수했을 때 수익의 크기가 결정된다. 저점에서 매수 타이밍을 잡는 것이 중요하다. 생각보다 쉽지는 않겠지만 그렇다고 불가능한 것도 아니다. 어느 선에서 매수하겠다는 확신이 필요한 이유는 '욕심'이 개입하지 않도록 차단하기 위해서이다. 매도도 마찬가지이다. 고점에서 파는 것은 실력 이전에 '좀 더'라는 욕심이 결국 타이밍을 놓치게 만든다. 가장 확실한 투자는 지금처럼 저점일 때 매수해서 장기간 보유하면서 기대 수익을 남기는 것이다.

주식으로 부자가 된 사람들이 많이 회자되고 있다. 이 사람들은 오래전에 저가에 주식을 매입했던 사람들이다. 앞으로 이런 저가에는 살 수가 없다. 마치 시간을 살 수 없는 것과 같다. 오랜 시간 속에서 '기간의 이익'으로 주어지는 것이 투자의 속성이다.

◆ 주식을 왜 많이 사고팔까?

주식은 매수하고 매도하기가 편리할 뿐만 아니라 관리하기도 쉽다. 코로나19 이후 주식 거래 활동 계좌수가 급격하게 증가했다. 2년 동안 국·내외 주가가 고공행진하며 지금까지 주식에 투자한 사람들이 호황을 누렸다. 우리나라 산업이 몇십 년간 고도 성장기에 있었기 때문에 기업의 실질적인 사이즈가 커졌다. 전 세계적으로 2000년 전후로 IT버블도 겪었지만, 인터넷 기업 중 유니콘 회사들이 많이 탄생했다. 물론 회사가 파산하거나 주가가 떨어져 출자한 자본금(주식)을 날린 사람들도 적지 않다. 그럼에도 불구하고 회사 이익에 대한 배당을 받을 수 있고, 언제든지 주식을 매도해서 시세 차익을 남길 수 있다는 믿음을 가진 사람들이 많아졌다. 지금까지는 저축은 금리가 낮아 투자로서의 매력이 없었기 때문이다. 그러나 지금은 한국은행이 기준 금리를 계속 올리기 때문에 주식 시장의 돈이 안전한 예·적금에 몰리고 있어 주식이 폭락하고 있다. 연말까지는 불안한 장세가 계속되리라고 예상한다.

지금 내가 1,000만 원을 가지고 언제, 어떤 종목에 투자할까 고민하는 분들이 많을 것이다. 만약 지금 1,000만 원을 투자하면 몇 년 후에, 어느 시점에 1,000만 원이 미래 가치로 얼마가 되는가를 알아보는 것도 중요하다. 누군가 여러분에게 "지금 바로 10억 원을 줄까, 아니면 10년 동안 매월 1,000만 원을 줄까?"라고 한다면 어떤 선택을 할 것인가? 그 돈으로 부동산과 주식, 그리고 펀드에 투자할 수 있을 것이다. 10~20년 전에 삼성전자 주식에 투자한 사람이 강남의 아파트에 투자한 사람보다 수익이 높았다는 통계가 있다. 투자 종목을 선정하고, 예상 수익률을 기간별로 비교할 줄 아는 능력이 필요하다. 부동산은 환금성 즉, 현금 유동성이 어렵고 세금이 몇 년 사이에 많이 올랐다는 단점이 있다. 예상 수익률이 높으면 좋겠지만, 실현 가능성이 낮다면, 목표 수익률을 낮추어서 가능성이 높은 곳에 투자할 필요가 있다.

어디에 투자할까 묻는 사람이 많다

지금처럼 기준 금리가 오르면 불안전 자산 투자보다 안전 자산에 투자하려는 돈이 몰리게 되어 있다. 주식, 펀드, 가상화폐 등이 추락하고 있는 것도 그런 연유에서다. 은행권에서도 6%대의 금융상품을 출시하고 있다.

◆ 삼성전자 주식

삼성전자는 꾸준한 성장과 실적을 보여줬지만, 주가는 몇 년 동안 70,000원대 박스권 장세에 머물러 있다가 2022년 7월 장중 55,600원 최저점을 다시 갱신했다. 주식 가격은 장기적으로 성과와 이익에 수렴하지만, 시장의 환경과 트렌드에 따라 변동성을 보여준다. 가치와 가격은 항상 일치하지 않기 때문이다. 삼성전자 주식에 대해 문의하는 사람이 많다. 나는 오래전부터 소액 투자자들이 투자에 대해 문의하면 삼성전자 주식을 돈이 생길 때마다 한두 주씩 사두라고 했다. 10년 전에 사두었던 사람들은 많은 차액을 남겼다. 삼성전자 주식은 10년 전(2012년 초)에 19,840원이었는데, 5년 후(2017년 9월)에는 51,280원으로 258%

상승했다. 그리고 10년 후(2022년 1월)에는 77,300원으로 389% 상승했다. 물론 20년 전 삼성전자 주식에 투자했다면 10배 정도 올랐다. 아프리카 속담에 이런 말이 있다.

"나무 심기에 가장 좋은 때는 20년 전이었다. 그다음으로 좋은 때는 바로 지금이다."

강남아파트는 10년 동안 평균 340% 올랐다. 그리고 양도소득세를 비롯한 각종 세금이 많기 때문에 삼성전자 주식과 비교하면 수익률이 현저히 떨어진다. 아파트는 소액으로 나누어서 구매할 수 없는 단점도 있다. 나의 권유에 따라 10년 전부터 소액으로 한 달에 몇 주씩 꾸준히 사 모았던 지인들은 인생에서 가장 좋은 투자 기회였다고 말한다. 지금 삼성전자 주가 하락은 여러 가지가 있지만, 그중에서 반도체 비메모리 부분의 4나노 파운드리 미세공정 수율이 낮아(불량이 많다는 뜻) 대만의 TSMC에 애플, 퀄컴(QUALCOMM), AMD(미국, Advanced Micro Devices), 엔비디아(NVIDIA)에 물량을 다 빼앗겼다. 삼성전자 파운드리에 남은 고객사는 테슬라(TESLA), 구글, IBM 등으로 최첨단 공정을 요구하는 기업들이 아니기 때문에 다행이 아니라, 빼앗긴 업체들을 찾아오도록 기술혁신을 해야 한다.

삼성전자는 D램 메모리, 낸드플래시 메모리는 세계 1위지만, 현재 주가에 반영되었기 때문에 주가가 오르려면 신규 사업인 비메모리 부분의 파운드리 분야에서의 경쟁력을 보여줘야 한다. 그 외에도 미국 연준의 자이언트 금리 인상, 테이퍼링 등의 악재가 있어, 역대 최장 10년 남짓 동안 호황을 누렸던 미국 메이저 기업들의 주식도 바닥을 모르고 있다. 삼성이라고 태풍의 영향을 피해갈 수 있는 것은 아니지만 많은 숙제를 던져주고 있는 것은 사실이다.

삼성전자는 4나노 공정 수율의 기술 격차를 좁히는 데 총력을 기울이고 있다. 미국 텍사스 테일러시의 공장에 20조 원을 투자하고, 본사 인력을 총동원해서 2024년에 완공하는 2나노 등 최첨단 공정이 도입된다. 주가는 2021년 말 기준, 78,300원에서 같은 해 4월 말에는 67,000원으로 올해 들어서만 14% 넘게 떨어지고, 7월 초에는 급기야 55,600까지 추락했다. 특히 2022년 1분기 '어닝 서프라이즈(깜짝 실적)'를 발표한 뒤로도 주가는 66,000원대까지 떨어지며 연일 52주 신저가를 새로 썼다. 3분기에도 57,000원대까지 떨어지면서 반등을 못하고 있다.

삼성 임원들은 2분기에 60,000원 초반대에서 대량 장내 매수를 했고, 지금도 하고 있다. 회사 경영을 잘 아는 임원들의 자사주 매입은 주가 방어와 책임 경영에 대한 의지를 시장에 전달하는 한편, 임원들이 사들이는 것은 그들의 판단으로 주가가 바닥이라는 신호로도 받아들여진다. 삼성전자가 실적이 나쁘거나 미래의 기대치가 낮아서가 결코 아니다. 미국 연준의 금리 인상 정책이 온 지구촌의 주식을 들썩이게 하고 있다.

◆ 저축

시드머니를 만들기 위해 처음 시작하는 재테크가 대개 은행 저축이다. 어릴 때부터 용돈을 저축하던 습관이 있어서 쉽게 이용하는 것 같다. 어릴 때 빨간 돼지저금통에 푼돈이 모이는 것을 보람으로 느끼곤 했다. 재테크 초보자들이 공부하다 보면, 저축보다 어느덧 투자 쪽으로 선회한다는 것을 알 수 있다. 초보자들은 은행 이자에도 세금이 붙는다는 것을 모르고 있는 사람도 있다. 이자도 소득으로 보기 때문에 세금이 당연히 발생한다. 세금의 종류는 일반과세 15.4% (이자소득세 14%+농특세 1.4%), 세금우대 1.4%, 비과세 0%이다. 예를 들면 이자가 10,000원이 들어오면 세금 15.4%(1,540원)를 제하면 8,460원이 순수 이자가 된다. 그리고 세금우대 1.4%가 있는데, 제1금융권은 세금우대가 적용되지 않는다. 단위농협, 신협, 새마을, 수협 등에서 세금우대 가입이 가능하다. 단, 가입 시에 준조합원으로 1~5만 원의 출자금을 내면, 1인당 최대 3,000만 원까지 이자소득세에 대해 비과세를 받을 수 있다. 이자소득세는 부과되지 않고 농특세 1.4%만 부과한다. 만약 10,000원의 이자가 들어오면 1.4%를 제하고 9,860원이 순수 이자가 된다. 가입조건은 만 20세 이상이면 누구나 가능하고, 불입금(拂入金)이 통합 3,000만 원으로 제한되어 있다. 일반 시중 은행과 동일한 금리라고 했을 때, 받는 이자는 똑같다. 하지만 이자소득세 14%가 제외되기 때문에 결과적으로 14%의 돈을 더 받게 되는 셈이 된다. 마지막으로 비과세 0%는 유공자, 나이 등의 제한이 있어 해당 지점에 확인하면 된다.

제로 이자에 가까운 보통예금 통장에 몇백만 원씩 넣어두고 있는 사람이 생각보다 많다. 흔히 말하는 '통장 쪼개기'로 한 푼이라도 이자를 더 받기 위해 자금 성격이 다른 통장을 각각 만들어 투자를 배분하는 것도 좋은 방법이다. 요즘 같은 주식 폭락장에 고금리상품이 뜨고 있다. 수시입출금이 가능한 단기 금융상품을 이용하면 좋다. 대표적인 금융상품으로는 은행의 수시입출금식예금(MMDA)은 확정금리로 예금자 보호 대상 상품이다. 머니마켓펀드(MMF)는 증권사에서 고객들의 돈을 모아서 펀드를 만들어 우량 채권에 투자하는 상품이다. 종합자산관리계좌(CMA)와 같은데, 실적에 따라 배당되는 것이 다르다. 일반적으로 금리가 내려가면 채권이 오르고, 반대로 금리가 오르면 채권이 내려간다. CMA는 매일매일 이자가 붙고, 비대면 통장 개설이 가능하고, 주식과 펀드 금융상품 투자가 가능하다. MMDA와 CMA는 결제 기능까지 갖고 있어 보통예금 통장의 기능을 대체할 수 있으면서도 일 기준으로 이자가 붙고, 이자율이 훨씬 높다. 이렇게 할 수 있는 근거는 고객 자금을 모아 하루짜리 콜론, CP(기업어음), CD(양도성예금증서), RP(환부조건부채권) 등과 같은 기존 단기상품에 투자해서 생긴 이익을 고객에게 나누어주는 구조이기 때문이다. 이자율은 실적배당상품인 MMF, CMA가 수익률이 0.5% 정도 높으며, 상품별로 이자율의 차이가 있지만 대개 3.5~4% 정도다. 공과금 이체나 현금 수시입출금도 자유로워 급여이체 통장을 반드시 CMA통장으로 바꾸는 게 유리하다.

◆ 적립식 펀드 투자

적립식 펀드의 경우 수익률이 확정되지 않는 실적상품이다. 여러 사람이 투자한 돈을 모아서 주식이나 채권 등에 투자하는 상품이다. 투자에 경험이 없는 사람은 소액(잔돈) 적립식 펀드를 증권회사에서 가입(앱을 다운로드받아 모바일로 가입)해서 연습 삼아 해보면 경험을 쌓고, 금융의 메커니즘을 알 수 있다. 매주 지정한 요일에 한 번씩 자신의 오픈뱅킹 계좌에서 100원 이상 1,000원 미만의 잔돈을 조회해서 자동으로 투자해주는 방식이다. 모의투자라고 생각하고 배우는 데 목적을 두어도 좋다. 투자라면 목돈이 들어가야만 되는 줄 아는 사람이 많다. 목돈을 만들다가 중도 포기하는 사람이 많은 이유이다.

펀드를 한 단어로 말하면 '종합선물세트'라고 할 수 있다. 가장 선호하는 물건을 한곳에 담아서 소비자에게 파는 것이다. 적은 금액으로도 상품을 다양하게 살 수 있는 장점이 있다. 주식, 채권, 부동산 등 각종 금융상품을 조금씩 담고, 최대한 여러 가지를 담을 수 있는 장점이 있어 소액 투자자에게 접근성이 좋다. 경제 지식이 크게 없어도 쉽게 투자할 수 있는 펀드는 투자신탁과 뮤추얼펀드로 나눌 수 있다. 투자신탁이 계약을 통해 투자자가 돈을 맡기는 것이라면, 뮤추얼펀드는 투자 회사의 주식을 사는 것이다. 두 펀드는 계약자와 주주라는 차이가 있을 뿐 크게 다른 점은 없다. 우리나라의 펀드는 대부분 투자신탁이며, 미국은 대부분 뮤추얼펀드이다. 가장 큰 장점은 종목을 자유롭게 선정할 수 있다는 것이다. 위험을 관리하기 위해서는 꾸준하게 공부해야 하지만, 경험과 지식을 잘 갖춘 훈련된 사람이 투자를 대행해주므로 위험을 줄이고, 시간과 비용을 절감할 수 있는 장점이 있다.

펀드는 불특정 다수가 특정 목적을 위해 돈이 모인 것을 증권사나 투신사의 투자 전문가인 펀드매니저가 대신 운용하는 간접 투자 금융상품이다. 성과에 따라 수익을 배분하는 형태이다. 주식, 채권, 부동산 등에 개인이 가진 돈을 투자해서 이익이 생기면 투자 금액만큼 이익을 나누어 가진다. 이것을 '배당금'이라고 한다. 은행의 펀드는 여러 사람의 돈을 모아 기업에 투자한다. 그런데 주가가 하락해서 원금손실이 발생할 경우에 생기는 손해를 은행이나 펀드매니저가 책임져주지는 않는다. 그리고 실적 배당상품이므로 예금자 보호 대상이 아니다. 소액 투자는 상관이 없지만, 투자의 정석은 포트폴리오로 위험을 분산하는 것이 수익을 극대화하기 위한 한 방법이다. 따라서 안전하고 수익률이 높은 종목을 고르기가 쉽지 않지만, 일반적으로 큰 무리만 하지 않으면 은행에 예금하는 것보다는 일반적으로 수익률이 높은 편이다.

그동안 증권사들은 슈퍼리치를 대상으로 주식, 채권, 부동산 등 전통적인 자산 관리 서비스를 중점적으로 제공해왔다. 하지만 지금은 일반인들에게도 비상장주식 투자, 스톡옵션(주식매수 선택권) 행사, 기업공개(IPO), 전환사채(CB) 투자, 유·무상증자 참여 등 다양한 자본 시장 접근을 통한 커뮤니케이션 기능 강화에도 신경을 쓰고 있다. 펀드 종류도 많고 다양해서 수익률과 안정성을 공부하고, 적금처럼 납입(納入)하는 적립식 펀드는 매월 일정 금액을 불입(拂入)하는 방식으로 목돈 없이도 수익을 기대해볼 수 있다. 매월 급여를 받는 직장인이나 초보자도 투자가 가능한 상품이지만, 다만 주가가 하락하면 수익률이 기대에 못 미치는 상황이 발생하고, 원금손실의 위험을 감수해야 한다.

◆ 연금저축펀드 ETF

최근에는 연금저축펀드 ETF(상장지수펀드)에 가입해서 노후를 준비하는 사람이 많아졌다. 연금저축펀드 ETF는 세액공제를 받을 수 있는 몇 안 되는 상품이다. 먼저 연금저축계좌를 만들고, 근로소득이 5,500만 원 이하일 경우에는 16.5% 세액을 공제받을 수 있다. 연금계좌로 연간 400만 원 납입하면, 최대 66만 원의 세액공제를 받을 수 있다. 근로소득이 5,500만 원을 초과해도 13.2%까지 공제를 받을 수 있어서 연간 400만 원 납입했을 때 최대 52만 8천 원을 세액 공제받을 수 있다. 그리고 만 50세 이상일 때는 연간 600만 원까지 납입하면, 세액공제가 좀 더 늘어나 근로소득에 따라 최대 16.5%로 99만 원까지 세액공제를 받을 수 있다. 또한 55세 이후에 투자 이익을 수령하면, 낮은 과세를 부과한다. 연금저축 납입 한도는 연 1,800만 원이다. 세액공제가 주어지는 연간 400만 원을 초과한 납입 금액(최대 1,400만 원)에 대해 투자 이익 세율이 3.3~3.5%로 낮은 과세가 적용된다. 그리고 세액공제 한도 400만 원을 제외한 1,400만 원에 대한 부분은 세액공제를 받지 않은 금액이라서 중도 인출도 가능하다. 개인 연금저축펀드 ETF로 투자할 때도, 주식을 주문할 때처럼 가입한 증권사 사이트를 통해 실시간 매매가 가능하다.

ETF의 장점은 다음과 같다.

첫째, 국내외 주식, 원자재, 채권 등에 다양한 상품 투자가 가능하다. 요즘은 증권사와 금융투자사를 통해 젊은이들의 전도유망한 스타트업에 투자하는 사람도 늘고 있다. 초기에 투자하고, 추후에 적절한 엑시트(투자금 회수)까지 할 수 있는 기회가 되기 때문이다.

둘째, 국내외 우량 주식에 중장기적으로 투자하고, 최근에는 10년 이상 매년 가파르게 상승했던 미국 글로벌 기업에 투자할 수 있다. 특히, 미국 주식을 한국시간 기준으로 주간(10시~17시 30분)에 거래할 수 있는 서비스가 등장(미국 현지에서는 9시 30분 개장해서 16시 마감)하고 난 후로 일선 PB를 통해 미국 주식 주문을 넣는 사람들이 많아졌다. 평소 미국 주식 투자에 관심이 있었지만, 시간적 제약 때문에 선뜻 시도하지 못했던 투자자들의 접근성이 좋아졌다. 서학개미 열풍에 힘입어 미국 주식에 직접 투자하는 2030 세대도 늘었다. 청년층을 중심으로 안정적인 고이율 상품에 대한 관심이 높아지면서 수요가 증가하고 있다. 그러나 뒤늦게 미국 주식에 투자한 서학개미들은 40~60%까지 손실을 보고 손절(損切)도 못하고 동동거리며 애를 태우고 있다.

셋째, 채권 ETF도 주식과 같이 자유롭게 언제든지 매매가 가능하다. 미국 채권 ETF도 실적에 따라 배당금을 달러로 지급하기 때문에 안정적인 자산으로 편입할 수 있을 뿐만 아니라, 환차익도 볼 수도 있다. 환차익이란 싼 환율에 달러로 바꿨다가 비싼 환율에 다시 원화로 바꿨을 때 남는 수익을 말한다. 과거에는 현금 유동성이 좋은 부자들이 달러 투자를 했지만, 요즈음은 상품이 다양해져 일반인들에게까지 저변이 확대되었다. 요즘같이 경기는 불황인데도 물가와 금리가 오르는 때는 달러, 금, 예금 같은 안전 자산에 투자하려고 한다. 특히 달러는 안전 자산이기에 매력적인 투자처이다. 올해 환율이 급등하면서 달러에 투자한 사람들은 기대 수익을 많이 보고 있다. 안전한 방법으로 채권 ETF와 주식 ETF를 포트폴리오로 구성하면 좋을 것 같다. 무엇보다도 현재 나의 재정상태를 고려해서 포트폴리오를 만들고, 꾸준히 공부하고 운영해보면 '나의 자산 포트폴리오'가 만들어진다.

펀드 종류는 셀 수 없이 많기에 상품에 대해 정확하게 배우고 공부해야 한다. 특히 장기적으로 보유하기 위해서는 충분한 이해가 필요하다. 주식과 채권에 함께 투자하면 주식이 하락할 때는 채권의 가격이 상승하는 등 반대로 움직이기에 리스크를 줄일 수 있는 한 방법으로 이용되고 있다.

◆ FX 마진거래

최근에 다양한 투자처 중에 FX 마진거래가 젊은이들 중심으로 늘고 있다. 해외 통화(通貨, Currency)의 매수 및 매도를 이용해서 차익을 발생시키는 거래 형태로, 두 나라 통화를 동시에 교환하는 방식이다. 한 나라의 통화를 매도하면서 다른 나라의 통화를 매수한다. 거래수수료가 저렴하고 인터넷으로 24시간 거래가 가능하다. 또한 증거금률이 2%에 불과해 레버리지로 최대 50배를 걸 수 있다. 1억 원 가치의 통화를 거래하고자 할 경우 계좌에 1억 원의 2%인 200만 원의 증거금만 있으면 거래가 가능하다. 주식과 완전히 다른 점은 개점과 마감 시간이 정해져 있지 않아서 24시간 언제든지 거래할 수 있는데, 자기가 원하는 시간에 거래할 수 있는 것이 장점이라고 할 수 있다. 그런데 일반인들에게 FX 마진거래가 생소한 투자 영역으로 관련 법규정이 미비하다는 점을 악용해서 손실이 발생할 수 있다는 점을 밝히지 않고 수수료만 챙기면서 투자로 유인하는 사기, 유사수신업체들로 인한 피해를 호소하는 사람이 많다. 지금도 많은 젊은이가 24시간 올빼미가 되어 인생을 팍팍하게 만들고, 아까운 청춘을 허공에 날리고 있다. '누가 큰돈을 벌었다더라'는 말을 듣고 유혹에 빠져 몸도 마음도 피폐한 젊은이들을 보면 참으로 안타깝다. 젊은 청춘들이 신나게 할 수 있는 일이 너무나 많을 뿐만 아니라 여러분을 기다리고 있는 일들이 많다. 환율은 원화와 달러가 양국의 경제 지표에 따라 계속 움직이기 때문에 예측하기가 매우 어렵다. 투자라고 보기 어려운 도박 수준이기 때문에 특히 젊은이들은 쳐다보지도 않는 것이 좋다.

◆ 가상화폐

3~4년 사이에 가상화폐 코인을 하는 젊은이들을 비롯한 저변이 확대되었다. 2008년 블록체인 기반 가상화폐인 비트코인이 2009년부터 2,100만 개가 채굴되기 시작해서 지금은 이미 90% 이상이 채굴되어 현재는 200만 개도 채 남지 않았다. 코인도 FX처럼 24시간 돌아간다. 코인 전문가들 사이에서 전망이 극명하게 나뉘는 것만 봐도 무리하지 않는 것이 최선이다. 전문가들이 전망했던 것을 보면, 거의 모두가 2021년 말에는 비트코인 하나에 1억 원 이상에서 3억 원은 충분히 간다고 예상했었다. 그런데 비트코인 가격이 35,000달러에서 횡보하고 있다가 2022년 6월 21,000달러까지 떨어졌다. 미국 투자 업체 인베스코는 가상화폐 시장의 거품이 꺼진다면 비트코인이 30,000달러 아래로 떨어질 것이라고 관측했는데 그것이 적중했다. 비트코인의 하락장의 요인은 세 가지 정도로 요약할 수 있다.

첫째, 연준의 기준 금리 인상과 인플레이션이다. 연준이 2022년 올해 기준 몇 차례 금리를 더 올려 3% 이상 올리겠다고 공언했다. 벌써 금리가 2.5%이다. 금리 상승에 따라 코인이 올해는 큰 반등이 어렵다고 보는 첫 번째 이유이다. 금리가 오르면 당연히 불안전 자산인 코인에 투자하지 않고 안전 자산에 돈이 몰리게 된다. 주식과 거의 비슷하게 하락한다.

둘째, 미국의 양적완화 정책과 중국 당국을 비롯한 각국의 규제 강화이다. 중국 쓰촨성에서는 비트코인 채굴업체 폐쇄 명령을 내리고, 거래를 불법으로 규정하고 비트코인의 유통을 원천적으로 차단하겠다는 강력한 의지를 보였다. 향후 중국 정부가 가상자산을 어떻게 규제하는지에 따라 시장 가격이 결정된다고 할 수 있다. 중국의 '비트코인 난민'들이 미국 차세대 글로벌 암호화폐 메카가 되고 있는 '텍사스'로 향하고 있다.

물론 중국은 자기들이 발행하는 '중국의 이더리움(ETH)'이라고 불리며, 중국 최초 블록체인 기반 암호화폐로 비트코인과 이더리움의 장점을 활용해서 만든 '네오(NEO)'를 확산하려는 의도도 있다.

중국의 비트코인을 막으려는 '베이징의 노력'은 채굴로 인한 과도한 에너지, 재정 과잉으로 인한 비트코인 거품 등은 핑계에 불과하다. 가장 큰 이유는 중국중앙은행 발행 법정디지털 화폐(CBDC)인 '디지털 위안화'의 정식 도입을 위한 사전 정지 작업 차원이라고 볼 수 있다. 중국이 7년간 공들여온 디지털 위안화는 올해 정식으로 세계에 모습을 드러내고 있다. 이용자의 익명 거래를 보장하고, 사생활을 전적으로 존중한다는 개인의 정보 보호에 그 초점을 맞추고 있다. 그러나 속셈은 기축통화인 달러 패권에 도전하겠다는 야심을 품고 있다.

셋째, 테이퍼링(Tapering, 시중에 풀린 달러 회수)을 하면서 금리 인상 카드를 꺼내는 수순으로 진행하고 있다. 미국 증권거래위원회(SEC)의 비트코인 상장지수펀드(ETF) 승인 결정이 연기되고, 신청한 회사들이 기한 없이 기다리고 있는 실정이다. 이 승인 결정이 비트코인의 가격이 널뛰기할 수 있는 가장 큰 변수이다. 아직 시간이 좀 더 필요해 보인다.

투자자들은 금리 인상을 하면 달러의 가치가 높아지기 때문에 굳이 위험 자산인 비트코인에 투자하지 않고 안전한 금융 자산에 투자하려고 할 것이다. 24시간 잠도 안 자고 매달리는 것은 FX와 같다. 여윳돈으로 조금씩 하는 것은 괜찮지만 밤낮 구분이 없이 트레이딩에 집착하면, 남는 것은 없고 몸만 피폐해지고 결국에는 한숨만 남는다. 그 소중한 시간을 어디에서 보상받을 것인가! 최근 코인 가격 폭락으로 24시간 올빼미들의 한숨 소리는 커져만 간다. 일부 손해를 보고 손절하는 것도 더 큰 피해를 막는 능력이다. 타이밍을 놓치면 한없는 시간과 마주해야 한다. 변수들이 많을 때는 장기적으로 안전한 상품 투자로 선회하고, 소나기가 올 때는 피하는 게 상책이다.

가난한 사람은 왜 더 가난해질까?

가난한 사람들에게 저축이나 투자가 지금 당장 필요하다고 말하면 대답은 딱 세 가지로 공식화되어 있다.

"나는 그럴 형편이 안 됩니다."

"지금 쓸 돈도 없는데, 투자할 돈이 어디 있겠어요?"

"지금 말고 나중에 할게요."

지금까지 가난하게 산 것으로도 충분하다. 지금부터는 가난을 끝낼 결심을 해야 하는데도 계속 그 생활을 연장하려고 한다. 모든 일은 굳은 결심에서부터 시작한다. 인생의 운명이 가난한 구간에 오래 머물기를 원하는 듯한 모습을 보여주면 인생이 그렇게 흘러가도록 내버려둔다는 뜻이다.

가난한 사람들은 내일이면 오늘보다 더 좋은 일이 생길 것이라고 굳게 믿고 있다. 올해보다 내년에는 더 행복해질 거라고 생각한다. 안타깝지만 그런 일은 일어나지 않는다. 더 악화가 되지 않는 것으로 감사해야 할지도 모른다. 지금까지 수많은 인류가 '희망 고문' 앞에서 얼마나 많이 쓰러지고 절망했던가? 인간을 힘들게 한 것은 절망이 아니라 '희망'이다. 절망은 더 이상 바라지도 않기 때문에 좌절하고 실망할 필요도, 연연할 것도 없다. 고통의 시간이 끝날 듯 끝나지 않는 희망이야말로 절망보다 견디기 어렵다. 희망이 손에 잡힐 듯하다가 빠져나가는 것만큼, 절망스러운 것은 이 세상에 없다.

지금부터는 다르게 생각하고 무언가를 시작해보아야 하지 않겠는가? 가난은 언어에서 시작되고, 언어는 현실이 된다. "어렵다", "힘들다", "안된다"라는 말은 게으른 사람들의 전용 용어로 그들을 더욱 가난하게 만들고 있다. 역설적으로 이런 사람들 때문에 부자는 더욱 부자가 된다. 부자들은 기꺼이 자신을 희생해가면서 돕겠다는 가난한 사람들에게 감사하고 있다. 왜냐하면, 시중에 돈은 늘어나지만, 그 돈이 부자에게 모두 흘러가기 때문에 부자는 더욱 부자가 되는 것이다. 참으로 아이러니한 것은 가난한 사람은 전혀 돈을 벌지 않아도 되는 사람처럼 행동하고, 부자는 돈을 벌지 않으면 안 되는 사람처럼 행동한다. 가난한 사람이 해야 할 것인데, 오히려 부자가 돈을 더 벌려고 시간을 아껴가며 공부하고 경쟁에 뛰어든다.

부자는 투자해서 더 이상 돈을 벌지 않아도 사는 데 문제가 없는 사람들이다. 문제는 돈을 벌어야 하는 사람은 따로 있다. 현재 가난한 사람들이다. '돈이 없으니 돈을 벌어야 한다'는 평범한 진리에서 벗어나고 싶어 한다. 정말 소중한 것을 가지려면 '지금까지 한 번도 가보지 않은 길을 가도 되는가?' 하는 두려움이 먼저 찾아온다. 지금까지 실패의 길을 걸어왔다면 어떤 형태로든 바꾸어야 한다는 것은 맞다. 현재 가난한 것보다 가난을 벗어나기 위해서 어떤 시도도 하지 않는 '태도'가 문제이다. 잘 정비된 부의 차선이 있는데도 굳이 가난한 차선을 고집하는 듯한 사람이 있다. 가난한 구간에 오래 머물러 있을수록 부의 구간과는 거리가 멀어진다.

부자를 꿈꾸는 사람은 "나는 금전적 여유가 없어"라고 말하는 대신에 "그럼 어떻게 하면 금전적 여유를 만들지?"라고 물어보라. "뭘 할 수 있는 것이 없어!"라고 하는 대신 "어떻게 해야 부자가 될 수 있을까?"라고 물어보라. 부자들은 부자가 될 수 있는 긍정적인 이유를 말하고, 계속 생각하며 찾아간다. 반면에 가난한 사람은 부자가 될 수 없는 부정적인 이유를 생각하고, 할 수 없었던 과거를 생각하며 주저앉고 만다. 물음표는 마음을 열고, 마침표는 마음을 닫는다. 끊임없는 자기와의 대화로 마침표를 물음표로 바꾸어가야 한다. '이렇게 해서 실패했는데 저렇게 하면 성공할 수 있지 않을까?'라고 생각을 바꾸면 성공할 수 있는 아이디어가 떠오른다.

평범한 사람이 가난한 이유는 실패의 과정을 제대로 겪지 않았기 때문이다. 아니, 실패하지 않으려고만 하다 보니 제대로 실패해본 적이 없었던 것이다. 실패하지 않은 것만이라도 다행이라고 여길 바에 오히려 실패하는 것이 낫다. 실패도 어설프게 하면 억울하기만 하고, 정확하게 무엇 때문에 실패했는지조차도 모르고 오락가락한다.

IBM의 창업자인 톰 왓슨(Tom Watson)은 "빨리 실패하고 자주 실패하라"고 했다. 빨리 성공하는 최고의 방법은 남들보다 빨리 실패하는 것이다. 아무것도 시도하지 않는 것은 성공이라는 단어를 완전히 지워버리는 것이다. 안전한 길만 추구하고, 그 어떤 실수도 하지 않으려고 하는 사람들은 실제로는 그 길이 가장 위험한 길이라는 것을 모르고 있다. "실패하지 않겠다"는 말은 아무것도 시작하지 않겠다는 뜻이다.

성공은 반드시 실패를 딛고 성장한다. 실패를 통해 배워야 하는 요소가 쌓여야만 성공의 문을 열 수 있다. 성공의 기쁨은 항상 실패의 슬픔 뒤에 오는 법이다. 완벽한 인생이 없듯이 완벽한 성공도 없다. 단지 실패해서 가난한 사람보다, 성공한 부자가 되면 할 수 있는 것이 많기 때문에 선택지를 넓혀갈 뿐이다.

내가 아는 슈퍼리치들은 가난한 사람보다 돈을 더 벌기 위해 더 공부하고, 노력한다. 성공의 길을 선택하고 걸어가는 길은 어렵지만, 포기하는 것은 쉽게 선택하고 결정할 수 있기 때문에 게으른 사람이 좋아하는 유형이다. 돈을 더 벌려면 안 하던 생각을 하고, 익숙하지 않은 시도를 해야 하는데, 거기에는 많은 인내와 용기가 필요하기 때문에 부자가 소수인 것이다.

한 번뿐인 인생을 실패자가 되는데 쉽게 동의하고 내어줘버린다면 슬프고 화가 나지 않겠는가? 자기 자신은 그 어떤 것으로도 대체할 수 없는 고귀함을 가졌고, 사랑받기에 충분한 인격체이다. 자신이 왕의 신분을 가졌는데 천민처럼 행동하면 부끄럽게 여겨야 마땅하다. 당연히 거지처럼 살면 화가 치밀어 올라야 하지 않겠는가? 여러분은 왕처럼 고귀하게 살아야 하고, 그렇게 살 수밖에 없는 자존감이 높은 존재라고 인식하라. 실제로 그렇기 때문에 큰 꿈을 갖는 것을 어색해 하거나 불편해 할 이유가 없다. 여러분은 가짜가 아니라, 진짜이기 때문이다. 이제는 가난한 구간에 머물며 더 이상 가난해지는 것에 동의하지 말고 단호하게 거부하라. 원래 나의 자리로 돌아가는 것처럼, 자연스럽게 한 발자국씩 부의 구간으로 이동하라.

자신을 얼마나 믿을 수 있는가?

여러분 자신을 찬찬히 돌아보라. 나는 당당하게 성공할 수 있고, 충분한 능력이 있다는 것을 100% 믿어라. 충분히 배울 수 있는 열정과 의지만 있다면 습득할 수 있는 정보와 전문가를 언제든지 만날 수 있다. 만약 여러분이 아프리카에서 태어났다면 할 수 있는 일은 정해져 있을 것이다. 이곳에 태어난 것은 다 이유가 있다. 여러분이 원하면 언제 어디서든 꿈을 실현할 환경과 좋은 인프라를 만들어갈 수 있다. 꿈을 현실로 만들고자 하는 동기와 이유는 당신 속에 숨겨져 있어 당신만이 그 비밀을 알고 풀어갈 수 있다.

가난에서 벗어나는 방법은 간단하다. 돈을 벌기로 작심하고 배우고 부딪히면 어떤 일이든 되게 되어 있다. 그것도 힘들면 부자를 따라 하면 된다. 거의 모든 사람은 월급이 꼬박꼬박 나오는 직장을 얻기 위해 공부하고 졸업장을 받는다. 만약 글로벌 회사 임원까지 꿈꾸면 회사에서 성공하는 것이 가장 좋은 케이스이다. 글로벌 임원이 될 확률은 0.2~0.3%에 불과하다. 대부분의 직원들에게는 월급이 창의적인 생각을 제한한다. 또한 고용인의 아이디어를 수행하는 성실한 근로자가 되는 것으로 대부분 만족하는데, 자신을 근로자라고 여기는 순간 여러분은 노동자의 그 이상도 이하도 아니다. 대다수의 사람들은 명문대에 가서 좋은 직업을 가지고, 일을 열심히 해서 돈을 벌어 저축하면서 빚을 지지 않고 사는 것을 최고의 성공이라고 생각한다.

사람들은 졸업과 동시에 월급과 연금에 길들여져 안정된 직장만을 찾고 원한다. 자신들의 생각만 그렇지 앞으로 갈수록 평생직장이라는 생각을 버리지 않으면 자신만 멍청한 사람이 된다. 지금도 대기업은 50세가 넘으면 대부분 명예퇴직 수순을 밟는다. 그동안 월급이 들어오기가 무섭게 쓰는 것에 익숙해서 50세 이상은 대부분 그 돈으로 더 많은 돈을 만들 수 있는 마중물로 효율적인 투자 방법을 찾아볼 생각조차 하지 않고, 기껏 보험과 국민연금에 의존하는 경우가 많다. 수입이 있을 때 적든, 많든 저축을 할 수 있다. 수입이 당장 끊어지면 그때는 절실하지만 할 수가 없다. 그때는 절약이 아니라 아껴서 쓸 수밖에 없는 상황이다. 있을 때는 절약할 수 있지만, 없을 때 아껴 쓰는 것은 절약과는 다른 소비형태이다.

'지금 무엇을 할 수 있을까?'

'어떻게 해야만 부자가 될까?'

'지금 하고 있는 일보다 잘하는 것은 없을까?'

이런 고민을 한 번도 해보지 않고 50대를 맞이한 사람들이 있다는 사실이 믿기지 않지만, 사실이다. 그냥 주어진 일에 최선을 다하며 살아왔을 뿐이다. 어느 날 뒤를 돌아보니 자신이 얼마나 생각 없이 잘못 살았는지 비로소 깨닫게 될 때는 시간이 절대적으로 부족하다. 지금까지 해왔던 일을 하고, 새로운 곳에 눈을 돌리는 것 자체가 내게 주어진 일에 집중하지 못하는 태도라고 생각하며 맡겨진 일을 열심히 하는 것만이 최선의 삶이라고 생각했던 것이다. 그렇게 열심히 살고도 생각 없이 산 것을 후회하는 사람들이 주위에 더러 있다. 노후에 절대 하지 말아야 5가지가 있다.

① 자녀에게 사전 증여

재산을 사전 증여(Gift)하고 자식에게 돈을 매달 타 쓰는 사람이 있다. 자식에게 손을 벌리는 듯한 모습은 보기 좋지 않다. 부부가 자유롭게 쓰고 남는 것은 자식에게 어차피 돌아가게 되어 있다. 자녀들도 준다고 덥썩 받지만 말고, 부모님 생전에 돈에 구속되지 않게 해드리는 것이 효도이다.

② 자녀에게 과도하게 투자

형편이 넉넉하지 않은데도 미국에 조기유학을 보내면서 등이 휘어지는 부모들을 많이 보았다. 부모의 기대에 부응하지 못하는 자녀와는 갈등을 초래하게 된다. 그리고 자녀 결혼식에 노후 자금까지 써가며 과도한 비용을 들이고 있다. 대학까지 졸업했으면 자기들이 돈을 모아가며 살림을 일구어야 진정한 삶의 가치를 안다. 자식은 시간과 기회가 많지만, 부모는 시간과 기회가 없다. 자식들이 나서서 부모에게 없는 시간과 기회를 만들어주어야 한다.

③ 준비가 없는 조기 은퇴

회사에 있을 때는 퇴직을 하면 할 수 있는 것이 많을 것 같았으나 막상 무엇을 하려고 하면 만만치 않은 것들 뿐이다. 은퇴 자금으로 어설프게 사업을 시작하기도 그렇고, 긴 시간을 아무것도 하지 않고 보내기가 그래서 생활비라도 벌자는 취지로 사업을 시작하는 사람이 많다. 만약 한다면 절대 무리하게 시작하지 말고, 이윤보다 안전을 택하고, 잘하는 일을 하도록 해야 한다.

④ 주식 투자, 부동산 투자

투자는 결국 시간에 투자하는 것이기 때문에 절대적인 시간이 없는 상태에서 시작하지 말아야 한다. 투자에 실패하면 다시 회복할 수 있는 시간이 절대적으로 부족하다. 주식 투자로 노후를 불행하게 사는 사람이 주위에 많다. 노후 비과세 연금이나 적금 같은 것을 추천한다.

⑤ 준비 없는 창업

조사 결과 은퇴자가 창업한 경우 70%가 3년 내에 문을 닫는다고 한다. 99%가 5년 내에 폐업한다는 조사 결과이다. 그럼 1%만 문을 닫지 않고 버티든지 성공한다는 말이다. 확률을 보면 사업을 하는 사람은 망하기로 작정하고 덤비는 것같이 보인다. 그러나 성공다운 성공은 어떤 일이든지 1% 내외다. 확률의 문제가 아니라 성공에 대한 강한 확신의 문제이다.

평생을 살면서 내가 좋아하는 일에 한 번도 도전해보지 못하고, 잘하는 일조차 모르고 일생을 마친다면 얼마나 억울하겠는가? 은퇴 후 시도하지 말고 좀 더 젊을 때 도전하길 바란다. 나는 정말 후회 없는 젊음을 보내고 싶은 열망으로 불꽃 같은 인생을 살지는 못해도 도전의 삶을 살려고 노력했다. 나는 충분히 해낼 수 있다고 생각하며 나를 믿는다. "도전도 습관"이라는 말을 좋아한다. 인생에서 도전할 수 있는 젊음의 시기는 기껏해야 15년 내외다. 80~90년 인생을 살면서 10~15년 정도는 나의 인생의 방향을 바꿀 수 있는 가치 있는 일에 뛰어들 수 있지 않은가?

만약 여러분이 다니고 있는 직장이 평생직장이라고 전제하지 않더라도, 10년 후에 부자가 될 수 있다면 직장을 떠날 이유가 없다. 결과론적이기는 하지만, 오히려 지금 만족하지 못한 삶을 살 때 지식의 상상력이 풍부해지고, 다르게 접근하는 방법을 찾고, 경험의 장으로 이끌어낸다는 사실을 알게 된다. 왜냐하면, 이 상황이 나를 생각하게 만들기 때문이다.

사업을 위해 퇴사하고, 실패해서 다시 회사로 돌아가는 사람들이 많다. 실패해도 다시 회사로 돌아가지 않겠다는 마인드셋(Mindset)이 없으면 어떤 일을 해도 성공할 수 없다. 회사를 나오는 자체가 잘못된 일이다.

만약 여러분들이 실패하면 부모님께 다시 돌아가겠다고 생각하고 있다면 결국 그렇게 될 것이다. 실패했을 때 제대로 된 성공의 가치를 알고, 돈이 없기 때문에 더 생각하고 더 똑똑해져야 한다는 것을 경험하게 된다. 실패할수록 창의력이 생기고, 스스로 공부하고 찾는다. 돈에 대한 상처가 깊은 사람일수록 돈에 대한 갈망이 많아 자신을 벼랑 끝에 세우기를 주저하지 않는다. 돈을 벌기 위해서 과감하게 뛰어들고, 못할 시도가 없게 되는 것이다. 물론 시도를 한다고 모두가 성공하는 것은 아니다. 그러나 그 어떤 시도도 나쁜 시도는 없다. 인생은 결국 모든 가능성을 열어두고 기대했던 가능성을 높여가는 확률게임이다. 나를 믿고 뛰어들지만, 나에 대한 믿음이 약해질 때도 있다. 그러나 내가 나를 신뢰하지 않으면 누가 믿고 따르겠는가?

돈에 대해 솔직하지 못하면
부자가 되지 못한다

내가 어릴 적에 아주 큰 감나무가 뒤꼍에 있었는데 가을에 홍시를 따먹기 위해서는 다른 방법이 없었다. 높아서 올라갈 수도 없고, 장대를 사용할 수가 없어 돌을 던져 떨어뜨리는 방법밖에 없었다. 그래서 돌을 여러 번 던지면 어느 돌을 맞고 감이 떨어진다. 만약 쳐다보고만 있다든가, 입을 벌리고 누워 있었다면 홍시 맛을 보지 못했을 것이다. 시도조차 하지 않는 사람은 평생 부자만 쳐다보고 부러워하든지, 가혹한 운명을 탓하며 살든지 할 것이다. 남들은 부자가 되는데 나라고 이렇게 살라는 법이 없지 않은가? 때로는 자신을 질책하고, 때로는 분노할 줄 알아야 한다.

가난한 사람은 의존적이다. 그들은 말한다.

"부자가 세금을 많이 냈으면 좋겠어."

"기초생활연금도 올려주면 좋겠어."

"의료혜택도 전면 무상으로 받을 수 있으면 좋겠어."

가난한 사람들은 자신이 할 것은 생각하지 않고 받을 것만 생각한다. 의존적이고, 답습적이고, 고정적인 생각에 길들어 있다.

"그건 내가 할 수 있는 일이 아니야!"라는 말이 습관화되어 있다. 자신의 삶을 개선하거나 꿈에 대한 이야기에는 관심이 없다. 여러분은 직업을 가지려고 공부하는 사람과 돈을 벌려고 직업을 가지려는 사람을 생각해본 적이 있는가? 돈 없이 사는 것은 생각하는 것만으로도 끔찍하게 싫어하면서 왜, 우리는 학교에서 돈에 대해 배우지 않는지 생각해본 적이 있는가? 이율배반적이지 않은가?

대부분의 사람은 좋은 곳에 취직하기 위해서 공부하고, 명문대 졸업장을 받으려고 기를 쓴다. 직업을 가지려고 공부하는 것은 곧 돈을 잘 버는 시스템을 만들기 위해서다. 흔히 우리가 말하는 '자기 성취', '이상 실현', '사회 기여와 국가 봉사', '하고 싶은 일을 하기 위해' 등 화려한 수식어가 있지만, 결국 돈과 연결된다. 신입직원은 물론이고 경력자들도 회사 지원 동기란에 화려한 수사들을 나열한다. '돈을 많이 벌기 위해서'라고 입사 지원서에 쓰는 사람은 없겠지만, 만약 있다면 이 사람은 분명히 일을 잘해서 진급하고 돈도 많이 벌 것이다. 여러분은 질문할 것이다.

"당신은 그 본질적인 돈을 받지 않거나 적게 받아도 '자기 성취'와 '이상 실현'을 위해 노력하고 견디며 이 일을 계속할 수 있겠는가?"

이런 질문에 답하지도 못할 화려한 수사가 왜 필요한지 궁금하다. 나도 기억은 안 나지만 신입사원으로 입사할 때 그렇게 썼을 수도 있다. '자기 성취'를 위해 노력하는 사람보다 '돈을 잘 벌기 위해서 노력'하는 사람이 훨씬 회사에 유익한 사람이다. 당연히 자신에게도 유익하다. 돈에 대해 솔직하면 전에 보이지 않았던 것이 보이고, 돈을 어떻게 대하고 생각해야 하는지도 알게 된다. 돈의 속성을 알게 되고 돈과 친해질 기회를 가지게 된다.

대부분 직업을 가지면 회사 직원이고, 공무원이기 때문에 돈에 대해 공부할 필요가 없다고 생각한다. 돈 공부를 한다고 해서 월급을 더 줄 것이 아니라는 것을 안다. 내가 월급을 받는 순간 직원처럼 일하고 생각하게 된다. 직장인들은 돈 공부를 해도 인생이 크게 달라지는 것이 없다고 생각한다. 틀린 말이 아니다. 돈 공부를 한 만큼 연봉이 올라가지는 않을 것이다. 이런 생각이 미치기 때문에 그 어떤 직원도 아주 작은 회사 오너의 마인드를 따라갈 수 없다고 하는 것이다.

만약 보수가 없는 일을 한다면, 뇌를 멈추고 주어진 일만 할 수 없도록 만든다. 사고의 영역을 확장시키고, 다른 일을 계속 시도하면서 효율적인 시스템을 만들고 연결하도록 노력할 것이다. 직장인보다 훨씬 생각을 많이 해야만 살아갈 수 있다는 것을 안다. 여러분의 자아는 학습되고 만들어진다. 내가 지금 가난하다면 남들이 만들어놓은 길로 다니는 것을 당연하게 생각했기 때문이다.

"열심히 해라."

"근면 성실해라."

"실수하지 마라."

"한눈팔지 말고 한 우물만 파라."

학교 교육은 여러분이 좋은 직원이 되도록 키우게끔 설계되어 있다. 역설적이지만, 실수하지 않고, 한눈을 팔지 않으면 새로운 것이 보이지 않는다. 한눈을 파는 데서 창의적인 생각이 '다름'을 만들어낸다. 부자는 남들이 가지 않는 길을 가는 것을 주저하지 않는다. 학교에서는 변호사, 의사, 회계사 등 전문가를 배출한다. 이것은 돈에 관한 것이 결코 아니다. 학교 커리큘럼에 따라 전문 직업인이 만들어진다. 대부분 사람이 놓치고 있는 것은 회계, 세금, 자산, 부채 같은 비즈니스 지식을 이해하지 않으면 큰 사업가가 될 수 없다는 것이다. 하지만 학교에서는 돈 버는 지식을 가르치지 않았기 때문에 당연히 몰라도 된다고 생각한다. 대학교 교수들은 자신들이 경험하지도 않은 일을 마치 경험한 것처럼 말하고 가르치는 데 익숙하다.

나는 대학에서 경영학과 교수들이 회사에서 경영자로서 인사·재무·관리나 마케팅을 적용해보지 않고도 한 것처럼 설명한다는 것에 놀랐다. 하지만 회사에 필요한 사람이 어떤 사람인가에 대해 가르치기만 하지, 자신의 직업으로 무엇을 잘할 수 있는지는 모른다. 중요한 것은 자신들이 가르치는 수업을 한 번도 일선 현장에 적용해보지 않았기 때문에 지식과 이론을 현장에 적용하는 것이 얼마나 많은 괴리가 있는지도 모른다는 사실이다. 진정한 교육자는 자신이 가르치는 일을 매일 반복하면서 현장에 적용하는 사람이다. 기업가만이 돈에 대해 알아야 하고, 가르치는 사람은 돈에 대해서 몰라도 된다고 생각한다. 회사의 방침에 잘 따르도록 설계된 사람이 되도록 가르친다. 직업인으로 매너리즘에 빠지는 것만큼 위험한 것은 없다. 마치 감미롭고, 짜릿하고, 흥분되는 사랑의 감정만 알지, 정작 사랑하는 법을 모르면 껍데기에 불과한 것과 같다. 가르차는 사람들이 솔직하지 못한 것인지, 경험을 통해서 습득하라고 일부러 숨기는 것인지 알 수가 없다. 분명한 것은 돈을 벌려고 직업을 가진 사람들이 부자가 된다는 사실이다. 평범한 사람이 가난한 건 실패를 하지 않으려고 노력하기 때문이다. 조직 사회에서는 어떤 실수도 용납하지 않으려고 한다.

그들은 너무 안전을 생각해서 학교의 가르침에 따르는 모범적인 교과서가 되고자 한다. 실패가 너무 두려워 어떤 일도 시도하지 못한다. 하지만 우리가 성공하는 방법에는 항상 실패가 끼어 있다. 엄밀히 말해 실패가 아니라 경험적 리허설이다. 리허설 때는 이 방법, 저 방법을 시도해보고 최적의 방법을 찾아낸다. 학교에서나 직장에서 실패하면 대단한 잘못이라고 생각하게 만들다 보니, 모두 실패를 두려워한다. 실패는 실패로서 끝나는 것이 아니라, 더 좋은 방법을 찾아가는 성공의 사닥다리이다.

여러분은 빚에 대해서 어떻게 생각하는가? 대부분 사람은 어릴 때부터 빚을 지지 말라고 배워서 부정적인 생각을 갖고 있다. 어릴 때 빚쟁이가 찾아와서 부모님이 곤란해하는 것을 보기도 했을 것이다. 거의 모든 재테크 전문가들도 빚부터 갚아야 한다고 조언한다. 만약 과소비한다거나 쇼핑 중독으로 빚을 지고 있다면 신용카드를 잘라버리는 것이 맞다. 그래서 좋은 빚과 나쁜 빚을 구분할 줄 알아야 한다.

2007년에 미국에 있는데 내가 아는 부동산 업자로부터 전화가 와서 잠실 석촌호수 주택단지에 대지 85평이 매물로 나와 있으니 생각이 있으면 빨리 매입하라고 하는 것이었다. 그 당시 나의 재정 상태로도 충분히 해결할 수 있었지만, 은행에서 신용이 좋은 관계로 저리로 융자를 해주겠다고 해서 나의 돈을 전혀 들이지 않고 주택의 일부 담보로 구매하게 되었다. 우리나라에서 가장 높은 123층 롯데월드타워가 2016년 완공과 더불어 석촌호수가 정비되고, 2015년 전철 9호선 석촌역이 환승역이 되고 연장되는 호재로 몇 년 만에 두 배가 올랐다. 나는 미국에 있었지만, 이런 호재가 있다는 것을 알고 있었다. 이것은 좋은 부채가 된다. 은행 금리보다 부동산 지가가 더 오르고, 내가 가진 돈으로 빚을 갚지 않고, 은행에 예금만 해도 연 2.5%의 수익을 낼 수 있기 때문이다.

많은 사람들이 집은 좋은 자산이라고 생각한다. 그런데 대부분 집은 부채에 속한다. 여러분이 집을 매입하고 빚이 있든, 빚이 없든 부채이다. 집에서 돈이 나오는 것은 없고 관리비, 대출이자, 각종 세금, 수리비, 보험금 등이 지출되기 때문이다. 만약 내가 그 집에 살면 그건 부채이다. 차를 사는 것도 마찬가지인데, 차는 사자마자 중고차로 취급되고, 할부금, 세금, 보험, 주유비, 수리비, 주차비, 통행료 등 부채 순서로 흘러간다. 집을 사도 부채로 흘러간다. 관리비, 재산세, 주택담보대출 이자, 수리비 등이 부채 순서로 흘러간다. 실제적인 소유권 행사도 은행이 한다. 그런데 모든 비용 부담은 소유자가 한다. 그래서 이건 자산이 아니다. 왜냐하면, 현금이 매달 빠져나가는 부채이기 때문이다. 그래서 부채의 정의는 수익은 주지 않으면서 돈을 매달 호주머니에서 빼앗아가는 것이다. 그리고 자산은 여러분에게 돈을 가져다주는 것이다. 만약 통장에 돈을 넣어주는 수익형 부동산이 있다든지, 같은 차라도 렌터카 사업을 한다면 내 주머니에 돈을 넣어준다. 이것은 자산이다.

내가 그 집에 대한 빚이 없더라도 세금, 감가상각비, 관리비, 수리비, 유지비, 보험료 등을 내야 하는데, 빚을 지더라도 이자 이상의 임대료가 나오면 은행의 빚을 갚을 필요가 없는 '좋은 빚'이다. 지출을 위해 일하고 있다면 계속 빚을 지고 살 수밖에 없다. 소득을 위해서 일하려면 자산을 위해 일하도록 해야 한다. 자산을 위해 일하기 위해서는 낮은 금리로 돈을 빌려서 자산에 넣으면 이자 이상의 소득으로 이어진다. 그러면 그 빚은 레버리지 효과로 이자보다 많은 수익을 가져다주는 좋은 빚이다. 문제는 만약 여러분이 빚을 이용하려고 하면, 단순히 집을 사버리는 사람보다 훨씬 더 똑똑해야 한다. 빌린 돈으로 내 통장을 불리고, 자산을 만드는 일은 보통 사람들보다 재정 공부를 많이 하고 똑똑해야 가능하다. 좋은 빚이란 자산을 위해 빌리는 빚이고, 자산은 내 통장에 돈을 가져다주는 것을 말한다.

부자 되기
VI

어떤 사람이 진정한 부자인가?

사람들은 이렇게 질문한다.

"얼마를 가져야 부자인가요?"

"부자의 월 평균 소득이 얼마나 되나요?"

"부자들은 어디에 투자를 많이 하나요?"

"부자가 되려고 하면 어떻게 해야 하나요?"

<KB부자보고서>에 따르면 '금융 자산이 10억 원 이상'인 사람을 부자라고 정의한다. 부동산을 제외한 재산이기 때문에 불공평한 것이 있다. 서울 강남과 지방의 주택 가격은 차이가 클 뿐만 아니라 빌딩을 가지거나 수익형 부동산을 가진 사람도 있기 때문이다. 지방에 3억 원의 주택이 있고 은행에 10억 원이 있으면 부자가 된다는 말이다. 금융 자산으로만 부자의 기준을 정하는 것은 무리가 있어 보인다.

부자들을 대상으로 설문 조사한 결과 부자라고 생각하는 기준은 금융자산 30억 원 이상, 부동산은 최소한 50억 원 이상을 가진 사람을 부자라고 생각한다고 응답했다. 2021년 <KB부자보고서>에 따르면 현금자산 10억 원 이상을 가진 부자는 393,000명이다. 자산 분포도는 부

동산 59%, 금융 자산 36.6%, 나머지 4.4%는 미술품 등이다. 부자들의 거주 지역은 수도권 중에서도 강남 3구(강남, 서초, 송파)에 몰려 있다. 부자들의 재산 형성 기여도는 사업소득(41.8%), 부동산 투자(21.3%), 상속·증여(17.8%), 금융 투자(12.3%), 근로소득(6.8%) 순이다. 부자의 월 소득은 2,000만 원 이상이 되어야 하고, 주식과 부동산에 많이 투자하고 있는 것으로 나타났다.

이 통계에서 알 수 있듯이 가난한 사람이 '전적으로 의존하는 근로소득'이 부자에게는 얼마나 미미한가를 알 수 있다. 강남에 수십억 원 하는 아파트가 있어도 대출이 많고, 근로소득이 전부라면 부자라고 할 수 없다. 일하지 않으면 수입이 끊기는 일시적인 부자는 진정한 부자가 아니다. 반대로 일을 하지 않아도 재산이 늘어나고 고정소득이 월 2,000만 원 이상 들어오는 부자가 진짜 부자이다. 일반적으로 부자로 불리는 사람은 자신이 좋아하는 일을 하면서도 재산이 줄어들지 않는 사람이다. 가난한 사람은 일을 열심히 해도 빚에서 헤어나오지 못하고 오히려 재산이 줄어든다.

모두 열심히 일하는데도 왜 가난에서 벗어나지 못하고 쩔쩔매며 살까? 땀을 흘려 열심히 일하면 좋은 일이 생기고 부자가 될 것이라고 생각하기 때문이다. 열심히 일하면 부자가 된다면 모두 부자로 살아야 하는 것이 맞다. 왜냐하면, 우리 모두는 열심히 살기 때문이다. 열심히 살지 않으면 먹고사는 것 자체가 힘들기 때문에 열심히 살지 않을 수 없다. 사람들은 자본주의 사회가 불공평하다고 한다. 사람들의 생각과 습관, 그리고 능력이 다 다르다. 문제를 대하는 태도도 각자 틀리기 때문에 불공평한 것이 역설적으로 '정상'이고 '공평'한 것이다.

부자가 되려고 하면 근로소득에서 서서히 탈피해서 자본이 돈을 벌어주는 '자신의 시스템'을 만드는 사업가가 되어야 한다는 것을 알 수 있다. '자신의 시스템'이라는 말은 마치 자기 자신의 집을 찾아가는 내비게이션과 똑같다. 사람마다 집주소가 다르듯이 자신만의 로드맵이 따로 있다. 똑같은 투자를 해도 어떤 사람은 돈을 버는데, 어떤 사람은 돈을 못 버는 것도 이런 이유이다. 아무리 비싼 고급 옷이라도 자신에게 맞지 않으면 아무 의미가 없다. 다시 말하면, 재정 컨디션이 다 다르기 때문에 일률적으로 적용할 수 없다는 말이다. 급한 돈인지 급하지 않은 돈인지, 순자산인지 대출금도 포함되어 있는 돈인지, 고정자금인지 가변자금인지, 투자 금액이 큰지 적은지 등에 따라 투자 시기와 방법, 그리고 종목 선택이 달라야 한다.

부자가 매년 약 10% 정도 늘어나고 있다. 늘어나는 부의 총량에 빨리 뛰어들어 합류해야 한다. 먼저 내가 왜 가난하게 사는지 생각해보면 원인이 있었다. 지금까지 살아온 방식과 다르게 살면 부자가 될 수 있다. 실패했던 방식을 가능한 빨리, 완전히 버리지 않으면 부자의 구간에 진입할 수가 없다. 이제까지 주변에 잘사는 사람을 마냥 부러워만 하고, 자신의 꿈을 위해 한 번도 도전해보지도 않고 사는 것을 당연하게 여겼다. 자신이 뭘 잘하는지에 대한 관심이 없을 뿐만 아니라, 찾아보려고 시도조차 않으면서 신세 한탄만 했다. 이제까지 느닷없는 행운이 오기만을 기다렸다면, 이제는 나의 꿈을 위해 뛰어들 수 있는 생각의 대전환이 필요한 시점이다.

실제로 부는 상대적이다. 진짜 부자는 '가진 것에서 더 원하지 않으면' 진정한 부자이다. 그리고 '나를 위해 더 이상 돈을 벌 필요가 없다'고 여기는 사람이 경제적 자유주의자이다. 진짜 부자란 돈의 액수를 생각하는 것이 아니라, 돈의 가치를 생각하는 사람이다. 50억 원이 있는 사람이 100억 원이 있는 사람을 만나도 시샘하지 않고, 여전히 부족하지 않다는 믿음과 만족을 누리는 사람이다. 돈이 있어 언제든지 진수성찬을 먹을 수 있지만, 그렇게 먹지 않아도 부족함이 없는 자족(自足)함이다. 고급 차를 살 수도 있지만, 그런 차를 타지 않아도 자존감이 낮아지거나 품위가 손상되지 않는다고 여기는 사람이 진정한 부자이다. 가난한 이웃을 돌아보고 챙길 줄 아는 노블레스 오블리주(Noblesse Oblige) 정신을 실천할 수 있다면 더없이 존경받는 부자이다.

반면에 호화주택, 고급 차, 진수성찬, 명품 등을 원하는 사람은 진정한 부자가 아니다. 더 많은 것을 원하는 것은 가난한 사람들의 모습이다. 돈이 많으면서도 가난한 사람처럼 사는 사람이 의외로 많다. 자기보다 돈이 더 많은 사람을 만나면 비교의식이 발동해서 가장 가난한 사람처럼 행동하고 자신이 부자임을 잊어버린다. 아무리 부자라도 남과 비교의식이 있다면, 이미 그 마음에는 평안이 없고, 먹구름을 몰고 다니는 장마전선을 형성하고 있다. 돈을 대하는 태도를 보면 그 사람의 그릇을 알 수 있다. 사람마다 능력이 다르듯이 사람마다 돈을 다룰 수 있는 기술과 그릇의 크기가 다르다.

미국 IBM에서 직원 중 두 사람이 1998~2000년에 투기 현상이 과열되어 미국에서 인터넷, 통신 관련 주식이 각광을 받을 때, 아마존 주식을 100달러에 샀다. 그런데 IT버블이 붕괴되면서 100달러에서 5달러까지 95%나 떨어졌다. 그 당시 인터넷 주는 모든 투자자들의 관심을 끌만한 충분한 이유가 있었다. 투자자들 뿐만 아니라, 전문가들도 인터넷 산업이 기존 산업을 전부 장악할 것이라고 굳게 믿었다. 버블이 가라앉으면서 A라는 사람은 200달러에 모두 팔아치워버렸다. 그래도 3~4년 만에 2배로 수익을 올렸다. 10만 달러를 투자했기 때문에 10만 달러를 벌었다. 또 B라는 사람은 똑같은 시기에 샀지만 팔지 않고 보유한 결과 100달러가 거품이라던 주가가 3,700달러를 찍고, 최근에는 조정을 거치면서 2,700달러 정도 한다. 그런데 A직원은 수익을 2배로 남겼는데도 B직원만 보면 부럽기도 하고 화가 난다고 한다. A는 거슬러 생각해서 버블에서 막대한 손해를 본 사람들을 생각하면 자신은 얼마나 행운인지 알 수 있을 텐데 말이다.

나는 인터넷의 세상이 올 줄 알았다. 인터넷 자체의 문제가 아니라 인간의 욕심이 투자자들을 끌어모아 한탕주의에서 헤어나오지 못하고 참담한 결과를 만들었을 뿐이다. 그중 20년이 지난 후에도 살아남은 애플, 마이크로소프트(MS), 아마존 닷컴의 주가 차트를 보면 상상이 현실이 된다는 것을 알 수 있다. 이 주식을 장기 보유한 신흥 부자가 많이 탄생했다. 참고로 애플은 닷컴버블 당시 1주에 1.34달러였던 주가가 22년 뒤인 2022년에 180달러가 되었다. 130배 이상 올랐다. 낯설은 IT의 등장과 함께 전 세계는 기존에 없었던 신성장 산업의 출현으로 전통적인 기업들이 설 자리를 잃었다. 2020년 2분기 기준 미국 상위 1%가 미국 전체 자산의 30.5%를 소유하고, 하위 50%는 전체 자산의 1.9%만 갖고 있다. 상위 모두 IT기업들이 독차지하고 있다. 전 세계적으로 보면

1%가 46%의 부를 차지하고 있다. 인생은 불공평하다. 태어날 때부터 스타팅 포인트(Starting Point), 출발점이 다 다르다. 미국에 있으면서 나도 미국에서 태어났으면 좋겠다고 여긴 적이 있다. 특히 언어의 문제가 있을 때 말이다.

진정한 부자는 자족(自足)하는 마음이다. 남과 비교하지 않아도 충분하게 행복하고, 누릴 수 있는 만족이 있다면 부자의 근육이 붙은 것이다. 돈의 근육보다 마음의 근육을 늘려야 내 것으로 할 수 있는 범위가 넓어지고 진정한 행복이 깃든다. 사람은 부족한 듯 살아도 나쁘지 않지만, 할 수 있는 것이 많아진다는 의미에서 부자의 기준을 제시하고 확장하려는 것이다.

"뭘 해도 성공할 사람이야!"

누군가가 나를 이렇게 인정해준다면 나는 이미 성공한 부자가 된 것이다. 돈만 많다고 해서 부자가 되는 것이 아니라 먼저 마음에 부족함이 없고, 가진 것으로 감사하는 마음이 녹아들 때 진정한 부자가 된다.

자신의 생각을 확산하고 통제하라

생각을 많이 하면 창조적인 아이디어가 떠오르는 것을 여러분도 느껴본 적 있을 것이다. 상상력이 생각을 확장하고, 서로를 연결하면 미래의 세계가 맞닿은 곳에서 아이디어는 시작된다

“이 집은 어떻게 해서 예쁘게 만들어진 걸까?”

“누가 이런 아이디어를 생각해냈지?”

“여기에 어떤 사람이 살고 있을까?”

생각은 모든 곳에 존재하며 누구나 생각을 연결해서 그것을 형상화할 수 있다. 생각의 시작도 소소한 일상에서 시작하고, 남들이 생각하지 못할 만큼 큰 테두리를 벗어나지 않는다. 생각은 항상 내 주위에 공간을 넓혀주고 아이디어를 끌어들인다. 다만 이 아이디어를 끌어들이고 연결해서 상상을 현실로 만드느냐, 만들지 않느냐의 차이가 부자와 가난한 자를 구분한다.

우리를 행복하고 여유가 있는 사람으로 생각할 수 있으면, 우리는 그렇게 살 수 있다. 자신이 무엇을 원하는지 확실하게 정하고, 그것을 생각하기 시작해야 한다. 그러다 보면 할 수 있는 이유보다도 할 수 없는

이유가 더 많이 떠오를 수도 있다. 그런데 할 수 없다는 생각들을 거부할 수 있는 능력도 우리에게 장착되어 있다. 할 수 없는 이유를 생각하면 세상에 할 수 있는 것이 단 하나도 없다는 것을 굳이 내가 증명할 필요는 없다. 어떻게 할 것인지 떠오를 때까지 생각해봐야 한다. 그러다 보면 방법이 떠오르고, 보일 것이다. '왜 할 수 없지?'가 아니라, '어떻게 하면 잘할 수 있지?'를 계속 고민하며 전문가에게 물어봐야 한다.

부자가 아닌 사람에게 돈을 잘 버는 방법을 물어볼 필요는 없다. 실패를 반면교사로 삼을 수는 있겠다. 소경이 왜 길을 못 찾는지 정도는 알 수 있을 것이다. 그들이 부자가 되는 방법을 알고 있었다면 벌써 부자가 되었을 것이다. 모든 위대함은 상상에서 시작된다. 꾸준한 상상력은 이론이 되고, 이론은 이미지가 되어서 결국 사실이 된다. 인간은 공평하게 누구나 사고(思考)하고, 상상할 수 있다. 사상을 공부해 철학자가 되어야만 사고하고 상상하는 것은 아니다. 생각의 부유함을 키우면 과거에 경험할 수 없었던 것을 볼 수 있는 시야가 열린다.

'그 무엇'에 대한 결과를 만들어내는 원인을 알고 바꿔야 한다는 것은 맞다. 그러나 지금까지의 삶을 송두리째 바꾸는 것은 거의 불가능하다. 과거에 살아온 삶이 기대와는 정반대로 전개되고 있다고 해서, 항상 180도 전환이 필요한 것이 아니다. 앞서도 언급했지만, 1도의 관점 전환 즉, 물이 섭씨 99도에서는 끓지 않는데, 부족한 그 1도가 여러분에게 필요하다. 그리고 100% 중에 1%의 생각과 행동 변화만으로도 많은 일을 해낼 수 있다는 자신감이 붙으면, 그 1%가 언젠가는 100%가 되는 것이다. 이 방법은 성공한 사람들이 사용한 방법이고 걸어갔던 길이다. 한 번에 여러 가지 생각을 하려고 하지 말라. 한 번에 하나만 생각할 수 있다. 우리의 생각 체계는 어떤 상황에서도 좋은 점을 생각하거나 발견할 수 있게 단련되도록 훈련해야 한다. 생각의 전류가 우리 내면의 세계로 흘러들어올 때 우리는 그 생각에 어떻게 반응하고, 적용할지 결정해야 한다. 우리는 내면에 자신을 평가하는 이미지가 있는데 이것을 '자아상'이라고 한다.

너무 많은 사람이 자기 자신을 잘 모른다. 그래서 자신을 좋게 생각하지 못할 뿐만 아니라 다른 사람에게도 마찬가지이다. "원수는 바위에 새기고, 은혜는 물에 새긴다"는 말이 있듯이 사람이란 좋은 일보다 나쁜 일을 오래도록 기억하고, 앞으로 나아가는 것을 멈추게 만든다. 이런 사람은 모험이 따르는 일을 절대로 시도하지 못한다. 자신이 할 수 있는 일이 아니라고 생각하기 때문이다. 우리는 우리가 생각하는 대로 인생을 이끌어갈 책임과 의무가 있다.

생각을 많이 하는 사람이 앞으로 나아가게 하고 현재를 제어하고 미래를 열어갈 수 있다. 내 생각을 확산하고 통제할 수 있다면, 분명히 여러분은 1% 안에 들어갈 수 있는 충분한 자질이 있다.

세상에서 가장 소중한 것은 자기 자신이다. 스스로 자신을 낮게 평가하면 어떤 일을 해도 "할 수 없다"는 말을 입에 달고 산다. 반대로 스스로 '나는 세상에서 가장 중요한 사람'이라고 생각하면, 뇌에 그렇게 저장되고 나도 모르게 스스로를 신뢰하고 좋아하게 된다. "자신을 좋아하지 않는 사람도 있냐?"고 반문할지 모른다. 그런데 많은 사람을 만나본 경험으로는 의외로 사람들이 자신을 과소평가하고 있다. 자신을 믿고 좋아하게 되면 날마다 조금씩 가능성이 열린다는 사실을 발견할 것이다. 그러면 조금씩 앞으로 나아가면서 목표가 분명하고 뚜렷한 일에 집중하는 힘이 생긴다. 그럼 점점 큰 목표에 도전할 수 있는 지속력을 가지게 되고, 어느 날 누구나 할 수 없는 일을 하게 된다. 내가 나를 좋아하면, 남들도 나를 좋아하고, 함께 일하고 싶어하는 사람들이 늘어난다. 왜냐하면 가치 있는 사람과 일하고 싶어하기 때문이다. 여러분은 지위와 장소에 상관없이 자신을 위해 일한다는 마인드를 가져야 한다. 내 사업을 하듯이 직장생활을 하는 사람과 주어진 일을 처리하는 월급쟁이라고 생각하며 일하는 사람은 엄청난 차이가 있다.

나도 신입사원 시절에 월급을 받는 샐러리맨이라고 생각했을 때는 시계만 쳐다보고, 월요일부터 주말을 기다리고, 휴가를 계획하고, 보너스만 기다리는 단순한 노동자였다. 그러나 생각을 바꾸어 경영자처럼 생각하고 목표를 세워 도전하기로 마음을 먹었을 때 일의 욕심이 생겨 일을 잘하기 위해서 무엇을 해야 하는가를 상상하게 되었다. 그래서 국내에서 어렵지만 보람 있는 학위를 받고, 모두가 반대하는 유학을 결심하고 학위에 도전해서 성취했다. 학위를 받기 위해 공부한 것이 아니라, 일을 잘하기 위해서 공부한 것이다. 회사를 위해 일한 것도 아니고, 이 모두가 나를 위해 일하고 배운 것이다. 이 지식과 경험은 나에게 남아 있다.

부자들은 언제나 자기가 1% 안에 들 수 있는 사람이기에 스스로가 자신을 위해 일해야 한다고 생각한다. 그러나 가난한 사람은 자기가 회사 대표를 위해서 일한다고 생각하고 월급만 잘 나오기만 바란다. 이는 다른 사람이 자신의 인생을 통제하고, 자신을 대신해 의사결정을 하고, 다른 사람이 자기를 책임져줄 것이라고 믿는 것이다. 이렇게 길들여져도 좋은가? 선택은 오로지 당신만이 할 수 있다.

자신의 인생을 살지 못하고, 남의 인생에 끼워져 평생을 사는 사람이 의외로 많다. 예를 들면 평생 빚을 지고 이자를 내다가 자신의 인생에서 누릴 수 있는 모든 것을 포기해야 하는 안타깝고 슬픈 운명이 많다. 최상위 10%에 속하는 사람들이 대부분의 시간 동안에 하는 생각은 자신이 원하는 것이 무엇이고, 이를 어떻게 하면 잘할 수 있고, 얻을 수 있는지에 관한 것이다.

일을 잘하기 위한 '어떻게?'라는 질문에 대한 답을 얻는 데는 많은 시간이 필요하다. '어떻게' 접근하고 해결해나갈 것인가? 이것이 여러분의 유일한 질문이 되어야 한다. 다른 대부분의 사람은 '어떻게'를 생각하는 사람을 위해 그 밑에서 주어진 일을 하는 사람이다. 실제로 여러분이 가고자 하는 목표는 이미 다른 누군가가 갔던 길이고, 여러분이 가진 어떤 문제도 이미 누군가가 해결한 적이 있는 문제이다. 다른 사람은 '어떻게' 했을까의 자취를 찾아서 그대로 하면 된다.

다른 사람이 이미 해낸 일이라면 여러분도 할 수 있다. 그 어떤 누구도 여러분보다 특별히 나은 사람이 없고, 똑똑한 사람이 없다. 있다면 서로 다른 방면으로 더 똑똑할 뿐이다. 사람들은 각자 다른 분야에서 자신만의 재능으로 똑똑함을 증명한다. 따라서 그 누구도 여러분보다 더 낫다고 말할 수 없다. 대부분의 사람들이 학교 다닐 때 좋은 성적을 못 받았다고 덜 똑똑하다고 생각하지만, 자신의 재능을 제한하는 이런 최악의 어리석음이 이유와 변명이 되지 않도록 해야 한다. 여러분의 인생에서 이유와 변명 대신 무엇을 채울 것인가? 나의 재능이 열등하다는 생각은 단지 여러분의 마음에만 남아 있을 뿐, 실제로는 그렇지 않다.

여러분이 이룰 수 있는 모든 것의 한계는 바로 자신만이 정할 수 있다. 수많은 책이나 강연에서 백만장자가 될 수 있는 금융지식과 투자에 대해 다룬다. 그러나 가장 중요한 것은 백만장자가 빨리 되는 것보다 먼저 자신이 어떻게 바뀌어야만 진짜 부자가 될 수 있는지를 아는 것이다. 백만장자는 될 만한 사람이 된다. 당신의 습관과 기질이 부자가 되는 상위 1%에 적응해야 한다. 부자가 되는 것은 '방법'의 문제가 아니라 '적응'의 문제이다.

여러분이 '백만장자'라고 말하고 행동하는 순간 뇌는 당신이 백만장자가 아니라는 것을 안다. 그러나 여러 번 반복하면 당신의 뇌는 그것을 진짜로 알고 일하기 시작한다. 그렇게 뇌는 24시간을 쉬지 않고 방법을 찾기 시작해서 끝내 원하는 것을 찾아줄 것이다. 이건 정말 놀라운 힘이고, 누구든지 시도하면 쉽게 실천할 수 있는 것이다. 우리가 잘 아는 '끌어당김의 법칙'처럼 정확히 원하는 것을 되새기고 반복하면 상상을 현실로 만들 수 있다.

2022년, 지금 나는 얼마를 가지고 있다.
2030년에는 얼마를 벌 것이고, 나는 OO년(OO세)까지 백만장자가 될 것이다.

이렇게 반복적으로 노트에 적어보자. 잠재의식 속에서 그것을 할 수 밖에 없는 강한 동기를 만들어낸다. 숫자를 정확하게 하면 뇌도 숫자에 맞추려고 노력한다.

어떤 사람이 되고 싶은지?

어떤 인생을 살고 싶은지?

어떻게 원하는 것을 얻을 수 있는지?

이 질문에 대한 답을 찾아가는 과정에서 분명한 그림을 그릴 수 있어야 한다.

첫째, 무엇을 원하는지 분명하게 결정하라.

대부분의 사람들은 자신이 무엇을 원하는지조차 모른다. 부자가 되길 원하지만, 부의 의미와 정확히 얼마를 언제까지 갖고 싶고, 어떤 방법으로 얻고 싶은지 모른다. 아인슈타인(Albert Einstein)도 "당신의 목표를 여섯 살짜리 아이에게 설명하고, 그 아이가 이해할 정도가 되어야 하고, 여러분의 동료들에게 명쾌하게 설명하지 못한다면 당신의 목표는 분명하지 않은 것이다"라고 했다.

둘째, 적고 또 적으면서 반복하라.

적는 것보다 명확한 것은 없고, 적어놓지 않는 목표는 판타지라고 밖에 볼 수가 없다. 목표 중에서도 가장 가치 있고 중요한 것을 메모에서 찾고, 또 추가하면 세상에서 하나뿐인 나만의 로드맵이 되는 것이다. 기억은 사라지고 생각은 흐려지지만 기록은 언제까지나 남는다.

셋째, 기간을 정한다.

무엇을 언제까지 성취할 것인지, 현재 시제로 적고 하루 단위로 체크하라. 하루의 시간에서 가장 작지만 중요한 일을 정해서 시도하는 것이다. 그 하나의 목표를 이루기 위해 집중하는 것이다. 가장 가치 있는 일을 정해서 시작하면 또 다른 일로 확장되고 연결되어, 중요한 일의 완성도를 높이는 데 집중된다. 가장 가치 있는 일에 집중해서 완성도를 끌어 올리면 그 분야에서 최고가 되는 것이다.

"다음에"라는 말은 안 한다는 뜻이다

목표를 정하면 메모된 것과 실천 가능한 계획을 짜고, 우선순위를 정한다. 그리고 가장 중요한 일을 먼저 시작하는 것은 두렵지만, 용기를 내는 것도 습관이다. 처음에는 어려울 것이다. 모든 일은 '힘들고 어렵다'는 것이 맞는 말이다. 결국, 성공의 방정식은 어려운 문제를 대하는 '적극적 태도'에서 찾으면 되고, 시간이 갈수록 문제도 쉬워지며 나중에는 스스로 적응될 것이다. 매일 "나는 끝까지 잘 해낼 수 있다", 그리고 "내 일을 사랑한다"고 외치면서 하루를 시작해보라. 그러면 어제와 다른 하루가 될 것이다. 그러면 여러분의 분야에서 언젠가는 최고의 꿈을 꾸게 될 것이다. 여러분들보다 열악한 환경에서도 여러분들이 꿈꾸던 일을 보란 듯이 멋지게 해낸 많은 사람이 있다는 사실을 잊으면 안 된다.

나는 미국에서 고졸, 심지어 고등학교 중퇴자로 성공한 사람들을 여럿을 만났고, 그들은 멋진 일을 해낸 사람들이었다. 어떤 인생이든 환경에 영향을 받지 않고, 받아서도 안 된다. 그들은 처음에 부자와 가난한 사람의 차이를 먼저 발견하고 부자의 구간에 진입했던 사람들이다. 그들이 여러분보다 잘나서가 아니라 성공한 사람들을 관찰하고 따라 할 수 있었던 의지와 용기가 있었던 것 뿐이다.

문제는 한 번의 시도에 성공할 수가 없기 때문에 지치지 않고 계속 도전할 수 있는 인내가 부족해서 부자가 되길 포기하는 사람이 대부분이라는 것이다. 어떤 사람은 시도도 해보지 않고 이런저런 이유로 할 수 없다고 한다. 가난한 사람들은 "다음에"라는 말을 입에 달고 산다.

"다음 월급부터 돈을 모을 거야."
"다음부터 공부할 거야."
"다음에 도전할 거야."

우리가 해야 하는 일은 변화를 주는 것이다. 다음 일은 '다음'에 하고, 지금 일은 '지금' 해야 한다. 지금이 다음이 되지 않으려면 생각을 자신이 온전히 통제할 수 있어야 한다. "볼 수 없는 과녁은 맞출 수 없다"라는 말이 있다. 인생에서 무엇을 원하는지 '지금' 알아야 한다. 실패에 대한 두려움이 지금을 내일로 돌리는 가장 큰 장애물이다. 실패는 문제 같지만 크게 문제가 되지 않는다. 왜냐하면, 사람들은 성공보다 실패를 많이 했기 때문에 어느덧 실패에 익숙해져 있다. 사람들은 끊임없이 실패한다. 십중팔구는 원하는 대로 되지 않는다. 관계에서나 일에서나 투자에서 우리는 실패를 거듭한다. 그 어느 것 하나 원만하게 넘어가는 법이 없을 정도다. 실패하는 것이 문제가 아니라 실패의 두려움이 더 이상 시도를 멈추게 하는 것이 문제이다. 성공에서 바라보면 실패는 없고 피드백만 존재할 뿐이다. 일이 잘 안됐다면 실패한 게 아니라 피드백을 받아야 한다는 강한 메시지이다. 부자는 실패를 통해 더 나아지는 방법을 복기해서 찾아낸다.

자신의 삶을 통제할 능력이 있으면 여러분은 10% 안에 들 수 있을 것이다. 그 누군가는 최고가 될 것이다. 그렇다면 여러분도 최고가 될 수 있다는 것이다. 성공한 사람들을 만나면 만날수록 하나같이 바닥부터 시작했다는 것을 알 수 있다. 사람마다 성공의 문으로 진입하는 시간과 방법은 제각각이지만 정상에서 만나는 모습은 똑같다.

지금부터 5년 앞을 내다보며 어떤 생각을 하고 있는가? 5년이 지났고 이제 모든 면에서 당신의 삶이 완성되어간다고 상상해보라. 나 자신이 거울 앞에 섰을 때 어떻게 보이는가? 내가 좋아하고 잘하는 일을 하고 있는가? 사람들이 5년 후 여러분에게 여러 질문을 할 것이다.

"어디서 어떤 일을 하고 있나요?"
"돈을 얼마나 벌고 있나요?"
"은행에 잔고는 얼마가 있나요?"
"미래를 위해 무엇을 준비했나요?"

이 질문에 "다음부터 준비할게요"라고 말할 것인가? 가난한 사람들은 시간과 상관없이 5년 후에도 똑같은 대답을 한다. 친구는 이 질문 내용을 언뜻 보고 마치 중매인이 재혼할 남자에게 묻는 말 같다고 했다. 나는 웃음이 나왔지만 재혼하기도 참 힘들겠다는 생각을 했다.

대부분의 사람들은 태어날 때부터 자신만의 재능을 가지고 태어난다. 여러분이 가지고 있는 잠재 능력을 확실하게 개발한다면 원하는 모든 것을 얻을 수 있을 것이다. 모든 사람은 유전적으로 뛰어난 것 하나는 가지고 있으며, 잘하는 것을 더 잘하기 위해서 노력하는 존재이다. 삶을 되돌아보면서 성공할 수 있도록 해준 그 무엇이 있는지 자문해보라. 과거에 성공할 수 있었던 이유는 무엇인지, 무엇이 최고의 결과를 가져다줬는지 생각해보면 거기에 답이 있다. 성공은 반드시 자취를 남긴다. 과거를 되돌아보면 미래의 방향을 정할 수 있다.

미국에서 3억 달러짜리 복권에 당첨된 사람이 화제가 된 적이 있다. 고등학교 물리 교사였다. 기자가 "그 돈으로 무엇을 할 거냐?"라는 질문에 일주일만 쉬고 다시 일할 거라고 대답했다. 왜냐하면, 그 일이 너무 좋아서 그만두고 싶지가 않다고 했다. 만약, "기회가 되면 교사를 '다음에' 다시 하고 싶다"고 한다면 안 하겠다는 말이다. 그러나 아이를 가르치는 것을 너무 좋아하기 때문에 일하는 기쁨보다 큰 것이 없다는 뜻이다. 이런 사람이 자신에게 맞는 일을 하고 있는 사람이다.

인생에는 단 하나의 길만이 있는 것이 아니다. 여러 갈래의 길에서 자신의 길을 찾은 사람은 현재 정해진 것은 없지만, 더 크고, 더 분명하게 자신의 길을 만들어가야 한다. 여러분들이 하는 일을 그만두어야 할지 계속해야 할지 아는 법은 다음 4가지 질문을 스스로 해보면 안다.

첫 번째, 이 일을 할 때 설레이고 즐거운가?

성공한 사람들은 자신의 선택을 존중하며, 그 일을 즐거워 할 충분한 이유로 하루를 채워간다. 대부분의 시간을 보내는데도 지겹거나 따분하다고 생각하지 않는다. 새로운 일을 대할 때마다 알아가는 배움의 열기로 가득하다.

두 번째, 지금 하는 일이 잘되어가고 있는가?

지금은 비록 더디게 가지만 미래 성장 동력이 될 수 있다는 확신이 들면 참을 만하다. 낯선 일이라면 당연히 두려울 것이다. 그러나 잘하는 일을 한다면 분명히 잘할 수 있고, 좋은 결과를 낼 것이다.

세 번째, 내 인생을 던져도 좋을 만큼 몰입할 수 있는 일인가?

이것은 '잘하는 일'과도 연결되어 있다. 일에 몰입할 수 있는 것만큼 행복한 것은 없다. 왜냐하면, 성공한 부자가 될 것이기 때문이다. 푹 빠져서 일하다 보면 하루가 언제 지나갔는지 자신도 놀란다. 부자의 공통점은 자신의 일에 흥미를 느끼고, 언제나 몰입한다는 사실이다. 다른 모든 일을 아무 의미 없게 만드는 일에 몰입하고 있다는 자긍심이 바닥을 드러내지 않고 버티고 견딜 수 있게 한다.

네 번째, 생활에 부족하지 않을 정도의 적정한 수입이 보장되는가?

여러분이 최선을 다하는 것으로는 만족하지 못한다. 여러분에게 즐거움을 주는 요소는 정말 많다. 그중에서도 일정한 수입이 없다면 그것은 취미일 뿐이다. 가정 경제가 안정되어야 일에 집중할 수 있기 때문이다.

이 네 가지 질문에 "Yes"가 나온다면 계속하면 된다. 하지만 모두 "No"라면 지체없이 진로를 전환해야 한다. 그런데 한 개 혹은 두 개가 "Yes" 혹은 "No"가 나온다면 "No"라는 부분을 어떻게 수정하고, 보완해서 해결할 것인가에 대한 답을 구체적으로 내놓아야 한다. 안되는 일을 붙잡고 소중한 시간을 허비하며 한숨만 쉬지 말고, 잘되고 있는 일을 찾고 연결해도 여러분이 원하는 모든 것들이 한순간에 이루어지지는 않을 것이다. 하지만 많은 사람은 이런 상황에 처한 사실을 알면서도 하던 일을 멈추지 않고 계속할 것이다. 왜냐하면, 할 수 있는 일이 그것밖에는 없다고 생각하기 때문이다. 성공을 방해하는 가장 큰 원인은 '애매하게 잘하는 것'이다. 사람들에게 좋은 평판도 나쁜 평판도 듣지 않았기 때문에 자신이 일을 잘하고 있다고 착각하고 있다. 애매하게 잘되거나 애매하게 만족하는 것도 문제이다. 애매하게 잘되면 그만두기도 그렇고, 계속하기도 그렇다. 다만 열심히만 하면 좋아질 것이라는 생각이 인생을 후퇴시키고 성공과는 점점 멀어지게 만든다.

이 네 가지 요소가 성공의 필수요건이다. 이 네 가지 중에 어느 하나라도 부족하다면 오래갈 수 없다. 그리고 성공할 수 없다. 만약 일에 즐거움이 없으면 건성건성 일하게 되고, 경제적 어려움을 당하면 경제적 자유를 찾게 될 것이다. 최대한 지금 하는 일을 빨리 그만두고 새로운 일자리를 알아봐야 할 것이다. 그리고 겪게될 일련의 과정은 또 다른 지루함과 마주해야 하는 시간이 될 것이다. 나는 여러분들이 다른 많은 일도 할 수 있지만, 현재의 일에 즐거움을 느끼고 지금 하는 일을 누구보다 잘해내기를 바란다. 부자들도 어느 정도 쉬다가 결국은 다시 일하는 자리로 돌아간다. 그 일에서 즐거움을 찾기 때문에 회귀하는 것이다.

물론 모두가 좋아하는 일만 하는 것은 아니다. 좋아하지 않는 일을 하는 분들도 많을 것이다. 최선이라고 말하기는 어렵지만 현재의 상황에서는 여러 여건을 생각하면 또한 최선이라고 말할 수도 있을 것이다.

보통의 샐러리맨들은 월급이 매달 잘 들어오고, 숙달된 일을 할 수 있어 치열한 고민 없이 근무할 수 있는 것이 다행이라고 여긴다. 그리고 다른 부분에서 인생의 만족감을 충족하기 위해 그곳에 에너지를 쏟는다. 그저 그런 일을 하는 것보다는 가슴 뛰게 하는 일을 시도해보는 것도 나쁘지 않다. 어쩌면 모든 사람이 생각하는 인생의 목표는 거의 비슷하고 심플하다.

성공한 사람들은 4가지의 요소를 갖춘 사람들이다. 즐거움, 비전, 몰입, 돈. 이 4가지를 충족하는 일이 나의 일이 될 때까지 하나씩 하나씩 선택해서 취할 것은 취하고, 버릴 것은 버리는 작업을 해나가면 내가 원하는 일이 남게 된다. 그 일을 하면 된다. 다만 버릴 것은 가능하면 빨리 버리는 것이 좋다. 다음으로 미루면 그 일이 여러분을 어디로 끌고 다닐지 모른다.

인생에서
완벽한 타이밍(Perfect Timing)은 없다

내가 보기에 부자가 되기에 완벽함을 갖춘 사람들이 오히려 부자가 못 되는 경우를 종종 본다. 이들은 마음만 먹으면 언제든지 부자가 될 수 있다고 자신만만하게 생각한다. 부자 되기가 그렇게 쉽다면 아등바등하는 사람은 모자라거나 상황 파악이 안 되는 사람일 것이다. 나는 가끔 자신의 몸에 완벽한 다이어트 식단을 구성하고, 거기에 필요한 유산소 운동을 시작했다고 하는 사람들을 만난다. 그런데 몇 달 후에도 몸매나 밸런스가 예전과 똑같다는 것만 확인할 뿐이다. 어떤 일이든 완벽한 준비만으로는 부족하다는 것을 몸으로 체험하고 다른 방법을 찾아야 하는데 그렇지 못하다. 식단을 구성하고 운동을 하면 살이 빠진다는 믿음이 너무나 확고해서 거기에서 위로를 받는 것으로 만족한다. 사람들은 완벽한 타이이밍(Perfect Timing)을 찾는다. 지금 투자를 시작하라고 하면 다음과 같은 말만 한다.

"좀 더 알아보고 할게요."
"아직 준비가 안 되었어요."

"돈이 부족해요."

투자는 완벽함보다 '속도'가 더 중요하다. 내일보다 '오늘'이 더 중요하다는 말이다. 혁신기업도 완벽함보다는 속도 경영에서 경쟁사를 따돌리고 선도자인 퍼스트무버(First Mover)가 되는 것이다. 세계에서 가장 창의적인 구글에서는 새로운 소프트웨어를 개발하면 가능한 빨리 소프트웨어 시험버전을 시장에 내놓는다. 제품의 시험 단계로 베타버전 단계일 때부터 대중의 반응을 살핀다. 이런 방식이 제품에 대한 진짜 피드백을 얻는 가장 확실하고 빠른 방법이라는 것을 알기 때문이다. 최소한의 계획과 자원 투자로 시장의 반응을 살피면서 다양한 피드백을 얻고, 조율해서 제품을 선보일 것인지 아닐지 결정한다. 이런 비즈니스 방식을 '린 스타트업'이라고 한다. 아이디어를 토대로 빠르게 상품을 만들고, 상품을 테스트해보고, 테스트 결과를 피드백해서 상품에 적용하고 더 나은 아이디어로 확장하는 것이다. 처음부터 많은 시간과 돈을 들여 완벽함을 추구한다고 해서 완전해지는 것은 아니기 때문이다. 지금처럼 변화의 시대에는 전통적인 창업은 낡은 방식이다. 전통적인 창업 방식인 제품을 고안하고 5년 개발계획을 세우고 자금을 유치하는 방법은 오늘날의 창업과는 동떨어진 것이다.

가난한 사람이 완벽을 추구하는 시간에 부자는 투자금이 적으면 적은 대로 시작하면서 배우고 그 일에 집중한다. 시작하면서 길을 만들어 가는 것과 시작하지 않고 완벽한 준비를 해서 훗날 시작을 목표로 하는 것은 길이 있는 것과 없는 것의 차이이다. 준비는 준비일 뿐이다. 여러분도 알 것이다. 준비한 것을 실전에 적용하는 데 얼마나 간극이 있으며, 다시 준비하고 배워야 하는지를 경험했을 것이다. 기술뿐만 아니라 고객의 투자 트렌드도 빠르게 변한다. 완벽함이 나쁘다는 말은 절대 아니다. 안전에 있어서는 절대 완벽함에서 시작해야 한다. 하지만 시간이 지날수록 그 완벽함에 균열이 간다면 현재에서만 완벽함은 존재한다.

인생도 완벽한 삶이 없듯이 무언가 부족한 듯한 갈망이 더 나은 방법을 추구하고, 앞으로 나아가게 한다. 글로벌 시장을 장악하는 것도 완벽함보다는 속도인 경우가 많다. 완벽함을 추구하는 시간에 속도로 소비자의 마음을 사로잡은 후에 다시 수정하고 보완해야 한다. 제품을 만드는 시간이 오늘에서 내일로 넘어가면 시간의 패러다임에서는 많은 오류를 만들어낼 뿐이다.

인생의 길에서도 '지금'이 아닌 '다음', '오늘'이 아닌 '내일'이 우리의 삶을 망치는 가장 나쁜 단어들이다. 마귀는 측근들에게 이렇게 말한다고 한다.

"인간이 계획을 잘 세울 수 있도록 힘껏 도와주어라. 때로는 희망도 주고 용기도 가질 수 있도록 지치지 않게 힘을 보태어주어라. 그런데, 한 가지 명심할 것은 '지금' 달라고 하면 '나중에' 준다고 하고, '오늘' 달라고 하면 '내일' 가능하다고 말해라."

인간이 사는 날 동안은 '나중'과 '내일'은 영원히 공존할 수 없는 시간이기 때문이다. 물론 오늘 하겠다고 하면서 안 하는 사람도 마찬가지이다. 더러는 '다음에' 하겠다고 하면서 '오늘' 하는 사람도 있다. 어떤 일이든 완벽한 타이밍이라는 건 없다. 만약 완벽한 타이밍을 공부한다고 알 수 있었으면 경제학자나 재테크 전문가는 이 지구상의 돈을 다

끌어모았을 것이다. 주식을 언제 매수하고 매도해야 하는지를 알면 하루 만에 억만장자가 될 것이다.

블로그나 유튜브에서 매수 시점과 매도 시점을 매일 강의하는 사람들이 많다. 그들은 "테마주는 사람들의 관심이 없을 때, 저점 구간에서 매수해서 뜨거운 관심을 받는 고점에서 매도하면 수익을 많이 낼 수 있다"고 말한다. 이런 식으로 매수·매도 전략을 당기순이익, PER(주가이익비율), 시가총액, 재무비율 등을 분석해서 판단한다고 하지만, 결국은 원론적이고 상식적인 이야기들로 가득차 있다. '저점 구간에서 매수했을 때', '고점에서 매도하면'과 같은 것은 초등학생도 아는 것이지, 누가 몰라서 그렇게 못하겠는가? 단지 타이밍을 못 맞출 뿐이다. 만약 그들이 완벽한 타이밍을 알았다면 자기 재산을 관리하기도 벅찰 텐데, 대중 앞에 나서겠는가? 아마 지구상의 돈 절반은 끌어모았을 것이다.

그런데도 완벽한 타이밍이 오기를 기다리다가 아무것도 시작하지 못하는 사람들이 많다. 여러분도 그중 한 명이라면 어서 벗어나기를 바란다. 답답한 마음에 주식 투자하기에 좋은 종목을 나에게 추천해달라는 사람들이 있다. "나는 모른다"라고 말한다. 매스컴에서 자주 보이는 사람들이 말하는 투자 꿀팁, 종목 추천, 실전 투자법, 상승 종목 족집게, 단타 정공법, 대박 투자 등은 모두 여러분들을 끌어들이기 위한 유혹이다. 나는 다만 부자들처럼 '오래도록 보유하면' 투자할 만한 가치가 있다고 말하지만, 대부분의 사람들은 '오래'라는 말에 더 이상 흥미를 가지지 않는다.

불완전한 것 중 시간이 흐르면서 완전한 것으로 되는 것이 많다. 결국은 짧은 기간이 돌고 돌아서 '오래'가 된다는 사실을 많은 이들이 모른다. 괜히 돌리고 기다려봐야 수수료만 더 들고 신경을 쓴 것 외에는 남는 것이 없다. 오래 보유한 사람보다 수익률이 현저하게 떨어진다는 것만 확인할 뿐이다. 1,000만 원의 돈의 힘과 1억 원의 돈의 힘이 다르듯이 1년의 중력과 10년의 중력은 분명 다르다.

"나는 다른 사람과는 달라."

"나는 똑똑하니까 남들처럼 바보 같은 짓은 안 할 거야!"

"나는 절대 무리하게 욕심내지 않을 거야!"

이렇게 호언장담했지만, 기어코 다른 사람들과 다르지 않게 바보 같은 짓을 하고 마는 게 투자의 세계이다. 세상의 일을 다 알 수도, 경험할 수도 없지만, 다 알고 경험한 것으로 착각하고 덤비는 경우가 너무 많다는 것을 알게 될 때는 이미 바보가 되어 있다. 내가 배워서 알아야 할 것들, 경험하지 않고는 알 수 없는 것들, 남들이 가르쳐줄 수 없는 것들이 반드시 있다는 사실을 알아야 한다. 이 모든 사실을 받아들이고 내가 가장 잘하는 일이 다음으로 나아가는 데 걸림돌이 아니라, 디딤돌이 되게 하는 것이 최선이다.

자신이 지금까지 어떻게 살아왔는지 곰곰이 생각해보면, 지금까지 왜 성공하지 못했는지 알 것이다. 의외로 간단하게 알 수 있다. 만약 지금 성공적인 삶을 살고 있다면 그대로 쭉 살면 된다. 그러나 지금까지 성공하지 못했다면, 살아온 것과 반대로 살면 성공은 보장하지 못하더라도 이전의 삶보다는 나을 것이다.

우리는 반드시 좋아하고 잘하는 일을 하면서 살아갈 수만은 없다. 재정적 자유를 주는 일이 있다면, 좋아하는 일은 다른 일에서 취미를 찾아서 즐기면 된다. 지금까지 살아온 내 모습에 스스로 만족하지 못한 삶을 살았다면 분명 고쳐야 한다. 부분적으로 수정한다고 해서 완벽할 수는 없겠지만, 자기의 생각이 언제나 옳고 바른 길을 완벽하게 선택하는 것만이 아닌 것을 인정해야만 다른 길이 보인다. 우리 인생에서 기쁜 일보다 우울한 일들이 더 많은 것처럼, 선의로만 깔려 있지 않은 불완전한 길에서 시작하는 것이 우리의 운명이다. 오히려 잘못된 것을 선택하고, 엉뚱한 길을 갈 때가 더 많다는 것을 인정하지 않으면 더 나은 길로 나아갈 수 없다. 완벽을 추구하며 일의 완성을 위해 노력하는 것이지, 완벽한 것을 목표로 노력하는 것이 아니다. 인생에서 잠자는 시간보다 더 많은 시간을 일해야 먹고 살 수 있는 현실에서 여러분이 즐겁게 몰입할 수 있는 기분 좋은 일이 기다리고 있다면 이것이 완벽한 시간이 아니겠는가?

부자는 자기가 하고 싶은 일만 한다

"무항산(無恒産)이면, 무항심(無恒心)이라."

맹자의 말로, 생활이 안정되지 않으면 한결같은 마음을 지니기가 어렵다는 뜻이다. 일정한 수입이 있어야만 자기 마음을 일정하게 지켜나간다는 것은 누구나 공감할 것이다. 부자가 되어야 하는 이유는 생각보다 할 수 있는 것이 많을 뿐만 아니라 의외로 만족한 삶을 살 수 있기 때문이다. 가난하면 할 수 있는 일이 거의 없을 뿐만 아니라, 인생을 무력하게 만들고 생각보다 잔인해서 마지막 남은 자존감까지 탈탈 털어간다. 자신뿐만 아니라 가족들에게도 큰 상처를 남긴다. 빈곤은 인간의 존엄성을 무너뜨리고 비굴하게 만든다. 빚을 지고 살아가는 많은 사람은 평생 남의 인생에 끼워져 그림자처럼 살아간다. 그리고 일생 동안 남의 살림을 살아주다가 소중한 인생을 끝내버린다면 얼마나 억울하겠는가. 가난한 사람들은 세상에 대해 부정적이 되고, 몸에 울분이 쌓이고 화병이 생겨 조그마한 일에도 분노하고 절망한다. 마음의 평안과 기쁨이 사라지고, 가까운 사람들과의 관계부터 깨지기 시작한다. 가난이 대물림으로 심화되는 현상을 막기 위해서라도 가난에서 벗어나 반드시 부자가 되어야 한다.

자신이 부자가 되어야만 하는 이유가 그림을 그리듯 분명하면 부자가 될 수 있다. '내가 왜 부자가 되어야 하는가?' 노트에 적어보자. 꿈꾼다고 모두 부자가 될 수는 없지만, 최소한 가난은 면할 수 있을 것이다. 빌 게이츠는 "가난하게 태어나는 것은 죄가 아니지만 가난하게 죽는 것은 나의 잘못이다"라고 말했다.

우리 중에 돈이 더 이상 필요 없을 정도로 많은 사람은 거의 없을 것이다. 다시 말하면 돈을 벌기 위해 경제 활동을 해야 한다는 말이다. 돈에는 두 가지 원칙이 있는데, 하나는 '내가 돈을 선택하는 것'이고, 또 하나는 '돈이 나를 선택하게 하는 것'이다. 이 말은 '사고 싶은 것을 사느냐?'와 '살 수 있는 것을 사느냐?'의 차이이다. 돈이 충분하면 '내가 사고 싶은 것'을 선택해서 살 수 있다. 그러나 돈이 부족하면 내가 사고 싶은 것을 사지 못하고 '돈에 맞춰' 살 수밖에 없다. 전자는 '내가 돈을 선택'해서 사용하는 것이고, 후자는 '돈이 나를 선택'하는 경우이다. 돈이 나를 부리고, 돈을 위해 살도록 만든다.

부자는 백화점을 지나다가 쇼윈도에 걸려 있는 멋진 옷이 마음에 들어서 당당하게 구입하고, 가난한 사람은 똑같은 마음으로 들어갔지만, 돈이 부족해서 가판대에 누워 있는 옷을 사는 것의 차이이다. 부자는 자기가 하고 싶은 일을 할 수 있지만, 가난한 사람은 자기가 하고 싶지 않은 일도 해야 한다. 돈이 없으면 없는 대로 살고, 부족하면 부족한 대로 살 수 있으면 좋겠지만 적잖은 인내를 요구한다.

그러나 그냥 사는 것과 제대로 사는 것은 다르다. 제대로 할 것을 하면서 사는 것은 많은 돈이 필요하다. 부자는 할 수 있는 것이 많은 반면, 가난한 사람은 할 수 있는 것이 거의 없다. 젊을 때부터 돈을 모으는 일보다는 자유를 즐기며 돈을 모아 여행을 다니고, 하고 싶은 일을 하는 젊은이들이 있다. 그러다가 어느덧 결혼하게 되어 가족이 생기면 이전에 누렸던 자유보다 경제적 자유가 얼마나 소중한 것인가를 늦게 깨닫게 되는 사람도 있다.

부자가 되겠다는 사람들 중에서 부자가 탄생한다. 부자에 대한 갈망이 오랫동안 없었던 사람이 갑자기 부자가 되겠다고 해서 부자가 될 수 있는 것은 아니다. 부는 시간에 비례해서 축적되기 때문에 절대적 시간이 반드시 필요하다. 사람들은 시간을 무시하고 당장 부자가 되려고 줄을 서서 로또복권을 산다. 부자의 줄에는 '속성반'이나 '월반'처럼 빨리 부자가 되는 차선이 없다. 부자가 되겠다고 마음을 먹는 순간 삶의 태도가 달라져야 한다. 지금까지 살아온 이유만으로도 왜 가난하게 살았는지 알 것이다. 과거에서 돌이켜 반대로 살면 그 길이 부자의 길이다.

빠르면 빠를수록 좋은 것이 저축이나 투자이다. 부자들 모두 그렇게 시작했다. 부자가 되기 위해서는 종잣돈을 금리가 0.1%라도 높은 곳에서 모아야 한다. 종잣돈이 모이는 공식은 투자 금액과 금리, 그리고 기간에 따라 수익금이 정해진다. 즉 얼마의 돈으로, 몇 %의 금리에서, 얼마 동안 예치했느냐에 따라 수익률이 정해진다.

종잣돈 1,000만 원으로 1억 원의 자산을 만들고 싶다면, 연 10%의 금리로 25년 동안 꾸준하게 복리로 1억 원을 모을 수 있다. 사람들은 너무 길다고 생각해서 처음부터 포기한다. 25년이 지나 여러분이 1억 원을 모았을 때 친구는 똑같은 말을 되풀이할 것이다. "어느 세월에 25년이 되냐!"라고 앵무새처럼 되뇌인다.

'나는 어떻게 해서, 어떤 부자가 되겠다'는 계획이 세밀하고 선명해야 한다. 실제로 은행에 저축하는 것은 시간이 오래 걸린다. 만약 40세에 종잣돈 1억 원을 가지고 10억 원을 모으겠다고 가정하면 14%의 복리로 55세가 될 때 달성할 수 있다. 실제로 15년 동안 매년 14%의 이익을 낸다는 것은 쉽지 않다. 요즘은 복리 개념이 우대 금리로 적용되고 있다.

사람들은 저축은 죽을 때까지 계속하는 것이라고 알고 있다. 예금만 바라보다가는 죽기 전에 부자가 되기 힘들 수도 있다. 그래서 매달 유망 주식을 사 모으는 사람이 많다. 나는 5년 전만 해도 삼성전자 주식을 돈이 생길 때마다 사 모으라고 직원들에게 말했다. 지금도 계속 사 모으는 사람이 있다. 만약 10년 전이나 20년 전부터 꾸준히 투자했다면 20~30배 정도의 수익을 올렸을 것이다. 그 당시에 같은 돈으로 은행에 저축했다면 2~3배 정도가 되었을 것이다. 주식은 실적에 대한 배당도 하기 때문에 매달 재투자하지 않아도 된다. 하루라도 빨리 시작해서 목표를 정하고, 꾸준히 실행하면 누구나 부자가 될 수 있다. 부자가 되지 못하는 많은 사람은 버티고 견디는 힘이 부족해서 문제를 뚫고 나가지 못해서 그렇다. 다시 말하면 집중력이 떨어지니 견딜 수 있는 에너지가 고갈되는 것이다. 먼저 집중해야 할 이유가 갈수록 희미해지는 것이고, 목표를 헤쳐나갈 용기가 없는 것이다. 우리가 사는 현대에서는 '기다림' 만큼 힘들고, 사람을 지치게 하는 것이 없다고 여긴다.

캐나다 연구팀이 실시한 실험에서 금붕어의 집중력 지속 시간은 9

초인데, 현대인의 집중력은 놀랍게도 고작 8초라는 충격적인 테스트 결과를 내놓았다. 원인은 스마트폰의 영향 탓인 것으로 알려졌으며 수없이 매일 쏟아지는 정보에 시선을 고정할 수 없는 뉴스가 도리어 인간의 집중력 지속 시간을 저하시키고 있다는 조사 결과였다.

“좋은 지도자는 한 가지 목표에 집중한다. 목표를 이룰 때까지 한다.”

1981년 미국 GE의 새로운 회장으로 취임해서 2001년 사임하기까지 350개가 넘는 방대한 공룡 기업을 14개의 회사로 재편하고, 세계 최고의 경쟁력을 키운 잭 웰치(Jack Welch) 회장의 말이다. 그의 말처럼 좋은 결과를 내려면 한 가지 목표에 집중하되 될 때까지 해야만 비로소 완성되는 것이 성공의 역사이다. 그 어떤 일도 목표에 대한 뜨거운 열정을 중단하지 않으면 이룰 수 있고, 여러분들도 부자가 될 수 있다.

하늘의 지배자 독수리는 목표에 대한 집중력이 새 중에서 최고라고 할 수 있다. 200m 상공을 날면서도 풀밭 위에서 움직이는 10cm 크기의 물체를 보고 한 번에 포착한 먹이를 낚아챈다. 우리도 뇌 기능을 단련하면 집중력 향상은 얼마든지 가능하다. 집중할 때 문제가 풀리고, 집중할 때 일의 속도가 붙고, 집중할 때 일이 완성되기 때문에 나만의 집중도를 높이는 방법을 습관처럼 만들어야만 성공할 수 있다. 나만의 집중이 내가 하고 싶은 일을 이끌어간다.

5년 후 달라진 나의 모습이 궁금하지 않은가?

수익이 많고 적음과는 관계없이 누구나 저축을 할 수 있다는 말은 누구나 부자가 될 수 있다는 말과 같다. 부자가 되기 위해서는 여러분의 생활 패턴에 혁명이라고 할 만큼의 변화가 필요하다.

'무엇을' 가장 먼저 바꾸어야 하는가?
'어떻게' 접근하고 시도해야 하는가?
'어디까지' 생활 패턴을 바꾸고 인내해야 하는가?

딜레마에 빠질 수 있다. 오랜 생활 습관은 편한 방향으로는 금방 바뀌지만, 나의 의지가 필요한 생활 패턴의 변화는 시간과 인내를 요구한다. 예를 들면, 보름 동안 휴가를 다녀오면 일 년 동안 지속된 생활 패턴이 한 번에 무너진다. 늦게 일어나는 것부터 시작해서 중요한 일도 아닌데 시간을 늘리는 것을 여유라는 느긋함으로 포장해 금방 습관화되기 시작한다. 휴가가 끝나면 가장 힘든 부분이 생활 패턴을 정상으로 되돌리는 것이다. 적응하는 데 며칠이 걸린다. 처음부터 쉬운 것에 길들여지면 작은 것 하나 바꾸는 데도 남보다 두 배의 인내를 요구한다. 한 번에 다 바꿀 수 없으므로 가능한 것부터 목표를 정해 나누어서 시도해야 한다. 시간을 나누고 일을 나누어서 '중요한 일'과 '긴급한 일'을 구분해 접근해야 한다. 그리고 성공 모드가 될 때까지 생활 패턴을 완전히 바꾸고, 5년 후의 내 모습을 생각하면 설레고 흥분되어야 한다.

이런 고통 분담이 따라야만 소중한 것을 얻고 자산을 지켜나갈 수 있다. 여러분의 생각이 고정되어 있고, 획일화되어 답습하는 데 길들여져 있다면, 그 어떤 것도 변화를 기대할 수 없다. 내가 변하지 않으면, 그 누구도 나를 바꿀 수 없다. 나의 소중한 인생이 남의 인생에 묻어 흘러가도록 내버려두면 안 된다. 나는 나로서 충분한 가치를 부여하고, 의미있는 삶을 살 수 있는 이유를 증명해야 한다.

우리는 남들에게 맞추려는 경향이 있다. 통계에 따르면 95%의 사람이 단 한 번도 자신이 살고 싶은 대로 살아본 적이 없다고 답했다. 평균기대수명(Life Expectancy At Birth)이 83.5세(남자 80.5세, 여자 86.5세)의 인생에서 40년을 일한다. 하지만 여전히 가난하게 살고 있다. 사람들은 질문한다.

"어디서부터 잘못된 것일까요?"

처음부터 잘못된 것을 알고도 변화를 시도하지 않았기 때문이다. 우리는 지금이라도 멈추어 서서 진지하게 생각해야 한다. 지금까지는 남들과 똑같이 주어진 일에 최선을 다하고, 열심히 일했다.

'지금 하고 있는 일에서 더 나은 방법이 정말 없을까?'

잠깐 멈춰서 생각해보면 그간 멈춰 있던 뇌가 작동하기 시작한다. 남들과 다르게 생각하고, 접근할 필요가 있다는 결론에 다다르게 된다.

나는 남들과 모든 면에서 다르다.
우리 모두 생각도 서로 다르다.
내가 남이 될 수가 없고, 남이 내가 될 수도 없다.
그런데 왜 우리는 똑같아야 하는가?

당연히 질문해보아야 하지 않겠는가? 세상에는 내 생각과 다르게 움직이는 것이 거의 전부라고 할 수도 있다. 심지어 정반대로 움직이는 경우도 있어 놀라곤 하지만, 상대편에서 보았을 때는 당연한 것으로 보일 수 있다. 사람들은 '옳은' 사람의 말을 믿는 것이 아니라, 자신의 기준에서 '좋은' 사람의 말을 믿으려고 한다. 따라서 나도 옳은 사람이 되기보다 좋은 사람이 되려고 하다가 '기준'을 잃어버린다.

지금까지 살아온 나의 인생에서 나타나는 결과가 만족스럽지 않았다면, 내가 생각하는 기준부터 완전히 바꾸어야 한다. 지금까지 평범하게 살아가는 것으로 만족했다면 지금의 결과를 거부하고 전부 뒤집어야 한다. 자신에 대해 뼈를 깍는 완전한 개혁이 없다면, 그 어떤 것도 기대할 수 없다. 사람들은 자기 자신을 잘 알고 있다고 생각하지만, 의외로 모르고 있다는 사실조차 잘 모른다. 상담을 해보면 자신에 대한 생각과 평가, 이해도가 부족하다는 것을 느낀다. 직장생활을 몇 년을 하고도 자신이 무엇을 잘하고, 적성에 맞는 일이 무엇인지를 정확하게 모르는 사람이 있다.

내 생각을 나의 통제 아래 두라. 생각에만 그치지 말고 멀리 보기도 하고, 다르게 보기도 하고, 문제 너머에 있는 것까지 파악하고, 전문가를 찾아가서 만나고 조언을 구하라. 주위의 사람들이 자신의 문제를 혼자서만 끙끙 앓고 있는 것을 보면 안타깝다. 도움이 될 수 있는 전문가를 만나서 허심탄회하게 이야기를 나누면 자신의 생각이 얼마나 도식적이고 프레임에 갇힌 생각인지 알 수 있다. 도움을 구하면 의외로 좋은 결과를 얻을 수 있는 길이 열린다. 그러면 내가 생각하는 것과 어떻게 다른지 학습하고 적용하면 된다.

여러분들이 할 수 있는 한 최선을 다해 멘토링을 해줄 멘토를 찾아라. 성공한 사람들은 좋은 멘토가 있었다. 워런 버핏에게는 벤자민 그레이엄(Benjamin Graham)이라는 멘토가 있었다. 빌 게이츠에게는 에드 로버츠(Ed Roberts)가 멘토였으며, 스티브 잡스에게는 로버트 프리들랜드(Robert Friedland)가 있었다. 마크 저커버그에게는 스티브 잡스, 마이클 조던(Michael Jordan)에게는 필 잭슨(Phil Jackson)이 있었다. 그리고 아인슈타인, 간디에게도 멘토가 있었고, 소크라테스, 플라톤, 아리스토텔레스, 알렉산더가 멘토(Mentor)와 멘티(Mentee)로 지대한 영향을 주고받았다는 사실은 유명하다.

'33%의 법칙'이라는 것이 있다. 우리의 삶을 3등분 할 때 인생의 33%는 나보다 못한 사람과 시간을 보낸다는 것이다. 당신이 그들의 멘토가 될 수도 있다. 주위에 도울 수 있는 사람이 있다는 것은 매우 가치 있는 일이다. 또 33%의 사람들은 여러분과 같은 수준의 사람들이다. 이들은 친구가 되고 동료가 된다. 마지막 33%는 대부분의 사람들이 잊고 산다. 찾으려고 하지 않을 뿐만 아니라 필요한지도 모른다.

새롭고 독특한 방식(외부 전문지식)으로 새로운 경험과 변화를 이끄는 아웃사이트들은 10년, 20년을 앞서가는 사람들이다. 멘토는 자신보다 조금 나은 사람이 아니라 월등히 나은 사람을 찾아야 한다는 말이다. 사람들은 멘토를 자기보다 조금 나은 사람으로 삼는 실수를 한다. 자신보다 10배는 앞선 사람을 찾아야 한다.

인구의 95%는 자신의 삶을 살아가는 게 아니라 인생에 반응만 하고 있다는 통계에서 나머지 5%는 거의 멘토가 있었다고 한다. 그 5%에 진입하는 것은 간단하다. '할 수 없는 이유'를 생각하는 것이 아니라, '할 수 있는 이유'를 생각하자. 그러면 달려갈 에너지가 생긴다. 우리가 먼저 10%에 도전하면 5%가 보인다. 다시 1%에 도전하면 5%는 5년 안에 달성할 수 있고, 1%는 10년 안에 목표를 이룰 수 있다. 5년 후 나의 인생을 그려보고 후회하지 않을 확신이 있으면 잘 살아갈 수 있는 이유가 된다. 성공은 원래 어렵다. 하지만 그 어려움이 성공을 위대하게 만든다.

부자 되기 VII

나에게 맞는 투자는 뭘까?

부자들 중에는 부동산 부자가 있고, 금융자산 부자가 있다. 또한 부동산과 금융의 혼합형 부자가 있다. 우리나라 사람들의 자산은 부동산이 60% 정도이고, 나머지 40%는 주식, 채권, 펀드, 금, 현금, 미술품 등으로 구성되어 있다. 지난 10~20년 전에는 부동산과 주식의 상승률이 지역과 종목마다 다르긴 하지만 주식의 상승률이 대체로 높았다는 것을 앞에서 언급했다. 부동산은 지역과 위치에 따라 상승률이 다르며, 편차가 심하다. 같은 서울이라도 강남과 강북의 차이가 있고, 서울과 지방의 차이도 크다. 그러나 금융 이자나 주가는 서울이나 지방이 동일하다. 목이 좋은 곳에 부동산을 투자한 사람은 수익이 주식보다 대체로 안정적이고 기대 수익이 높을 수 있다.

부동산을 소유하고 있는 사람들 대부분은 60대 이후의 부자들이 많다. 부동산 임대사업으로 안정적인 수익을 얻으려는 사람이 많다. 주식은 금융 지식도 필요하고, 매번 관심을 가지고 시황의 흐름을 파악해야 하기 때문에 나이가 들면 따라가기가 번거롭고 귀찮다. 우리나라 50대

이후는 경제성장과 함께 부동산 개발 붐을 경험한 세대라 부동산을 유난히 좋아하고 애착이 많다. 재산 분포도의 경우 외국과 반대로 부동산이 60%를 차지하고 있는 것만 보아도 알 수 있다. 수익형 부동산을 선호하고 취득하는 데는 몇 가지 이유가 있다.

첫째, 임대 수익을 기대하고 건물에 투자하는 경우이다.

연예인 중심으로 강남 빌딩 투자로 얼마의 시세차액을 남겼다는 보도가 자주 회자되곤 한다. 일반인들도 강남 꼬마빌딩에 관심이 많아 매물이 없을 정도라고 한다. 노후의 꿈이라고 말하는 매달 임대 수익이 일정하게 나오는 안정적인 연금 수익과 같기 때문이다. 주식은 적은 돈으로도 투자할 수 있지만, 부동산 투자는 어느 정도 목돈(10억 원 이상)이 필요하다.

둘째, 부동산을 개발해서 더 좋은 가격에 되파는 사업자들이다.

요즘 상권을 분석해서 컨설팅까지 서비스하는 곳이 많아졌다. 부동산 수요가 꾸준하게 많다는 뜻이다. 그리고 프렌차이즈 업체들의 수요에 부응한다.

셋째, 자신의 사무실이나 가게로 이용하는 경우이다.

주로 근린생활시설을 활용하는 경우가 많다. 임대료가 나가지 않는 사업은 안정적으로 운영할 수 있다. 퇴직한 사람들의 로망이기도 한 근린생활시설이다. 위층에는 자신들의 살림을 살고, 몇 층은 주택이나 사무실 세를 주고, 1층은 가게로 사용하는 것을 말한다.

한 지인이 내게 '부동산 조각 투자'는 안전하고, 수익형 부동산이 될 수 있는지 물었다. 실제로 나도 듣기는 했지만 깊이 생각해보지 않았다.

미술품, 음악 저작권 등에도 다양하게 조각 투자되고 있는 것으로만 알고 있다. 요즘 '부동산 조각 투자'가 2030 세대를 중심으로 확산되고 있다고 한다. '조각 투자', '소액 투자'가 활발하다고 한다. 부동산(투자 자산)이 확보되면 플랫폼 운영자가 투자자를 모집하고, 투자 신탁 회사가 부동산 수익 증권을 지분만큼 발행한다. 투자(자산) 신탁에서 '수익증권화'로 모집하고 이에 따라 수익을 투자 비율로 분배하고 배당하는 상품이다. 검증된 부동산을 선정하고, 감정평가에 대한 객관성을 확보하면 분명히 장점이 있다.

일반인들이 쉽게 투자하기 힘든 부동산을 거래할 수 있는, 어플을 통한 플랫폼들이 생겨나고 있다. 통계 자료 자체가 객관적이라고 하지만 가장 유리한 데이터만 내세운다면 투자 이익에 대한 신뢰 문제가 있다. 충분히 감안하고 판단하면 좋을 듯하다. 먼저 장점을 들어보면 다음과 같다.

◆ 소액으로도 투자가 가능하다

가장 큰 장점으로 소액으로 투자할 수 있다는 것이다. 5,000원부터 투자할 수 있다. 돈이 생길 때마다 투자하면 되는 주식과 같은 형태이다.

◆ 내가 원하는 물건지를 선택해서 투자할 수 있다

부동산 간접 투자인 리츠는 부동산 꾸러미가 한 상품이기 때문에 원하는 하나의 부동산에 투자할 수는 없지만, 조각 투자는 내가 원하는 하나의 건물에 투자할 수 있다. 이점이 리츠와 다른 점이다.

◆ 신속적인 투자금 회수가 가능하다

일반적으로 부동산은 현금 유동화가 자유롭지 않다는 점에서 환금성(換金性)이 떨어지는 것이 단점이지만, 부동산을 증권화해서 거래하기 때문에 쉽게 사고팔 수 있다.

◆ 세금 걱정이 없다

부동산의 경우 취득하면 취득세, 매각할 시에는 양도소득세, 소유 시에는 종합부동산세 등 세금이 많이 부과되는 부담이 있다. 지금의 플랫폼 회사들은 투자 수익에 대한 소득세만 부과된다고 하니 부담이 줄어든다.

그러나 장점이 있으면 단점도 있기 마련이다.

◆ 예금자보호법으로 보호받지 못한다

투자한 금액은 증권사에 안전하게 예치되어 있다고 하나 투자자의 불안감을 완전히 해소하긴 미흡하다. 조각 투자 플랫폼은 공시 의무 같은 소비자 보호 장치에 대한 부분이 아직 취약하다. 운용방식 공개와 감시장치가 미흡해서 주의해야 할 부분이다.

◆ 수익률에 대한 의문

오랫동안 운영하지 않아 연수익률이 얼마인지 아직 객관적인 데이터가 없다. 부동산 P2P 투자는 과거부터 상당한 메리트가 있다고 해서 많은 사람이 투자하고 있다. 현재 시중 은행 예·적금 금리가 계속 오르고 있는 상태에서 얼마나 실효성이 있을지 지켜보아야 한다.

◆ 수익의 안정성에 대한 담보

금리에 따라 부동산은 영향을 많이 받는다. 거의 모두가 대출을 이용하기 때문이다. 조각 투자라서 영향이 없다고 하지만 반대급부로 금리에 따라 부동산 전체의 가격이 하락하기 때문에 자연히 수익도 하향곡선을 그린다. 장기 투자에 대한 리스크도 생각해야 한다.

◆ 리츠와 비교 시 경쟁력의 문제

리츠의 경우는 오랫동안 안정적인 투자처로 평가받아왔기 때문에 같은 조건에서 투자한다면 리츠를 선택할 것이다. 조각 투자는 한 물건만 취급하기 때문에 리스크가 클 수도 있다. 수익을 내는 방식과 배당수익 분배는 동일하다.

요즘 젊은이들 중 주식에 집중적으로 투자해서 정보를 수집하고, 회사 재무제표를 분석하는 일을 업으로 여기며 투자하는 사람이 많아지고 있다. 반면에 주변에서 너도나도 “돈을 벌었다”고 하니 안 하면 자기만 손해 보는 느낌이 들어서 덩달아 시작하는 사람도 많다. 주식 투자의 유형을 몇 가지로 나누어보면 다음과 같다.

◆ 저평가주

회사의 자산가치가 주가에 아직 반영이 안 되어 기업평가가 낮은 상태이다. 앞으로 기업 가치가 제대로 반영되면 주가가 현재보다 올라 차익을 얻을 수 있는 주식을 말한다. 일반적으로 PER 수치가 10보다 낮다면 저평가주라고 한다. 주가 대비 이익이 좋다는 뜻이지만, 지표를 맹신하기보다는 유사업종 주가를 비교해서 판단하는 게 좋다. 시장에서는 저평가주라고 해서 투자했는데 만년 저평가인 종목이 수두룩하다.

◆ 우량주(배당주)

장기 투자에 적합한 종목이다. 회사의 시장 점유율과 독점기업의 지위를 누리는 글로벌 기업이다. 당연히 매년 안정적인 매출과 영업이익을 꾸준히 내면서 경쟁업체를 따돌리는 기업이다. 이런 메이저 회사들은 갑작스러운 어닝쇼크(Earning Shock, 기업이 예상보다 저조한 실적 발표로 주가에 영향을 미치는 현상)로 인해 적자가 된다거나 급격한 매출 감소는 거의 없다.

◆ 성장주(실적주)

지금의 가치는 낮지만 앞으로 성장할 가능성이 커 미래의 기대로 인해 높은 가격으로 거래되는 주식을 뜻한다. 매 분기 또는 매년 영업이익이 증가하는 회사이다. 한편으로는 미래의 수익이 미리 당겨져 현재의 주가에 반영되어 있기 때문에 검토하고 분석해야 한다. 실적도 좋고 유동성도 풍부한데 현재 주가가 상승하지 않는다면 미래의 가치가 이미 반영된 것이다. 이때는 매출의 증가는 큰 의미를 두지 않는다. 영업이익이 곧 주가 상승의 원동력이다. 초보자들에게는 적응하기가 가장 어려운 부분이다. 이런 회사는 중·장기적인 모멘텀을 관찰하면서 결정해야 한다.

◆ 테마주

이슈를 따라가는 새로운 정책이나 사람에 따라 해당 산업이 단기간 유망 지원 사업으로 이슈가 될 경우 회사의 실적이 좋아질 것이라는 기대감이 주가에 반영되는 경우이다. 단기간에 급등되면 단기 급락할 수 있는 게 테마주이다. 대부분의 테마주들은 대형주보다 소형주에 몰려 있다. 테마주 자체가 변동성을 이용해 단기 이익을 노리는 경우가 대부분인데, 시가총액이 큰 기업보다는 작은 기업이 상승 폭이 크기 때문이다.

◆ 우선주(배당주)

의결권이 없는 대신 같은 주식 보통주에 비해 배당금을 좀 더 지급하는 주식이다. 따라서 보통주보다 주가가 낮기 때문에 같은 투자금으로 더 많은 수량의 주식을 매입할 수 있다. 단, 우선주의 거래량이 많지 않기에 원하는 것만큼 매수, 매도하는 데 제약이 따를 수 있다. 배당 측면에서는 우선주의 가치는 최고라고 할 수 있다. 하지만 배당금 또는 배당수익률이 배당주 선택에 무조건적인 기준이 되어서는 안 된다. 배당의 연속성과 배당 규모가 지속적으로 성장하는 주식인지가 더 중요하다. 이전의 자료도 함께 검토해서 배당수익률과 배당금을 살펴보는 것이 좋다. 참고로 각 연도의 배당수익률은 현재 주가가 아닌 해당 연도 연말 주가 기준으로 계산된 수치이다.

주식 시장은 각 종목마다 주도 세력이 존재해야 주가가 올라간다. 그래서 투자하고자 하는 종목에 투자 세력이 존재하는지 살피는 것이다. 그리고 미래 실적에 대한 기대가 이미 반영이 되었는지 여부 등을 살피고, 분석해서 중·장기로 결정해야 한다. 주식 투자는 해당 종목을 면밀히 검토하고, 유형을 분석하는 공부를 게을리하면 안 된다. 위너(Winner)는 행동으로 말을 증명하지만, 루저(Loser)는 말로 행동을 변명한다. 남들을 따라 들어가는 사람이 많은데, 문제는 따라 나와야 될 때 나오지 못하고 타이밍을 놓치는 것이다. 매수 타이밍보다 매도 타이밍이 중요하다는 말이다.

인간은 선택의 순간에서야 비로소 자신의 본질에 다가서는 존재이다.

이렇게 투자하면 망한다

돈을 벌기는 어렵지만 잃기는 너무나 쉬운 세계가 자본 시장이다. 주식 투자로 돈을 날리는 사람은 이런 사람이다.

◆ 급한 돈으로 투자하는 사람

다음 달 생활비로, 이번 학기 대학 등록금으로 투자하거나, 갚아야 할 돈을 며칠 미루고 투자하는 경우이다. 단기 투자를 한 사람은 마음에 여유가 없어 일희일비하다 보면 무리수를 두게 되고, 결국 급한 돈은 급하게 돌아오지 않는다. 투자 수익은 시간이 결정하고, 결국 기간에 투자하는 것을 잊으면 안 된다.

◆ 다른 사람의 말을 듣고 투자하는 사람

남들 따라 투자해서 성공했다고 할지라도 남들 따라 실패할 수 있다. 내 기준이 분명하면 남들을 따라가지 않는다. 남들이 나의 기준이 될 수 없고, 내가 남들의 기준이 될 수 없다. 남들이 사고파는 것은 전혀 중요하지 않다. 자기만의 투자 원칙이 생길 때까지 돈 공부를 해야 하는 이유이다. 어떤 투자가 좋은지 묻는 자체가 난센스다. 조언을 듣고 한 번은 성공해도 두 번, 세 번은 성공하기 어렵다. 공부하다가 보면 왜 물으면 안 되는지 스스로 알게 된다. 상대방의 여건과 환경을 모르기 때문에 현명한 대답을 할 수도 없고, 기대하면 안 된다.

◆ 주식 투자를 도박처럼 하는 사람

수익이 안정적인 것보다 단기간에 널뛰기를 하는 유형에 베팅을 한다. 이런 유형의 사람은 주식 시장에 있을 것이 아니라 카지노나 갬블링 게임에 적합할 것 같다. 결국은 투자금을 털고 나가는 사람들이다.

◆ 단기 매매(Trading)로 승부를 거는 사람

단기 매매는 주식을 사서 다른 바보에게 파는 게임이다. 시장에 나보다 더한 바보가 있어야 내가 수익을 보는 구조이다. 이 게임은 남을 바보로 보기 전에 자신이 먼저 바보가 될 수 있다. 한두 번 운이 좋아 돈을 번다고 해서 계속하면 다음에는 자신이 바보가 될 차례이다. 쉽게 들어온 돈은 쉽게 나간다. 트레이딩에는 아예 기웃거리지 않는 것이 좋다. 주식 시장에 단기 매매로 큰돈을 벌었다는 사람을 아직까지 본 적이 없다. 결국에는 다 털리고 쪽박을 차게 된다. 카지노 주위에 거지가 가장 많은 것과 다를 바 없다.

◆ 재정 공부를 하지 않는 사람

공부하기 싫으면 주식 투자를 하면 안 된다. 하나 예를 들어보면, 주식을 분산 투자해야 하는지, 집중 투자해야 하는지에 대한 서로 다른 의

견이 나뉜다. 나의 현재 재정 상태와 투자 계획을 고려해서 정확히 판단해야 한다. "계란을 한 바구니에 담지 마라"라는 분산 투자의 중요성을 설명할 때 유용하게 사용되는 이 말은 투자의 정석이라고 할 수 있다. 말 그대로 투자를 분산해서 위험을 분산하는 방법이다. 혹자는 투자는 위험을 감수해야 돈을 벌 수 있다고 한다. 그럼 분산 투자는 단점은 없을까? 집중 투자에 비해 안정적인 부분은 있지만 그만큼 수익이 작아지고 큰 손해도 없지만 큰 수익도 없다. 하지만, 가장 현명한 주식 투자 방법은 원금을 지키면서 손해를 줄이고 꾸준한 수익을 만들어내는 것이 능력이 되고 목표가 되어야 한다.

부자들은 수익보다는 리스크 관리에 신경을 쓴다. 그러나 수익을 목표를 하는 부자들은 기회라고 생각하면 리스크를 감수하면서 베팅을 한다. 둘 다 나름대로 투자 방법이 다른 것이지 잘못된 것은 아니다. 그럼 여러 종목을 사면 되는 걸까? 분산 투자를 한다고 해서 여러 종목을 사는 건 좋은 방법이 아니다. 같은 분야의 주식을 사는 것을 피해야 한다. 해당 산업의 악재가 동종 산업에 영향을 미치기 때문이다. 너무 많은 바구니를 만들면 전에 담아두었던 계란을 돌볼 수 있는 시간이 없어 매도 타이밍을 놓치게 된다. 하나의 예로 든 것에 불과하지만 수익을 기대하려면 투자 공부를 게을리하면 안 된다는 것을 알고 뛰어들어야 한다.

사람마다 성향에 따라 투자도 다르게 한다. 주식 시장에는 언제나 낙관론자와 비관론자들이 존재한다. 비관론자들은 매도하고 낙관론자들은 매수한다. 수요와 공급이 작동되어야만 주식 시장이 형성된다. 비관론자들이 많으면 주가는 하락한다. 반대로 낙관주의자들이 많으면 주가는 상승한다. 사람들 중에서 낙관적인 사람이 있고 비관적인 사람이 있다. 그러나 주식 시장에서는 자기 성질대로 하면 망한다.

결국, 매수세와 매도세 중 어느 쪽으로 흘러가는지에 따라 주가가 결정된다. 거의 모든 개미는 남들이 좋다고 하면 따라 들어갔다가 남들이 판다고 하면 여지없이 팔아버리고 나온다. 기준 없이 투자하는 방식으로는 절대로 수익을 낼 수가 없다. 주식 공부를 하면 자신의 과거 방식이 얼마나 잘못되었는지 스스로 알게 된다. 남들과 다른 시각으로 볼 수 있는 통찰력을 배워 자기만의 투자 노하우를 터득해야만 수익을 낼 수 있다.

부자들은 남들이 다 빠져나오고 나면 들어가는 경우가 많다. 그들은 새로운 시각으로 투자 전략을 세우고, 자신만의 시장을 읽는 눈과 경제 동향을 파악하고 분석해서 체계를 세워간다. 투자 세계에서 '고수'라는 표현은 다소 무리가 있다. 얼핏 들으면 매수와 매도 타이밍을 족집게같이 알아맞히고, 매수, 매도할 종목을 적중해서 수익률을 자랑하고, 상승 예상 종목을 가려내는 신의 경지에 오른 사람처럼 비추어진다.

주식을 분석하고 평가하는 전문가들의 몇 주 전 강의만 찾아봐도 이들의 예측이 얼마나 빗나간 것인가 금방 알게 된다. 만약 전문가들의 말이 맞았다면 투자했다가 실패한 사람이 없어야 하는 게 맞다. 그런데 성공했다는 사람보다 왜 실패했다는 사람이 많은 것일까? 수익에 개의치 않고 연습 삼아서 해본 것이라서 그런가? 그렇지 않을 것이다. 각자에게 너무나 소중한 돈일 것이다.

보통 사람들은 부자는 투자의 고수라고 알고 있다. 전혀 그렇지 않다. 다만 남들이 시도하지 않을 때 도전하고, 남들이 주저앉을 때 포기하지 않았을 뿐이다. 두렵지만 극복하지 않으면 안 된다는 것을 먼저 알고 있었고, 문제가 있지만, 문제로 보지 않고 방법을 찾았던 점이 다르다.

신의 경지에 오른 투자의 고수가 왜 여러분 앞에 얼굴을 내밀겠는가? 그들은 이미 억만장자가 되고도 남았을 것이다. 쪽박을 차지 않을 정도의 지식을 가지고 있다고 생각하면 된다. 여러분이 여기에 현혹되어 이리저리 끌려 다니지 마라. 주변에 전문가라는 사람들의 말을 듣고 재산을 몽땅 날린, 주식으로 패가망신한 사람이 한두 명이 아니다. 만약 고수라는 사람의 말이 맞더라도 여러분의 컨디션과는 너무 다르기 때문에 같은 잣대로 투자하고, 수익을 내는 것은 거의 불가능하다. 개인마다 재정 컨설팅을 다 다르게 해야 하는 이유이다. 나에게 맞는 투자 방법이 따로 있고, 그들에게 맞는 투자 방법이 따로 있기에 서로 투자 계획이 달라야 한다.

급한 자금으로 투자하는 사람과 여유 자금으로 투자하는 사람의 방식이 달라야 하고, 자신이 운용 가능한 투자 금액에 따라 포트폴리오 구성이 다르게 적용되어야 함은 당연하다. 그리고 단기로 투자할 것인지, 장기로 투자할 것인지, 어떤 종목으로 할 것인지에 따라 여러 가지를 고려해서 투자 계획을 만들어야 성공할 수 있다. 남들과 똑같이 해서는 남 이상이 될 수 없을 뿐만 아니라, 내 재정 상태 또한 남과 같을 수가 없다. 남들이 하던 대로 하고, 남들만큼 투자하면 딱 남들만큼만 살게 된다. 100m, 200m 단거리를 뛰는 사람과 42.195km 마라톤을 뛰는 사람은 각각 흘린 땀이 다르기 때문에 컨디션도 다르다. 따라서 투자자들도 각자의 컨디션이 다르다. 100m를 우승했다고 해서 200m도 우승한다고 보장할 수 없다. 더욱이 장거리에 도전하는 것은 불가능하다.

일을 할 수 있는 자유와 하지 않아도 되는 자유

내 의지대로 좋아서 하는 일과 내가 속한 직장을 위해 근로자로 일하는 것은 근본적으로 다르다. 대부분의 사람들이 사회생활을 시작하면서 자신의 노동을 제공하고 월급을 받는 것으로 시작한다. 단지 월급쟁이라고 생각하지 말고, 내가 아니면 이 일을 그 누구도 잘할 수 없다는 자신감과 용기를 갖고 도전하면 지금까지 여러분이 꿈꾸지 않았던 것을 꿈꾸게 된다. 기본적으로 삶의 터전을 이루는 근간인 근로소득이 수입의 원천이다. 모든 사람이 저축하고 투자하는 이유는 자본소득이 근로소득만큼 될 때 더 이상 원하지 않는 일을 하지 않아도 되는 날을 소망하기 때문이다.

부자의 첫 걸음은 더 이상 하기 싫은 일을 하지 않아도 되는 경제적 자유에서 시작된다. 노동에서 벗어나도 일정한 수입이 나오고, 하고 싶은 것을 선택할 수 있는 권리이다. 투자한 돈이 내가 일한 것보다 수익을 더 가져다주는 때가 바로 여러분이 '경제적 자유'를 얻는 날이다.

직장인, 공무원, 자영업, 전문직 종사자 등 이 모두는 일을 계속해야만 수입이 생기는 직업군이다. 근로소득이 수입의 전부라면 일부를 반드시 저축이나 투자해서 종잣돈을 만들고, 자본소득을 늘려가야 한다. 언제까지 직장생활을 할 것인지, 언제까지 건강하게 일할 수 있을지는 자신도 모른다. 내가 일할 수 없는 환경이 되면 수입도 중단된다. 회사가 조금만 어려워지면 감원부터 먼저 한다. 회사가 해주기를 기다리지 말고, 내가 할 수 있는 일이 차별화되어 인정받고 있다면 퇴사할 이유가 없을 것이다.

내가 하는 일은 누구나 할 수 있고, 내가 아니어도 나를 대체할 사람은 널려 있다면 인생의 로드맵을 다시 설정해야 한다. 또한, 나를 대체할 시스템이 개발되어 나의 직무 능력 이상의 수준을 유지할 수도 있다는 현실이 직장인을 초조하고 불안하게 만든다. 그럼에도 직장인들이 극복하기 힘든 난관에 도전해서 대체할 시스템을 따돌리고 싶은 생각도 열정도 없는 것이 문제이다. 그런데 사람들은 치열한 난관을 극복해야만 성장하고 성공할 수 있다는 것을 알지만, 직장에서 그 일을 위해 스스로 뛰어들지 않는다. 직장에서 눈앞의 난관을 당장 피했다고 앞으로도 아무 일 없이 지나갈 거라고 착각하면 안 된다. 다른 곳에서 만나는 난관은 더 큰 희생을 요구한다. 희생과 도전을 보류하면 할수록 당신의 성공도 기약 없이 보류되고 길어진다.

성공한 사람들은 극복하기 힘든 난관을 피하지 않았다는 공식이 오늘 우리들에게 무엇을, 어떻게 하라는 물음에 답을 주고 있다. 이토록 치열하게 고민하지 않는다면 직장도 당신을 어떻게 할 것인가 고민하지 않는다. 가난한 실패자로 살고 싶은 사람은 없을 것이다. 그런데 실패자의 길을 가면서 성공자의 삶을 꿈꾸는 사람이 있다. 당신은 인생의 모든 지혜를 짜내 문제를 해결하려고 몰입한 적이 있는가? 당신이 부자가 못 되는 것은 부자와 항상 정반대의 방향으로 움직이기 때문에 그렇다. 부자는 문제가 있으면 피하지 않고 정면으로 부딪치면서 해결하려고 하는 습관이 있다. 부자는 스스로 한계를 설정하지 않는다. 한계를 정하는 순간 그 한계에 갇히게 된다. 한계가 자신의 무능함을 드러낼 뿐만 아니라 한계가 곧 자신의 데드라인이기 때문이다.

인생을 살다 보면 분명 넘지 못할 것 같은 한계라는 거대한 산을 만난다. 그때마다 우회 길을 찾거나 정상 등정을 미루지 않았는가? 하지만 인생에서 몇 번은 거대한 산을 넘어야 할 때가 있다. 그 순간을 놓치면 다음번에는 영원히 기회가 오지 않을 수도 있다. 다음에 만나는 산은 쳐다볼 엄두도 내지 못할 것이다. 그러니 인생에서 기회가 왔을 때 정면승부를 미뤄선 안 된다.

투수가 타자에게 안타를 맞지 않기 위해 피하면 포볼로 주자가 쌓여 대량 실점을 하게 되는 것과 마찬가지이다. 주워 담을 수 없도록 문제를 키우지 말고 정면으로 마주하라. 누구나 지나간 과거의 일을 적극적으로 해결하지 못해 후회되는 경험이 몇 개쯤은 있을 것이다.

그 문제가 기회였다는 것을 알게 되었을 것이다. 기회는 올 때 잡아야지 오래 기다려주지 않는다. 준비된 자만이 기회를 잡을 수 있다는 것을 알 것이다.

기대수명은 늘어나는데, 정년은 한 해가 다르게 빨라지고 있다. 근로자 퇴직 평균연령은 53세(남자 55세, 여자 51세)로 정규 교육을 20년 동안 받고, 20년을 일하고, 퇴직 후 40년을 살아야 한다. 물론 노인빈곤율은 45%로 OECD 국가 중 가장 높다. 다른 국가 노인빈곤율은 5~15% 수준으로 한국과 차이가 많다. 젊을 때는 고생을 해도 괜찮지만, 나이가 들어서는 반드시 경제적 자유를 누려야 한다. 30~40대 중 "나는 아직 젊기 때문에 노후를 걱정하지 않아도 돼"라고 말하는 젊은이들이 많다. 20년을 일하는 동안 40년의 노후를 준비하지 않으면 노후가 불행하다는 것을 알아야 한다.

노후에 경제적 자유를 누리기 위해 많은 재정 프로그램과 포트폴리오가 있는 이유이다. 경제적 자유란 좋아하는 일을 할 수 있는 자유와 하지 않아도 되는 자유를 포함한다.

근로소득이 전부인 직장생활은 더 이상 안정적인 미래를 보장해주지 않는다는 것을 빨리 알고 준비를 하는 사람이 현명하다. 회사 내에서 핵심 인재가 아니라는 전제하에서 하는 말이다. 만약 대기업에서 능력만 있으면 얼마든지 성공할 수 있는 길이 열려 있다. 내가 기업에서 성공할 사람이 아니라고 생각하든, 기업에서 그렇게 생각하든 그것은 중요하지 않다. 하루빨리 근로소득에서 연금소득을 만드는 데 투자를 늘려나가는 것밖에는 다른 방법이 없다. 직장에 다닐 때는 저축도 할 수 있고, 투자도 할 수 있다. 막상 직장을 그만두면 생계부터 걱정해야 할 상황이 될 수 있다. 그래서 하루라도 빨리 종잣돈을 만들고, 목표를 정하고, 투자 계획을 촘촘하게 만들어야 한다.

육체적인 노동을 하지 않는 시간에도 일정한 재정 시스템에서 안정적인 수익이 창출되는 것을 연금소득이라고 한다. 빨라지는 퇴직에 대비해서 내가 잘하고, 즐겁게 할 수 있는 제2의 인생 이모작을 젊었을 때부터 준비해야 한다. 대부분의 사람은 퇴직 시기에 노후를 걱정하고 준비한다. 그러면 너무 늦다. 어떤 일이든지 보통 사람이 하는 대로 하면, 무엇을 어떻게 하는지도 모르기에 자연스럽게 가난한 그룹에 편입된다. 이 말은 보통 사람이 다 하는 일을 업(業)으로 하는 사람이 가장 어리석은 사람이라는 뜻이다.

연금소득 시스템을 만드는 데는 노력과 시간이 필요하다. 근로소득 외의 사업소득, 임대소득, 주식 배당소득, 이자소득, 창작소득, 유튜브, SNS, 블로그 등을 통한 소득 창출 등이 있을 수 있다. 사이드 잡이라는 또 다른 일을 통해 자신의 적성과 재능을 찾는 경우도 있지만, 대부분은 생계를 위해 선택한다. 기억할 것은 메인과 서브를 혼동하면 안 된다는 사실이다. 사이드는 사이드가 되어야 두 마리 토끼를 잡을 수 있다. 예전보다 사이드 잡의 스펙트럼이 넓어졌기 때문에 자신이 잘할 수 있는 것을 틈틈이 하면 된다.

경제적 자유를 찾는 N잡러들

2022년 5월 기준 통계청이 발표한 사이드 잡을 하고 있는 인구수는 역대 최고를 기록한 62만 9,610명이다. 코로나 팬데믹 발생 이전인 2020년 1월 38만 명과 비교하면 약 65% 증가했다. 60세 이상 부업자도 작년 기준 22만 명을 넘었다. 사이드 잡의 전성기라고 할 만하다.

전 세계적으로 사회적 거리두기 시행으로 재택근무가 일상화되면서 집에서 할 수 있는 유튜브, SNS, 블로그 등에 접촉할 수 있는 환경이 만들어지면서 공간이 넓어졌다. 과거에는 '부업'이라고 불리며 본업이 뚜렷하지 않거나 저소득층 정도가 하는 일이라 여겨졌지만, 최근에는 부업의 종류가 다양해지면서 'N잡러'라는 신조어가 생길 정도로 자신의 삶을 열심히 사는 사람으로 인식되기 시작했고, 많은 젊은이들이 뛰어들고 있다. 이런 현상은 우리나라만의 현상이 아니라 전 세계적인 추세로 이들의 공동의 목표는 본업 외의 추가 소득을 통해 자기계발과 동시에 경제적 자유를 실현하는 것을 목표로 한다.

'N잡러'라는 말이 젊은 층을 중심으로 주목받는 이유가 분명히 있을 것이다. 최근 설문 조사를 보면 20~30대 직장인 500명을 대상으로 조사한 결과 MZ세대 85%가 사이드 잡에 적극적인 관심을 보였다고 한다. 현재 MZ세대 직장인 응답자 5명 중 1명은 'N잡러'라고 답했다. 우리가 언뜻 보기에도 유튜브와 블로그, 인스타그램, 메타 등에서 소셜크리에이터로 활동하고 있는 젊은이들이 늘어나고 있다.

N잡러 열풍과 함께 '긱 워커(Gig Worker)'란 신조어도 만들어졌다. '긱 워커'란 기존 정규직 형태의 근무가 아니라 필요에 따라 계약을 맺고 일하는 근로자를 말한다. 이러한 긱 워커를 고용하는 경향이 커지는 경제 상황을 '긱 이코노미(Gig Economy)'라고 부른다. 긱(Gig)은 미국 재즈 공연장에서 연주자를 그날 섭외해 진행하는 단기 공연을 의미한다. 긱 워크는 '긱'과 근로자를 의미하는 '워커'의 합성어이다. 사실 긱 이코노미를 주도하는 매체는 디지털 플랫폼이며 여기서 근무하는 사람들을 '플랫폼 근로자'라고 한다.

우리나라에서 N잡러들이 이용하는 프리랜서, 아웃소싱 플랫폼으로 '파트별 전문성'이라는 무형의 서비스를 제품화한 비즈니스 모델이 크몽(Kmong), 숨고, 청소연구소, 째깍악어, 자란다 등이다. 크몽은 2012년 창업한 프리랜서 마켓으로 무형의 지식 서비스를 제공하는 앱이다. 지식 거래 서비스 플랫폼인 '크몽'의 고객수가 2020년 95만 명에서 2022년 2분기 215만 명까지 폭증했다. 중소기업이나 개인이 해결하기 어려운 비즈니스 프로젝트를 의뢰해서 아웃소싱으로 결과물을 받아볼 수 있다.

2015년 창업한 생활서비스 매칭 플랫폼 '숨고'도 N잡러들에게 필요한 사이트로 최근 누적 가입자수가 740만 명에 이른다. 숨고를 운영하는 ㈜브레이브모바일은 320억 원의 투자를 유치하며 누적 투자 금액이

500억 원 규모로 KDB산업은행도 투자했다.

청소 인력 중개 플랫폼 '청소연구소'도 이용 고객이 매월 평균 10%씩 증가하며 서비스 영역도 확장하고 있다. 온라인 보육 플랫폼 '째깍악어', '자란다' 등도 가입자가 지속적으로 늘고 있다. '째깍악어'의 등록회원수는 22만 명이며, 등록된 돌봄 교사 수도 10만 명에 달한다. '자란다' 플랫폼도 매출이 전년대비 3배 이상 성장했다.

긱 이코노미 현상은 과거에도 있었지만 '비정규직', '특수형태 근로종사자' 등의 이름으로 불리면서 사회의 다양한 근로 형태가 통합되어 N잡러의 직업군으로 자리를 잡아가고 있다. 과거에는 비정규직 차별화로 사회적 갈등도 많았지만, 지금은 평생 직장 개념이 점점 흐려지고 젊은이들 중심으로 워라밸을 중시하는 문화가 정착되면서 자발적 직업선택이 확장되고 있다.

첫째, 평생 직장의 개념이 사라지면서 불안함을 대신하려고 한다.

과거에는 한 직장에서 정년을 맞이하는 사람도 많았지만, 지금은 사용자의 요구로 직장을 떠날 수도 있고, 근로자가 더 대우가 좋은 직장, 더 편리한 직장으로 옮기는 경우도 있다. 이런 과정을 거치면서 N잡 중의 하나가 적성에 맞거나 사업성이 있어 본업이 바뀌면서 주목을 받을 수도 있다. 그들의 성공이 나의 인생도 바꿀 수 있을 것 같은 신기루가 현재 일에 집중하지 못하게 하는 부작용도 있다.

둘째, 본업 외에 다른 일에 접근하기가 쉬워졌다.

과거에 없던 직업군도 많이 늘어나고 정보 제공받기가 쉬워졌을 뿐만 아니라 디지털전환(DT) 가속화가 N잡러 열풍에 기름을 부어 사회 초년생부터 중장년층까지 확대되었다. 그리고 N잡러 현상으로 IT 개발, 디자인 등 전문 영역을 중개하는 디지털 플랫폼들의 성장세가 뚜렷하다.

지금은 예전과 달라 정시에 퇴근하면서 퇴근 후의 시간이 어느 정도 확보되어 있다. 내가 직장 다닐 때는 감히 상상하지도 못할 일이었지만 지금은 가능한 시대이다.

셋째, 인터넷 환경이 모든 것을 가능하게 한다.

내 주위에도 유튜버나 SNS에서 인플루언서(Influencr)로 많은 팔로워를 거느리면서 본격적인 활동을 하려고 퇴사해서 전업으로 전환하는 사례가 있다. 이 시장에도 많은 젊은이가 '잘된다'는 이야기만 듣고 뛰어들고 있지만, 생각만큼 호락호락하지 않다. 치열한 경쟁을 통과하지 않는 아이디어는 성공할 수 없다. 어떤 비즈니스든지 밖에서 보면 모두가 잘될 것같이 보이지만, 실제로 뛰어들어보면 생각과 다르다는 것을 비로소 느끼게 된다. 내가 생각하는 것은 남들도 똑같이 생각한다는 것을 알아야 한다. 남들이 생각하는 것 이상의 솔루션이 없다면 하던 일을 계속하는 것이 낫다.

전업으로 하면 잘될 것 같지만, 무엇이든지 꾸준함과 시간이 필요하다. 그 시간을 버텨낼 수 있는 재정적 여유와 차별화가 가능한 역량이 있는가 점검해보아야 한다. 전업으로 전환해서 만족할 만한 수익을 창출하기 위해서는 컴퓨터에 언제까지, 몇 시간을 앉아 있어야 하는지도 계산해야 한다.

넷째, 'N잡러'의 현실을 파악해야 한다.

수많은 사람이 사이드 잡에 뛰어들지만, 내가 하려고 하는 일에 이미 많은 사람이 진입하고 있다는 사실을 알아야 한다. 그만큼 경쟁이 치열하다는 뜻이다. 사람이 많으면 나눌 수 있는 파이는 당연히 적어진다. 현실적으로 경쟁이 치열한 곳은 모두가 돈을 벌 수 없는 구조이다. N잡러를 위한 다양한 직업을 소개하는 온라인 강사들에게만 호주머니를 채워주는 꼴이 된다. 강사 말대로 정말 그렇게 돈이 된다면 자신이 강의를 때려치우고 창업에 매진하지 않겠는가? 강의 내용대로 실전에 뛰어들기에는 무리가 있다. 강의는 강의일 뿐이다. 경험치가 없는 강의는 영혼이 없는 대화와 같다.

다섯째, 온라인 쇼핑의 낭인이 되지 마라.

유튜브, 블로그, 인스타그램, 메타, 온라인 스토어 등을 기웃거리다가 몇 달 안에 그만두는 젊은이들이 대다수다. 젊은이들 중에 SNS나 유튜브 사업을 생각해보지 않은 사람이 없을 정도로 붐이 일고 있다. 쉽게 돈을 번다는 유혹에 솔깃해서 직장까지 그만두고 덤비는 젊은이들이 있다. 쉽게 돈을 번다는 말에 현혹되는 사람만큼 어리석은 사람은 없다. 하늘 아래 쉽게 돈을 벌 수 있는 곳은 그 어디에도 없다. 만약 쉽게 돈을 벌 수 있다면 여러분에게까지 기회가 오겠는가? 자기들끼리 벌써 차지하지 않았겠는가?

어디에서든 성공하려면 나의 실력이 검증되어야 하고, 지속하려면 수입이 되어야 하고, 더 잘하려면 즐겁게 일을 할 수 있어야 한다. 이 중에 어느 하나라도 미흡하면 빨리 그만두고 다른 일을 찾아보는 게 좋다.

확실한 아이템과 경쟁력, 차별화가 없으면 인터넷 사업에 뛰어들지 말고, 지금 다니는 직장에 충실하면서 재테크를 하는 등, 천천히 생각해도 늦지 않다. 단, 저축(투자)하는 것은 멈추지 말고 할 수 있으면 월급의 20~50%를 재테크하는 데 허리띠를 졸라매라. 희생 없이 그 어떤 일이 일어난다고 기대하지 마라. 성공하려면 포기할 것이 자꾸 늘어난다. 돈을 모으기 위해서는 잠도 줄이고, 좋아하는 기호품과 오락을 끊고, 쇼핑이나 외식도 절제할 줄 알아야 한다. 반대로 더 공부해야 하고, 더 노력해야 하고, 더 절약해야 한다.

시험을 잘 보기 위해서는 잠을 포기해야 하고, 다이어트를 하기 위해서는 당기는 음식을 멀리해야 하고, 먼길을 가기 위해서는 남들이 쉴 때도 발걸음을 옮겨야 한다. 대가를 치를 준비를 하고 목표에 뛰어들어야 한다. 준비 없이 덜컥 시작했다가 쉽게 포기하는 것을 당연한 것으로 여기는 습관이 여러분을 평생 가난하게 만드는 주범이다.

작은 일에는 작은 희생이 따르고, 큰일에는 큰 희생이 따른다. 친구를 만나는 '관계 유지'에도 시간과 돈이 든다. 작은 일이 모여서 큰일을 할 수 있기 때문에 그 어느 것도 소홀히 할 수 없다. 그래서 사람들은 바쁘게 산다.

더 이상 가난해지는 데 발을 담그지 마라. 지금까지 가난하게 살아온 것만으로도 충분하다. 가난을 더 연장하고 싶은 듯한 태도는 완전히 버려라. 여러분이 어떤 것을 개선해야 할지를 모르겠다면 재정 상태를 점검해보라. 돈 때문에 고통받고, 얼마나 많은 갈등이 일어나는지 보면 알 것이다.

여러분의 대에서 가난을 끊어내고 부자가 되면 왜 부자가 되어야 하는가를 알게 된다. 돈이 많다고 다 부자가 되는 것이 아니다. 그리고 자랑할 일도 아니다. 돈을 정당하게 사용해야 할 때 쓰지 못하고 침묵하면, 없는 것보다 못하다. 정당한 방법으로 돈을 벌지 않았다면 차라리 가난하게 사는 것이 낫다. 왜냐하면, 선의의 사람들을 피해자로 만들기 때문이다. 누군가가 부자가 되어야 한다면 내가 먼저 부자가 되어야 하는 게 맞다. 나를 통해 많은 사람에게 돈이 흘러가도록 파이프라인을 만드는 사람이 진정한 부자이다. 돈을 흘러 보내는 유통업자 말이다. 자유민주주의는 '인권의 자유'에서 시작해서 '경제적 자유'로 완성된다.

직장에서 성공하려면?

직장에 처음 들어갔을 때 누구나 부푼 꿈을 안고 첫 일터에서 설레임으로 시작한다. 사람들은 언제 승진하고, 언제 어떻게 집을 마련하고, 언제 결혼하겠다는 계획을 가지고 있다. N잡러를 꿈꾸는 사람들보다 직장에서 미래를 구상하고, 자기계발을 위해 투자하고, 배우는 사람이 훨씬 많다. 여러 가지 일을 하는 것은 한 직장만 바라볼 수 없는 불안감 때문이다. 즉, 남들보다 딱히 잘하는 한 가지가 없다는 것이다. 지금 시대는 한 가지를 잘하면 부자가 될 수 있는 길이 열려 있다. 잘하는 것을 더 잘하기 위해 다른 분야를 연결하고 몰입하면 백만장자가 될 수 있다.

◆ 직원처럼 일하지 말고 오너처럼 일하라

직원으로 오랜 세월 동안 근무한 사람들은 주어진 일을 처리하는 데 익숙하다. 정해진 시간에 출근해서 지시받고 퇴근하는 피고용인으로 월급을 받는 사람으로 만족한다. 내가 이 회사에서 월급을 주는 고용주라고 생각하면, 모든 관점이 새롭게 조명된다. 내가 창업한 회사라고 생각하든지, 1인 기업을 만들어가고 있다고 생각해보라. 실제로 이 회사에서 근무하고 있는 동안에는 운명공동체인 비즈니스 파트너의 역할을 하고 있다. 왜냐하면, 회사가 성장하면 함께 성장하고, 망하면 함께 망하기 때문이다. 연구에 따르면 성공과 주도성은 관련이 깊다고 한다. 주어진 일을 '타성적 본능'에 의존하지 않고 '필요한 일을 찾아서 해내는 사람'이 성공자이다. 기회가 오기를 기다리지 말고 기회를 찾고 두드려라. 어차피 똑같은 시간을 일한다면, 자신을 위해서라도 주도적인 리더십이 자신을 성장시키는 것이다.

◆ 세상에 공짜는 없다

원인 없는 결과는 없다. 회사가 나에 대한 기대를 하지 않을 때, 고객의 서비스 만족도가 높아지고 매출 신장에 기여한다면 회사는 눈여겨볼 것이다. 기대하지 않았을 때 뜻밖에 주어지는 것을 우리는 '선물'이라고 한다. 선물 중에 최고의 선물이 사람이다. 회사에서는 규정이나 급여체계를 바꾸어서라도 승진시키고 보상하려고 할 것이다. 이렇게 능력을 발휘하며 자기 일처럼 일하는 사람이 드물기 때문이다.

엄밀히 말하면 회사를 위해 일하는 것이 아니라, 나를 위해 일하는 것이다. 회사에서 월 250만 원 받는 월급이 금리로 100억 원을 은행에 예금한 부자와 다를 것이 없는 부자이다. 그만큼 은행 이자가 낮다는 것을 증명하기도 하고, 돈이 유통되고 투자가 안 되면 가치가 없다는 것을 말하고 있다. 회사에서 돈을 받으면서 배우고 경험할 수 있으니 얼마나 좋은 곳인가 생각하면 태도가 달라진다. 물론 힘들 때가 많아 도망가고 싶을 때도 있지만, 그것은 누구나 겪는 과정에 불과하다. 나는 남보다 일을 잘하는 방법을 찾으려고 공부하고 노력했다. 회사의 입장에서 볼 때 직원은 세 종류로 나뉜다.

첫째, 급여만큼도 일을 못하는 사람으로 정리해고의 1순위로 거론된다. 배우려고, 잘하려고 노력하지도 않는다. 자신에 대한 변화를 넘어 혁명을 하지 않으면 적응하기 어렵다.

둘째, 급여만큼 일하는 사람으로 주어진 일을 기계적으로 처리하는 사람이다. 진급을 하거나 나은 보수를 기대하기 어렵다. 다른 보직을 받거나 전출될 가능성이 높다. 더 나은 사람이 입사하면 퇴사를 준비해야 한다.

셋째, 급여보다 여러 배의 능력을 발휘하는 사람으로 미래의 자원이라고 여겨 이직을 못하도록 합당한 대우를 제시한다. 사람들은 단지 능력의 차이라고 생각하지만 그렇지 않다. 일을 대하는 자세와 열정, 즉 태도가 다르면 능력은 언제나 발휘하게 되어 있다. 어차피 같은 시간에 같은 에너지로 일하는 자세와 열정은 태도에서 비롯된다.

◆ 목표는 높게 잡고 나의 기준은 낮게 잡아라

돈보다 먼저 잘하는 일을 즐겁게 할 수 있는지에 목표의 초점을 맞추어라. 그리고 몰입할 수 있고, 성장 가능한 직장인지 고려해야 한다. 직장인으로 부자가 되는 방법은 대표가 되든가 글로벌 기업의 임원이 되어야 가능하다. 목표가 정해지면 나의 능력에 안주하지 말고 항상 부족하다는 인식으로 끊임없이 배우고 경험의 장으로 나아가라. 나의 기준을 낮게 잡아야 하는 또 다른 이유는 늘 겸손하고 경청할 준비가 되어 있는 사람이 되어야 하기 때문이다. 최고의 리더가 되기 위해서는 능력뿐만 아니라, 인성이 갖춰져야만 직원들로부터 신뢰를 얻는 리더십을 발휘할 수 있다. 글로벌 기업의 대표나 임원이 되면 연봉으로 수십억 원을 받을 수 있고, 스톡옵션과 성과급, 특별수당을 받을 수 있을 뿐만 아니라, 경영 참여를 통한 지분 매입도 가능하다.

◆ 문제해결 능력을 키워라

일을 풀어가는 능력은 어떤 상황이 발생했을 때 가장 합리적이고 논리적인 사고로 문제에 접근해서 올바르게 해결하는 능력을 말한다. 남이 어렵게 여기는 것을 쉽게 풀어가는 스마트한 사람이 진정한 리더이다. 문제에 대한 원인을 분석하고 다양한 대안을 도출해서 최적의 해결책을 내놓을 수 있는 실력을 쌓아야 한다. 갈수록 방대해지는 문제를 어떤 방향으로 읽고 정리할 수 있어야 한다. 리더는 문제해결을 위해 다양한 지식과 경험을 통해 자신의 가치를 증명하고 능력을 발휘한다. 흩어져 있는 생각을 하나로 모으는 통합의 리더십이 문제를 풀어가도록 만든다.

◆ 관계에 성공하라

직장을 떠나는 많은 사람은 '관계' 설정에 실패한 사람들이다. 관계는 그렇게 어려운 것이 아님에도 어렵게 생각하는 것은 공동체에서 겸손과 배려 그리고 섬김에 대한 인성 교육이 되어 있지 않아서 그렇다. 직원들은 실력이 좀 부족해도 인성이 반듯한 사람과 일하고 싶어한다.

시어도어 루스벨트(Theodore Roosevelt)는 "성공을 위한 가장 중요한 요소는 사람들과 어울리는 법을 아는 것이다"라고 했다.

첫째, 듣기만 잘해도 절반은 성공한다.

말하는 것보다 경청의 자세가 중요하다. 단지 듣는 것만이 아니라 피드백까지 해줄 수 있는 적극적 듣기를 해야 한다. 상대방을 존중한다는 뜻도 담겨 있다. 교만한 사람은 듣는 것을 가장 힘들어 한다. 공동체에서는 남을 섬기는 것이 곧 자기를 섬기는 것이다.

둘째, 공감 능력을 키워라.

공감 능력은 다른 사람의 입장에서 바라볼 수 있고, 당신이 생각하고 행동하는 것을 적극적으로 지지한다는 의사표시이다. 공감 능력은 비판적인 태도보다는 열린 마음으로 뜻을 이해하고 신뢰한다는 뜻이다. 우리는 공감대를 넓혀나갈 때 학습의 기회가 생기고, 경험을 넓힐 수 있고, 개인적인 관계를 개선할 환경을 만들어갈 수 있다. 공감해주는 사람을 가까이 하고 친구가 된다.

셋째, 의사소통을 잘해야 한다.

서로의 활발한 의사소통은 긴장할 수 있는 많은 부분을 해소시킨다. 적극적인 소통으로 몰랐던 것을 알게 되고, 상대방의 생각을 읽고 눈높이에 맞추어주는 커뮤니케이션을 통해 서로를 알아가기 때문에 충분히 이해하고 지지한다. 마음이 통한다고 생각하면 마음의 빗장을 열고 친구가 되는 것이다.

넷째, 친절한 말과 미소로 답해야 한다.

친절한 말은 경직된 분위기를 해소하고, 신뢰를 불러일으킨다. 그리고 따뜻한 미소가 마음의 문을 여는 최고의 도구이다. 미소는 마음의 장벽을 무너뜨리고 친근한 분위기를 만드는 데 큰 도움이 된다. 특히 처음 만났을 때 웃지 않고 경직된 얼굴을 하고 있다면 서로 긴장할 것이며

첫인상이 좋게 기억되지는 않을 것이다. "첫인상이 마지막 인상"이라는 말을 늘 기억하라.

다섯째, 분노를 조절할 수 있어야 한다.

인간관계에서 항상 좋은 일만 있는 게 아니기에 때로는 화가 날 때도 있다. 감정을 컨트롤할 수 있는 능력을 가져야 한다. 화가 날 때는 세 가지를 지키면 된다. 아무 말도 하지 말고, 아무것도 하지 말고, 화가 가라앉을 때까지 조용히 있어라. 분노 상태에서는 어떤 말을 해도 좋은 말이 오고갈 리가 없고, 감정만 격화된다. 신뢰를 쌓는 데는 오랜 시간이 걸리지만, 신뢰를 무너뜨리는 데는 1분이면 충분하다. 개인의 관계는 분노 관리가 안 되기 때문에 악화되는 경우가 대부분이다.

나만의 재정 컨디션을 만드는 일부터 시작하라

처음에는 소액을 투자하면서 계획을 세우고 작은 일부터 시작하라. 내 돈이 들어가면 자연히 투자의 흐름을 공부하고 관찰하게 되어 있다. 투자는 적게 시작하고 노력은 크게 하면서 배우는 것이다. 처음부터 돈을 잘 버는 기술을 가지고 태어난 사람은 없다. 하지만 부자가 되겠다고 결심한 사람은 잘하는 방법을 배우는 데 노력을 아끼지 않는다. 낮과 밤이 모여서 인생을 이루는 것처럼, 성공이든 실패든 작은 것들이 모여 우리의 소중한 가치가 되고 경험이 되는 것이다.

직장에서 임원까지 승진하는 것이 힘들다고 느낀다면 직장 일에 충실하면서 틈틈이 투자 공부를 해둬라. 기대수명이 길어 퇴직금만으로는 생활하기가 턱없이 부족하기에 준비를 해두어야 한다.

주위에 보면 보험을 자신의 재정 상태에 비해서 과하게 든 사람이 많다. 물론 저축이나 적금도 힘겹게 불입하고 있는 사람들이 있다. 이렇게 장기간 잠자는 돈은 투자가 아니다. 이 모든 것을 꺼내어 내 컨디션에 맞게 포트폴리오를 다시 짜야 한다. 투자 수익이 최소한 은행 금리보다는 높고 물가상승률 이상인 종목을 찾는 기술을 익혀야 한다.

"투자자에게 가장 중요한 자질은 지성이 아닌 인내심이다."

워런 버핏의 말이다. 투자를 하려면 인내심이 필요한 장거리 마라토너가 되어야 한다. 이기기 위해서는 버티고 기다려야 한다. 상대가 강해서 지는 경우는 거의 없다. 자기 자신이 약해서 지는 것이 대부분이다. 가벼운 아령으로 원하는 근육을 만들 수 없다. 근육을 키우려면 들어올리기 힘든 무게에 도전해야 한다. 인내심은 참는 것 이상이다. 원하지 않는 것까지 참고 견딜 필요가 없다. 인내라고 하면 참고 견디는 것을 떠올리는 사람이 많다. 그러나 인내란 원하는 것, 하고 싶은 열망이 올바른 기회를 얻을 때까지 기다리는 것이다.

사람들은 기대치는 높지만 원하는 수익을 거둘 때까지 기다리는 시간을 너무 힘들어한다. 요즘은 누구나 빠르게 성공할 수 있다는 말을 너무나 많이 듣는다. 하지만 생각만큼 성공은 그렇게 빠르게 오지 않는다. 그럼에도 젊은이들은 빠른 성공 외에는 전혀 관심이 없고, 들으려고 하지 않는다. 그 어디에 지름길이 있을 거라고 믿고, 자신이 마치 지금 그 길을 달리고 있는 듯한 착각을 한다.

오랫동안 한 가지 일을 하는 사람은 많지 않다. 그래서 오래 할수록 경쟁은 줄어들게 되어 있다. 하고 싶은 일이 무엇인지 정확히 파악하고, 오랫동안 행동하고 실천하면 다른 사람보다 앞서 나아갈 수 있다. 요즘에는 인생을 단기적인 시점으로 바라보게 하고, 빠른 성공에 시선을 빼앗기게 하는 요소들이 너무 많은 것 같다. 그리고 조급함을 불러일으키는 콘텐츠가 너무 많다. 속도에 익숙한 젊은이들은 기다리는 것을 마치 감옥에 갇혀 있는 것처럼 답답하게 여긴다. 부자가 되는 시간은 일반적인 시간보다 지루해서 투자의 근육을 키워내야만 부자가 될 수 있다.

자신에게 맞는 포트폴리오를 짜는 것이 먼저다. 투자 비율을 주식, 펀드, 채권, 부동산 등에 중장기로 나누어 금액을 배분하는 것이 중요하다. 강력한 멘탈을 지니고 중심만 흔들리지 않으면 누구나 부자가 될 수 있다. 마음이 없으면 핑계만 보이고, 마음이 있으면 칠흑 같은 어둠 속에서도 길을 찾아간다. 지금까지 지는 습관으로 살아왔다면, 이제부터는 이기는 습관으로 바꾸자. 특히, 자기 자신에게 먼저 이길 수 있다는 자신감을 보여야 한다. 자신을 통제하는 데 실패하면 할 수 있는 것이 거의 없다.

단 한 번 시도해서 성공하는 건 우연이다. 우연은 바꿔 말하면 운이 없으면 실패한다는 말이다. 그러나 성공할 때까지 시도한다면 성공은 우연이 아니라 필연이 된다. 누구에게나 부자가 될 기회는 찾아온다. 그러나 기회가 찾아와도 배트를 휘두르지 않으면 공을 멀리 보낼 수 없다. 배트를 휘두르는 자만이 기회가 왔을 때 공을 맞출 수 있다. 우리는 '우연'으로 존재하는 것이 아니라 '필연'으로 존재하기 때문에 성공도 필연에서 시작된다.

내 포트폴리오를 가장 잘 알 수 있는 것은 나 자신이다. 흔히 말하는 족집게 전문가의 말을 듣지 마라. 그들은 여러 미끼를 던져놓고 그중에 한두 개를 맞춘 것만 장황하게 설명하고 유인한다. 성공 스토리 뒤에 수많은 실패 스토리는 말하지 않는다. 사람들은 자기는 지금까지 실패만 했는데, 투자 종목마다 성공했다는 말에 현혹되어 비싼 수업료를 내면서 대박을 기대한다. 있는 돈, 없는 돈을 끌어 넣는다. 결국, 말장난하는 사기꾼들이라는 것을 아는 데는 그리 시간이 필요하지 않다. 그들이 그렇게 잘 맞히면 자기가 투자하지 왜 성가시게 남을 끌어들이겠는가? 마음이 너그러워서, 사람들을 돕고 싶어서, 함께 부자가 되고 싶어서 그럴까? 천만의 말씀이다. 그들의 말대로라면 주식으로 쪽박을 차는 사람이 없어야 한다. 그들은 직접 투자하는 것보다 돈을 받고 강의하는 것이 더 수입이 좋으니까, 욕먹을 각오를 하고 말하는 것이다.

매일 1,000명의 투자자 중 500명에게는 주식이 오른다고 강의하고, 나머지 500명에게는 내린다고 한다면 500명은 맞을 것이다. 그런데 다음 날도 500명 중 250명에게는 주식이 오르고, 나머지 250명에는 내린다고 하면 결국 갈수록 확률은 떨어지고, 며칠 후에는 모두가 피해자만 남는 제로가 될 것이다.

주식을 하는 사람들 중 핸드폰으로 주식 시황 방송을 보고 있는 사람이 많다. 방송을 봐서 투자에 도움이 된다면 누구나 볼 것이다. 실제로 추천해준 종목에 투자해서 크게 재미를 봤다는 사람은 별로 없는 이유가 궁금하다. 그들은 "아니면 말고!" 식이다. 틀린다고 해서 책임을 전가시킬 것도 아니다. 방송을 보고 따라서 하는 사람만 바보가 된다.

만약 주식 시황 방송을 보고 투자하고 싶으면 일주일 전의 방송을 돌려서 보면 그들이 얼마나 엉터리인지 금방 알 수 있을 것이다. 수익을 내고 싶은 마음이 앞서면 무리수를 두게 되는 게 인간의 극한 심리이다. 지금 투자하지 않으면 영원히 기회를 잃어버리는 듯한 멘트로 궁박한 심리를 이용하는 사람이 널려 있다. 투자의 첫발을 잘못 들여놓았다가 패가망신해서 주식을 쳐다보지도 않는 사람이 많다.

내가 공부한 것만큼만 투자하고, 시간 속에서 자본의 흐름을 관찰하면 나만의 포트폴리오가 만들어진다. 그때까지 공부하고 경험하는 일에 치중하라. 자신이 없으면 은행에서 여러 사람의 돈을 모아 기업에 투자하는 펀드나 ETF에 투자하라. 투자 전문가인 펀드매니저들이 그 돈을 여러 곳에 투자해서 이익이 생기면 투자했던 사람들은 그 이익을 나누어 가진다. 이것을 배당금이라고 한다. 그런데 주식 투자와 마찬가지로 펀드도 주가가 떨어질 경우의 손해를 펀드매니저가 책임지지 않는다. 어떤 경우에는 원금보다 적은 돈을 돌려받을 수도 있다. 그래서 펀드도 상품을 신중하게 골라 투자해야 한다.

나의 금융 지식으로, 나의 방식으로 투자하는 스킬이 필요하다. 투자도 고도의 테크닉과 과학이다. 나의 포트폴리오를 만들려면 최소한 투자하고자 하는 회사의 성적표 정도는 읽고 파악할 줄 알아야 한다. 즉, 재무제표를 볼 줄 알아야 한다. 신성장 동력이 성장을 견인할 수 있는 충분한 가치가 있는지, 당기순이익과 영업이익의 증감을 중장기적인 관점에서 파악한다.

회사 초반에는 영업이익보다 매출이 중요하고, 그다음은 단기적인 당기순이익보다는 장기적인 영업이익이 늘어나는 것이 좋다. 재무제표를 보면 알 수 있는 것들이다. 회사의 컨디션을 한눈에 알 수 있는 성적표를 전문가가 아니면 이해하기 쉽지 않을 수도 있다. 그러나 어렵다고 해서 지나칠 수 있는 문제가 아니다. 물론 재무제표를 안다고 해서 완벽한 투자를 할 수 있는 것은 아니다. 그러나 투자는 리스크를 누가 최대한 줄여나가면서 승률을 높이는가의 게임이다.

사람들이 애플 스마트폰 신제품을 사려고 밤새 줄 서는 동안 애플의 주식을 가진 주주들은 판매 매출에 대비해서 전략을 짠다. 재테크 전문가는 애플 회사의 분기별 실적과 배당정책 및 신제품 판매에 대한 분석을 끝낸다. 부자는 애플에서 만드는 제품을 사는 것이 아니라 회사를 산다. 소비에 열광하는 것은 미래의 수입을 당겨 쓰는 것이다. 가장 나쁜 지출은 매월 새로운 지출 항목을 늘리는 것이다. 반대로 가장 안정적인 수입은 정기적으로 통장에 들어오는 것이다.

어떤 사람은 성공을 희망사항으로 남겨둘 수도 있고, 어떤 사람은 꿈을 현실로 만든다. 성공한 사람의 말을 듣고 실행으로 옮길 것인지, 실패한 사람의 말을 듣고 아무것도 하지 않을 것인지 여러분의 결정만 남아 있다.

두려워서 시도하지 않는 것이 아니라 시도하지 않아서 두려운 것이다. 내 인생에서 어떤 선택을 해서 내 삶에 변화를 줄 것인지 갈망하는 마음이 간절하고 절실할수록 꿈이 이루어질 확률이 높아진다. 무언가를 성취하기 위해서 지금 힘이 든다면 그것은 지금보다 더 큰 것을 이루기 위한 과정이다.

1%의 차이가 부자를 만든다

제1판 1쇄 2022년 11월 17일

지은이 데이브 신
펴낸이 최경선 **펴낸곳** 매경출판㈜
기획제작 ㈜두드림미디어
책임편집 우민정 **디자인** 김진나(nah1052@naver.com)
마케팅 김성현, 한동우, 장하라

매경출판㈜
등록 2003년 4월 24일(No. 2-3759)
주소 (04557) 서울시 중구 충무로 2(필동 1가) 매일경제 별관 2층 매경출판㈜
홈페이지 www.mkbook.co.kr
전화 02)333-3577
이메일 dodreamedia@naver.com(원고 투고 및 출판 관련 문의)
인쇄·제본 ㈜M-print 031)8071-0961

ISBN 979-11-6484-489-0 (03320)

책 내용에 관한 궁금증은 표지 앞날개에 있는 저자의 이메일이나 저자의 각종 SNS 연락처로 문의해주시길 바랍니다.